L'intervento amministrativo sui mercati

Appunti per le lezioni

IUSTITIAM COLIMUS

L'intervento amministrativo sui mercati

Appunti per le lezioni

a cura di
Marco Bombardelli

SECONDA EDIZIONE

Giappichelli

VIA PO, 21 - TEL. 011-81.53.111 - FAX 011-81.25.100

http://www.giappichelli.it

ISBN/EAN 978-88-921-3930-5

G. Giappichelli Editore

MARCHIO STORICO

Questo libro è stato stampato su
carta certificata, riciclabile al 100%

Stampa: Stampatre s.r.l. - Torino

INDICE

pag.

Capitolo 4
L'INTERVENTO DIRETTO ATTRAVERSO L'IMPRESA PUBBLICA
di *Leonardo Parona*

Capitolo 5
I BENI PUBBLICI
di *Eugenio Caliceti*

pag.

Capitolo 6

I SERVIZI PUBBLICI: DALL'INTERVENTO DIRETTO ALLA REGOLAZIONE

di *Silvia Pellizzari*

Capitolo 7

LA REGOLAZIONE DEI MERCATI FINANZIARI

di *Andrea Magliari*

pag.

Capitolo 8

MERCATO UNICO EUROPEO, TUTELA DELLA CONCORRENZA E DISCIPLINA DEGLI AIUTI DI STATO

di *Samuel Cornella* e *Silvia Pellizzari*

PRESENTAZIONE

Il presente volume è il risultato di un lavoro comune, volto a raccogliere e sistemare i contenuti delle lezioni del corso di Diritto della regolazione, che, ormai da diversi anni, tengo presso il Dipartimento di Economia e Management dell'Università di Trento.

Si tratta quindi di un testo rivolto principalmente agli studenti, con l'obiettivo di fornire loro un riferimento utile per affrontare un percorso di studio che mira a fornire le nozioni fondamentali per la comprensione del contesto giuridico e istituzionale in cui gli attori economici si trovano ad operare. Ciò, in particolare, attraverso l'analisi del quadro istituzionale e delle modalità di intervento dei poteri pubblici che – a livello nazionale e internazionale – intervengono e influiscono in vari modi nel funzionamento dei mercati.

Questo percorso viene proposto a studenti che non seguono un curriculum formativo di tipo giuridico e richiede dunque di tenere conto di due aspetti fondamentali e speculari tra loro. Il primo è dato dal fatto che lo studente non ha dietro di sé studi giuridici particolarmente approfonditi e che dunque, da parte sua, possono essere considerati come già acquisiti soltanto i concetti di base del diritto pubblico. Per questo l'insegnamento impartito non può prescindere dal richiamo di alcuni temi di carattere istituzionale e di alcuni istituti fondamentali del diritto amministrativo, la cui conoscenza non può essere data per scontata, ma è tuttavia necessaria per la comprensione delle diverse dinamiche attraverso cui effettivamente si realizza l'intervento delle istituzioni pubbliche sui mercati. Il secondo aspetto da considerare riguarda il fatto che lo studente segue un curriculum di studi caratterizzato da una prevalenza di insegnamenti non giuridici, rispetto ai quali il giurista deve porsi in modo da mantenere salde le specificità del proprio approccio metodologico, cercando però di far capire agli studenti in che modo le conoscenze giuridiche possono essere degli strumenti utili – di più, essenziali – per una migliore lettura dei fenomeni economici e sociali che sono abituati a considerare in misura prevalente nei loro studi.

Per questo la struttura del volume qui presentato, che aspira ad essere il principale supporto didattico per un insegnamento con tali caratteristiche, cerca di considerare e di armonizzare tra loro due linee di sviluppo distinte.

Da un lato, quella che porti lo studente ad approfondire le sue conoscenze di base nelle materie giuspubblicistiche. Dall'altro, quella che lo conduca ad aumentare la propria capacità di cogliere in modo consapevole le interazioni, numerose e spesso piuttosto complesse, che le dinamiche del diritto pubblico e amministrativo vengono ad avere con i fenomeni economici sempre più articolati e dettagliati a cui viene a trovarsi di fronte nel suo percorso di studi.

Pur avendo dunque finalità essenzialmente didattiche, il testo qui presentato non viene intitolato come "Manuale" e non ambisce a proporre una trattazione completa ed esaustiva della materia insegnata, che per sua natura – a causa proprio del continuo contatto con la complessa dinamica evolutiva dei mercati – è davvero molto difficile da "afferrare" e "rinchiudere" in un testo che possa essere considerato "compiuto" sotto il profilo dogmatico e sistematico. Più semplicemente, si vogliono fornire al lettore delle coordinate di riferimento in grado di guidarlo nel percorso di apprendimento proposto, come sinteticamente descritto all'inizio di questa presentazione.

Per questo si è deciso di non intraprendere un tentativo di sintesi di tutti gli argomenti che tradizionalmente vengono fatti rientrare nell'ambito del diritto pubblico dell'economia e di concentrare invece l'attenzione su alcuni temi che maggiormente sono sembrati idonei a orientare il lettore nella comprensione dell'impatto che l'attività delle istituzioni pubbliche, in particolare sotto il profilo dell'intervento amministrativo, viene ad avere nelle dinamiche evolutive dei mercati. A tal fine si è cercato di ordinare la trattazione in quattro ambiti principali. Nel primo vengono presentati i diversi tipi di relazione che si possono instaurare tra istituzioni e mercati, tenendo conto delle profonde trasformazioni che negli ultimi decenni hanno caratterizzato l'intervento dei poteri pubblici nell'economia. Nel secondo viene considerato l'attuale assetto organizzativo – a livello globale, europeo e nazionale – delle istituzioni pubbliche chiamate a operare tale intervento, facendo riferimento anche alle principali fonti normative su cui esse si basano e attraverso cui operano. Nel terzo ambito vengono poi considerati gli strumenti di diritto amministrativo e di diritto comune attraverso cui concretamente, sul piano amministrativo, le suddette istituzioni esplicano il loro intervento. Nel quarto ambito, infine, più ampio e articolato dei precedenti, si analizzano in modo specifico le diverse forme di intervento dei poteri pubblici nell'economia, distinguendo tra disciplina dell'economia e intervento diretto; regolazione di tipo sociale ed economico; attività di tutela della concorrenza.

I diversi argomenti vengono proposti con un approccio "tradizionale", evidenziando soprattutto le loro basi teoriche e sistematiche. Ciò avviene soprattutto per ragioni di spazio e presuppone che poi lo studente prenda in esame dei casi concreti, dai quali emerga come le questioni e le problematiche che qui vengono affrontate dal punto di vista giuridico trovino una precisa corrispondenza anche con argomenti e tematiche proposti in altri insegnamenti, non giuridici, che lo studente ha seguito o seguirà nel suo corso di studi. Questo volume è quindi "pensato" per una lettura accompagnata dalla considerazione di casi specifici, in cui gli istituti considerati hanno una specifica applicazione. Ciò per lo studente del corso potrà avvenire a lezione, mentre per un lettore diverso richiede uno sforzo ulteriore, almeno di approfondimento dei casi a cui nel testo sono dedicati cenni di richiamo.

Questo, evidentemente, nella consapevolezza che lo studente non può mai essere considerato come il destinatario passivo dell'insegnamento altrui, nei cui confronti si tratta semplicemente di veicolare dei contenuti, chiedendogli di apprenderli in modo più o meno mnemonico e di essere in grado di ripeterli, ma come il protagonista attivo del processo di apprendimento, a cui vanno proposti gli elementi da cui partire per acquisire le conoscenze che gli sono necessarie in relazione alla sua formazione specifica, avvertendolo però che a tal fine la lettura del testo – di qualsiasi testo gli venga proposto – non può mai essere ritenuta esaustiva, ma va sempre integrata e aggiornata in modo attivo e consapevole.

Questo volume, dunque, rappresenta un primo tentativo di riordino e di supporto per un percorso didattico. Il curatore, assieme a tutti gli autori del volume, confida che con i suoi lettori – *in primis* ovviamente gli studenti a cui il libro è destinato, ma auspicabilmente anche i colleghi che avranno la pazienza di leggerlo e di considerarlo – possa essere avviato un dialogo che consenta, con i riscontri e le indicazioni che questi vorranno dare, di integrarne, modificarne e comunque migliorarne l'impostazione e i contenuti.

Prima di chiudere questa presentazione, desidero ringraziare in modo molto sentito coloro che assieme a me hanno lavorato alla stesura del testo: Silvia Pellizzari, Eugenio Caliceti, Samuel Cornella, Andrea Magliari e Leonardo Parona. Non solo per essersi dedicati con passione, serietà e competenza alla trattazione degli argomenti loro assegnati, ma anche per avermi stimolato e sostenuto con il loro incoraggiamento, senza il quale questo volume non sarebbe giunto alla sua conclusione.

M.B.

Trento, 20 settembre 2019

PRESENTAZIONE DELLA SECONDA EDIZIONE

Questa è la seconda edizione del testo in cui, grazie a un lavoro comune, vengono raccolti e sistemati i contenuti delle lezioni del corso di Diritto della regolazione, che, ormai da diversi anni, tengo presso il Dipartimento di Economia e Management dell'Università di Trento.

La nuova edizione si è resa necessaria per inserire alcuni approfondimenti e per tenere conto di diverse novità intervenute negli ultimi anni sul piano normativo, sia a livello nazionale che a livello europeo, anche a seguito dell'emergenza sanitaria innescata dal diffondersi dalla pandemia Covid-19.

La struttura di base del volume non ha però subito modifiche, né per quanto riguarda il numero degli argomenti trattati, né per quanto riguarda gli Autori, che anche in questa occasione ringrazio sentitamente non solo per l'impegno con cui si sono dedicati alla trattazione dei temi loro assegnati, ma anche per il loro sostegno e per il loro incoraggiamento, senza i quali questo volume non sarebbe giunto alla sua conclusione.

Assieme a loro confido che questo testo possa essere utile a tutti coloro che mirano ad acquisire le nozioni fondamentali per la comprensione del contesto giuridico e istituzionale in cui operano gli attori economici ed in particolare agli studenti, quale costante punto di riferimento nel percorso di studio che si accingono ad affrontare.

M.B.

Trento, 14 settembre 2021

Capitolo 1

LE RELAZIONI TRA ISTITUZIONI PUBBLICHE E MERCATI

di *Marco Bombardelli*

Sommario: 1.1. Le ragioni di una relazione. – 1.2. Le coordinate di riferimento. – 1.3. I diversi tipi di intervento pubblico. I. L'ingerenza nel mercato. – 1.3.1. L'ingerenza tramite la disciplina dell'economia. – 1.3.2. L'ingerenza tramite l'intervento diretto nell'economia. – 1.4. Segue: i diversi tipi di intervento pubblico. II. La regolazione del mercato. – 1.4.1. La regolazione sociale. – 1.4.2. La regolazione economica. – 1.5. Segue: i diversi tipi di intervento pubblico. III. La tutela della concorrenza.

1.1. *Le ragioni di una relazione*

Il **mercato** è **il luogo in cui avvengono** in modo sistematico, promossi dalla libera iniziativa degli individui, **gli scambi di beni e servizi** suscettibili di circolazione economica, a seguito dell'incontro della domanda e dell'offerta. La sua presenza e il suo corretto funzionamento hanno quindi sicuramente **rilevanza per la realizzazione della libertà economica individuale**, ma ad esso viene riconosciuta – con gradi diversi di intensità, in base anche a diverse impostazioni ideologiche – una autonoma **rilevanza positiva per l'interesse generale**, in virtù della sua capacità di realizzare il benessere collettivo, attraverso **l'ottimale allocazione delle risorse**. Esso ha come riferimento gli operatori economici che vi operano e quindi considera in primo luogo i rapporti tra gli **interessi privati** che al suo interno si confrontano.

Anche se nella teoria giuridica ed economica ci sono opinioni diverse sulla natura del mercato come ordine spontaneo o come ordine artificiale, costruito anche attraverso il diritto, la sua esistenza rimane distinta da quella delle istituzioni che lo regolano e le sue relazioni con esse si pongono di per sé al di fuori delle sue specifiche dinamiche di funzionamento. Tuttavia, il mercato necessita spesso della presenza di istituzioni pubbliche sia per risolvere in modo pacifico i conflitti che insorgono tra gli attori che in esso operano, sia più in generale per trovare un rimedio ai propri "fallimenti" e una difesa rispetto ai rischi insiti nello spontaneo dispiegarsi della sua logica interna, che può allontanarlo dall'equilibrio concorrenziale, impedire il raggiungimento dell'efficienza allocativa e determinare così elevati costi economici e sociali.

Le **istituzioni pubbliche** sono individuabili come l'insieme dei soggetti e delle organizzazioni a cui **spetta doverosamente il compito di cura dell'interesse generale** della relativa comunità di riferimento. In passato queste istituzioni erano identificate prevalentemente con lo Stato e con la comunità nazionale. Oggi non è più così e le istituzioni pubbliche si articolano in una rete complessa che oltre al livello dello Stato connette anche, da un lato, il livello di governo regionale e locale e, dall'altro, il livello europeo e, per vari aspetti, quello globale. Esse hanno come riferimento la collettività degli individui a loro corrispondente, con l'insieme delle relazioni sociali ed economiche che in essa si svolgono, e considerano dunque i molteplici interessi di questa collettività come **interessi pubblici** loro affidati in cura.

Questi interessi sono di varia natura (sociali, economici, ambientali, di ordine pubblico, di sicurezza, di difesa, di tutela della sicurezza, ecc.) e non si riferiscono solo al mercato, anche se fra di essi sono sicuramente compresi, fra l'altro, la soluzione dei conflitti che su di esso sorgono e la tutela del suo corretto funzionamento. Dal punto di vista delle istituzioni pubbliche, quindi, gli interessi legati al buon funzionamento del mercato sono solo una parte degli interessi di cui prendersi cura. Nel loro operare esse devono tener conto anche di interessi che sono estranei alla logica del mercato e sono pertanto sempre chiamate a operare un bilanciamento tra questi e quelli che invece ad essa si riferiscono (ad. es. nel confronto fra, da un lato, il sostegno alla produttività delle imprese o la tutela dell'occupazione e, dall'altro, la tutela della salute o la salvaguardia delle risorse ambientali).

Da una parte, dunque, il mercato ha un suo ambito di rilevanza a prescindere dalla presenza delle istituzioni pubbliche, dall'altra queste ultime operano per il raggiungimento di obiettivi e per la cura di interessi che possono essere del tutto estranei alla dimensione del mercato. Perché dunque assume rilievo **una relazione fra istituzioni pubbliche e mercati,** che si caratterizza per diverse forme di intervento pubblico su di essi? Le ragioni vanno individuate con riferimento ad **un'area in cui l'ambito di funzionamento del mercato e quello di intervento delle istituzioni pubbliche si sovrappongono**: un'area in cui, da una parte, il mercato si caratterizza per la presenza di criticità che non può superare da solo e, dall'altra, gli interessi della collettività curati dalle istituzioni pubbliche assumono una valenza economica che li conduce inevitabilmente a confrontarsi anche con la dimensione del mercato, o addirittura a convergere su di essa.

In estrema sintesi, queste ragioni possono essere ricondotte essenzialmente a tre. Innanzitutto, come si è detto, esiste una sfera economica della società che implica il libero gioco degli operatori economici e può determinare anche il **sorgere di conflitti fra i loro interessi**, che sono rischiosi per la pacifica esistenza della società e che vengono quindi affrontati e condotti a composizione attraverso istituzioni e strumenti giuridici, in particolare quelli del diritto civile, del diritto penale e del diritto processuale. Poi, la dinamica del funzionamento del mercato può risultare di per sé **indifferente o addirittura contrastante con le esigenze di realizzazione di interessi pubblici ad esso estranei**, che però sono rilevanti per la collettività e per questo vengono affidati in cura alle istituzioni pubbliche. Queste possono dunque essere chiamate ad adottare interventi di disciplina e di regolazione del mercato per fare in modo che la sua dinamica non contrasti con il perseguimento di finalità di interesse pubblico, o addirittura venga orientata rispetto ad esse, attraverso gli strumenti propri del diritto pubblico e del diritto amministrativo. Ancora, il mercato può trovarsi in una situazione in cui non sono soddisfatte le condizioni necessarie perché il suo funzionamento sia corretto e in grado di portare a una allocazione ottimale o comunque efficiente delle risorse, ovvero in **una situazione di "fallimento"** che può essere determinata da condizioni quali le asimmetrie informative; i comportamenti di free riding, connessi all'esigenza di scambio di particolari categorie di beni (beni pubblici); le esternalità; le economie di scala e le condizioni di monopolio naturale; le barriere di accesso e l'assenza di contendibilità dei mercati o ancora la distribuzione squilibrata delle quote di potere di mercato. Rispetto a queste situazioni l'intervento delle istituzioni pubbliche può diventare necessario per ripristinare il buon funzionamento del mercato, mediante interventi di regolazione e di tutela della concorrenza operati attraverso gli strumenti del diritto pubblico, del diritto amministrativo e del diritto *antitrust*. In questi casi l'intervento può mirare sia ad introdurre nel mercato dinamiche sostitutive di quelle che esso non è in grado di generare spontaneamente in vista del suo corretto funzionamento, ad esempio per quanto riguarda l'accesso ad esso, sia ad impedire che gli squilibri tra le quote di potere di mercato degli operatori economici si traducano in equilibri sub-ottimali nell'allocazione delle risorse.

Le dimensioni dell'intervento pubblico sui mercati possono quindi variare da una **dimensione minima**, in cui le istituzioni pubbliche operano per garantire efficienza allocativa del mercato, ponendo rimedio ai suoi fallimenti, a una **dimensione via via più ampia**, in cui tali istituzioni intervengono attraverso la disciplina o comunque la regolazione del mercato, ingerendosi o comunque condizionando il suo funzionamento, anche con interventi di redistribuzione delle risorse, per garantire la realizzazione di interessi pubblici di vario tipo.

1.2. *Le coordinate di riferimento*

La configurazione attuale della relazione tra istituzioni pubbliche e mercati nel nostro ordinamento giuridico trova le sue coordinate di riferimento in **alcuni principi,** ricavabili dalla nostra **Costituzione** e dal confronto della stessa con i **Trattati UE**, e nella dialettica che deriva dal **loro bilanciamento** nella dinamica dei processi economici. Questi principi riguardano in particolare quattro punti: l'affermazione della **libertà di iniziativa economica privata**; il riconoscimento della **proprietà pubblica e privata**; l'individuazione di **un'economia di mercato aperta e in libera concorrenza** come modello di riferimento per i processi economici; l'attribuzione alle istituzioni pubbliche della potestà di **intervenire** sui punti precedenti **per finalità di interesse generale**, con modalità diverse che comprendono la limitazione di iniziativa economica e proprietà privata; il contenimento del potere di mercato delle imprese e la tutela della concorrenza; la disciplina e la regolazione del mercato; la riserva a proprio favore di determinate attività economiche.

L'art. 41 Cost. prevede che **l'iniziativa economica privata è libera.** Nell'oggetto dell'attività economica si comprende **ogni attività che mira a raggiungere un fine economicamente rilevante, fra cui in primo luogo l'attività di impresa**. Alla libertà economica viene quindi riconosciuto valore costituzionale e di essa si individua un **nucleo essenziale**, che deve essere comunque tutelato in quanto connaturato alla sfera più propria dell'individuo. Il riconoscimento del diritto di libertà economica implica il riconoscimento del **valore del mercato**, quantomeno per la rilevanza individuale e privatistica che esso assume in quanto **luogo di esercizio dell'iniziativa economica dei privati.**

L'art. 42 Cost. prevede poi che la **proprietà possa essere sia pubblica che privata**, affermando che i beni economici appartengono allo Stato, ad enti pubblici o a privati (v. cap. 5). La proprietà privata, pur essendo equiparata a quella pubblica e non avendo quindi una considerazione preferenziale, viene riconosciuta nel suo valore a livello costituzionale, quindi garantita in quanto istituto e **protetta nel suo nucleo essenziale**. Essa viene cioè configurata come diritto fondamentale, che anche se "relativo" e non inviolabile, **non può essere sottoposto a limiti che siano tali da annullarne o pregiudicarne il contenuto essenziale**, a cui dunque l'ordinamento deve sempre riconoscere un minimo di facoltà. I trattati UE non modificano il ruolo riconosciuto alla proprietà privata dalla Costituzione, poiché in base all'art. 345 TFUE "lasciano del tutto impregiudicato il regime di proprietà esistente negli Stati membri".

L'art. 117, co. 2, lett. e) della Costituzione aggiunge alle indicazioni dei due articoli ora citati il riconoscimento di un terzo principio molto importante per la definizione del quadro che si sta tracciando, quello cioè della **tutela della concorrenza**, da cui deriva in modo implicito anche il riconoscimento costituzionale dell'economia di mercato. Tale principio è stato introdotto nel nostro ordinamento con la riforma costituzionale operata con la l. cost. n. 3/2001, sotto la spinta molto forte del diritto europeo. Infatti, in base ai **Trattati UE** a cui il nostro Paese aderisce (ora in vigore nella versione approvata con il **Trattato di Lisbona**, approvato nel 2007 e vigente dal 2009), l'Unione Europea instaura un mercato interno (v. cap. 8), che viene delineato in un quadro di compatibilità con le esigenze di sviluppo sostenibile; crescita economica equilibrata e stabilità dei prezzi; presenza di una dinamica di mercato fortemente competitiva; piena occupazione e progresso sociale; qualità dell'ambiente, progresso scientifico e tecnologico; contrasto all'esclusione sociale e a tutte le forme di discriminazione; coesione economica, sociale e territoriale (art. 3 TUE). Per realizzare, tra le altre finalità, l'instaurazione di questo mercato, viene previsto che "l'azione degli Stati membri e dell'Unione comprende, (...) l'adozione di una politica economica (...) condotta conformemente al **principio di un'economia di mercato aperta e in libera concorrenza"** (art. 119 TFUE). Il **principio della concorrenza** viene affermato non solo **in senso soggettivo**, come **libertà degli operatori economici di svolgere attività economiche e di competere sul mercato** con altri operatori, ma anche **in senso oggettivo**, come modo di funzionamento dei mercati finalizzato alla loro efficienza dinamica e **basato sull'interazione innovativa fra imprese nel mercato, guidata dalla libera scelta dei consumatori** (Libertini, 2014).

A seguito dell'affermazione del principio concorrenziale come valore costituzionale e del ruolo che gli viene attribuito dai Trattati UE, dunque, il mercato viene ad assumere non più solo una rilevanza in prospettiva individuale e privatistica, ma anche un **valore specifico e positivo per l'interesse della collettività**, così da configurare la garanzia del suo corretto funzionamento come un interesse pubblico di cui le istituzioni devono prendersi cura.

Ciò può avvenire in modi diversi: creando le condizioni per la presenza di un mercato laddove queste non siano in grado di originarsi in modo spontaneo (ad esempio attraverso gli interventi di regolazione proconcorrenziale nei settori liberalizzati, v. cap. 6); con il contrasto di comportamenti privati anticoncorrenziali (quali intese restrittive della concorrenza o abuso di posizione dominante, v. cap. 8), con la correzione degli interventi di altre istituzioni pubbliche aventi effetti distorsivi della concorrenza (come accade ad esempio negli interventi della Commissione europea sugli Stati in materia di aiuti di Stato alle imprese, v. cap. 8).

Come si diceva, però, nel quadro da considerare per definire l'impostazione oggi assunta dalle relazioni tra le istituzioni pubbliche e i mercati, occorre considerare anche un ulteriore principio, in base al quale i tre principi sopra richiamati dell'iniziativa economica privata, della proprietà e della concorrenza nel mercato non assumono un valore assoluto, ma, almeno al di fuori di un loro nucleo essenziale, **risultano suscettibili di subire delle limitazioni** sia in relazione all'esigenza di garantire la **sicurezza, la libertà e la dignità umana**, sia in vista della realizzazione di **finalità di natura sociale o comunque di interesse generale**. Lo stesso **art. 41 Cost.**, così, prevede che l'iniziativa economia privata non possa "svolgersi in contrasto con l'utilità sociale o in modo da recare danno alla sicurezza, alla libertà, alla dignità umana" e che la legge possa determinare "i programmi e i controlli opportuni perché l'attività economica pubblica e privata possa essere indirizzata e coordinata a fini sociali". **L'art. 42 Cost.**, inoltre, prevede che la proprietà possa subire dei limiti "allo scopo di assicurarne la funzione sociale e di renderla accessibile a tutti" e che in determinati casi, previsti dalla legge "possa essere espropriata per motivi d'interesse generale". Ancora, **l'art. 43 Cost.** prevede che a fini di utilità generale la legge può affidare "allo Stato, ad enti pubblici o a comunità di lavoratori o di utenti", attraverso una riserva originaria o per trasferimento, mediante espropriazione e salvo indennizzo determinate imprese o categorie di imprese, che si riferiscano a servizi pubblici essenziali, a fonti di energia o a situazioni di monopolio, che abbiano carattere di preminente interesse generale". Viene cioè ammesso non solo che i soggetti pubblici possano agire, a condizioni particolari, come operatori nel mercato, ma che, a certe condizioni, per la realizzazione di finalità di interesse generale possano sussistere accanto ai mercati, sede di manifestazione dell'iniziativa economica privata, anche altri **ambiti di esercizio dell'attività economica, retti da criteri diversi da quelli del mercato,** in cui l'attività economica è riservata a operatori pubblici o a soggetti privati che operano come strumenti dei primi, o nei quali comunque il funzionamento tipico del mercato può essere significativamente condizionato.

La possibilità delle istituzioni pubbliche nazionali (v. parr. 2.1 e 2.2) di sostituirsi al mercato, di influenzare il suo funzionamento o di limitare la iniziativa economica privata, è peraltro **a sua volta oggetto di limitazioni** per effetto del processo di integrazione europea e dei principi posti dai Trattati UE. Il valore oggi assunto dall'economia di mercato e dal principio di concorrenza determina infatti innanzitutto delle **condizioni restrittive per i poteri pubblici nazionali nell'individuazione delle finalità di politica economica da perseguire** attraverso l'ingerenza nell'economia, e dunque nella determinazione di quei fini di interesse generale che la giustificano, che non devono essere in contrasto con gli interessi dell'Unione europea e con le finalità perseguite dai Trattati, sul cui rispetto sono chiamate a vigilare le istituzioni della UE (v. parr. 2.3 e 2.4). Inoltre, nell'individuazione delle misure con cui operare i propri interventi, le istituzioni nazionali devono agire in conformità con i principi, le regole e le modalità previste a livello europeo a salvaguardia della concorrenza (v. cap. 8).

Accade così ad esempio che la possibilità di indirizzare l'attività economica privata verso finalità sociali deve tener conto dell'affermazione del principio di concorrenza e dell'economia di mercato (art. 3 TUE e art. 119 TFUE), trasformandosi ove possibile da una disciplina finalistica di tipo precettivo a un intervento di correzione proporzionata del funzionamento del mercato, in cui il concreto perseguimento delle finalità sociali non è affidato a misure pubbliche unilaterali ma alle dinamiche di negoziazione del mercato, come risultanti a seguito della correzione operata dall'intervento di regolazione pubblica. Allo stesso modo, la possibilità di intervenire direttamente sul mercato attraverso imprese pubbliche o attraverso lo strumento della concessione di servizi a operatori privati viene limitata dalla previsione secondo cui gli Stati membri "non emanano né mantengono, nei confronti delle imprese pubbliche e delle imprese cui riconoscono diritti speciali o esclusivi, alcuna misura contraria alle norme dei trattati, specialmente a quelle in materia di concorrenza" (art. 106 TFUE). O ancora, la possibilità di prevedere che determinati settori economici vengano sottratti all'ambito del mercato e affidati alle istituzioni pubbliche in regime di riserva viene limitata, fra l'altro, dalla previsione secondo cui le "...imprese incaricate della gestione di servizi di interesse economico generale o aventi carattere di monopolio fiscale sono sottoposte alle norme dei trattati, e in particolare alle regole di concorrenza" sia pure "nei limiti in cui l'applicazione di tali norme non osti all'adempimento, in linea di diritto e di fatto, della specifica missione loro affidata (art. 106 TFUE; v. anche art. 8 della l. n. 287/1990). In questi settori economici viene cioè confermata la presenza di esigenze di interesse generale che giustificano un intervento pubblico che assicuri la loro soddisfazione, ma si afferma contestualmente la necessità che tale intervento avvenga nel rispetto delle regole di concorrenza, prevedendo, almeno nei settori in cui è possibile, che il mercato possa funzionare normalmente, con le sole deroghe strettamente necessarie al perseguimento degli scopi di interesse pubblico perseguiti dagli Stati, oppure, se questo non è possibile, che siano almeno introdotte delle regole concorrenziali nella selezione dei soggetti chiamati ad operare in settori riservati o comunque sottratti ad una dinamica concorrenziale "interna" (concorrenza per il mercato).

1.3. *I diversi tipi di intervento pubblico. I. L'ingerenza nel mercato*

In corrispondenza delle coordinate considerate nel precedente paragrafo e dei punti in cui le stesse vanno ad intersecarsi, l'intervento delle istituzioni pubbliche sui mercati si distingue, oltre che per l'ampiezza delle sue dimensioni, anche per la profondità della sua incidenza sulla iniziativa economica dei privati e più in generale sul funzionamento del mercato, secondo tre tipi principali. Il primo, più pervasivo, è quello **dell'ingerenza nell'economia**, che può essere attuato, da un lato, attraverso la **disciplina** dell'economia, tramite la quale i poteri pubblici svolgono un ruolo di guida dei processi economici per la realizzazione di politiche pubbliche e, dall'altro, attraverso **l'intervento diretto** nell'economia, con cui tali poteri interferiscono nel funzionamento del mercato, o addirittura sostituiscono ad esso altri modelli di organizzazione dell'attività economica, operando direttamente nel ruolo di attori economici. Il secondo tipo di intervento è quello della **regolazione** del mercato, che, pur partendo dalle dinamiche di quest'ultimo, mira ad innestarvi delle modalità di funzionamento allo stesso non connaturate, ma necessarie, a seconda dei casi, per perseguire finalità di natura sociale (**regolazione sociale**) o per creare effetti analoghi a quelli della competizione concorrenziale nelle situazioni in cui questa non è in grado di attivarsi in modo autonomo (**regolazione economica**). Il terzo tipo di intervento consiste nella **tutela della concorrenza**, intesa come **intervento amministrativo volto a contrastare** i **comportamenti** con cui gli attori economici **restringono il confronto competitivo** grazie al proprio potere di mercato o comunque alla alterazione a proprio vantaggio delle relative quote.

1.3.1. *L'ingerenza tramite la disciplina dell'economia*

La **disciplina dell'economia** viene attuata attraverso l'elaborazione e l'attuazione di politiche pubbliche di natura fiscale, di spesa, di sostegno e incentivo ai diversi settori dell'economia. Attraverso di essa le istituzioni pubbliche mirano a influenzare l'andamento del mercato, e talora anche a sostituirlo con altre forme di organizzazione economica, in vista del raggiungimento di determinati obiettivi. Con questo tipo di intervento, il comportamento che le imprese devono tenere nei processi economici viene orientato in conformità all'interesse pubblico con precise scelte relative alla produzione, alla previsione di incentivi in grado di modificare il quadro delle convenienze di mercato, alla attribuzione dei costi per le esternalità derivanti dai processi produttivi, agli scambi di mercato e alle modalità di incontro della domanda e dell'offerta, alle caratteristiche qualitative di beni e servizi, alla realizzazione e alla disponibilità di infrastrutture.

La disciplina dell'economia tende a configurare le dinamiche di svolgimento dei processi economici in base a un disegno predefinito, in cui viene specificato **il fine di interesse generale da realizzare**, in genere collegato ad una particolare allocazione delle risorse e alla riduzione degli squilibri attraverso la loro redistribuzione; viene indicata agli operatori economici **la direzione da seguire** in vista del raggiungimento di quel fine, influenzando in tal modo il contenuto e talvolta anche la misura della loro attività; vengono previsti **strumenti, risorse e misure, sia di vincolo che di incentivo**, rivolti alla realizzazione di quel fine; vengono indicate le **modalità di conformazione** delle attività economiche alle condizioni così stabilite e i **relativi mezzi di verifica**.

La disciplina dell'economia si svolge quindi in gran parte attraverso interventi di **programmazione economica**. Questa opera in senso **"finalistico"**, nel senso appunto che indica degli **obiettivi da raggiungere** attraverso lo svolgimento dei processi economici. Essa introduce **un disegno prefigurativo di condotte future** che viene riferito a**d attività economiche complessivamente intese** e non a singoli atti, sulla base dell'unicità del fine di interesse generale che viene perseguito. È riconducibile ad una **autorità di programmazione**, la quale ha spesso anche le caratteristiche di un organo di indirizzo politico e in ogni caso non opera unicamente in relazione a uno specifico mercato e/o a uno specifico intervento di programmazione. Si basa su uno specifico **atto di programmazione**, con precisi limiti di durata, definiti in funzione dell'obiettivo da raggiungere. Pur assumendo **sul piano formale connotazioni diverse** e presentandosi talora nella veste formale della **legge**, talora in quella degli **atti amministrativi a contenuto generale**, talora anche in quella di **strumenti convenzionali** di diritto pubblico, la programmazione si inserisce sul piano sostanziale in una zona intermedia tra le previsioni generali ed astratte della legge e il dettaglio dei provvedimenti amministrativi concreti. Essa si articola nelle **tre fasi** della **decisione**, in cui vengono individuati gli obiettivi da raggiungere e le strategie da seguire per il loro perseguimento; dell'**attuazione**, in cui sono definite le risorse disponibili (intese in generale come mezzi finanziari, materiali e giuridici) e vengono indicati i centri di responsabilità, i procedimenti da seguire e i tempi di attuazione; del **controllo**, in cui vengono operate la misurazione e la valutazione dei risultati conseguiti, che avviene soprattutto attraverso un intervento di tipo verticale da parte degli organi di programmazione.

1.3.2. *L'ingerenza tramite l'intervento diretto nell'economia*

L'intervento diretto nell'economia si realizza quando le istituzioni pubbliche assumono i tratti propri degli attori economici e adottano comportamenti rilevanti nella dinamica del mercato o arrivano addirittura ad occupare per intero lo spazio di quest'ultimo, sostituendosi ad esso in virtù di una riserva a proprio favore di determinate attività economiche. In questo tipo di intervento le istituzioni possono presentarsi a seconda dei casi nelle vesti dello **"Stato-imprenditore"**, dello **"Stato-acquirente (o venditore)"** e dello **"Stato proprietario"** (dove il termine Stato è usato in modo atecnico, come sinonimo di istituzione pubblica).

Nel primo caso compare sul mercato **l'impresa pubblica**, che talora assume carattere monopolistico, ma in ogni caso, anche quando ciò non avviene, si confronta con le imprese private da una posizione di vantaggio, legata alla sua particolare natura giuridica, che influisce negativamente sull'esplicarsi di una dinamica di tipo concorrenziale (v. cap. 4).

Nel secondo caso le istituzioni pubbliche si rivolgono al mercato per **l'acquisto o per la vendita di beni e servizi** e influiscono quindi direttamente sulla domanda o sull'offerta degli stessi, in proporzioni che spesso sono tali da condizionarne in modo significativo l'andamento. Anche in questa situazione le istituzioni pubbliche sono presenti sul mercato con caratteristiche molto differenti dagli operatori privati con cui si confrontano, se non altro per il fatto che la loro attività di acquisto o di vendita è comunque strumentale al perseguimento di un interesse pubblico e che il denaro speso o ricavato è una risorsa pubblica, su cui non hanno ovviamente la stessa disponibilità che il privato può avere sulle proprie risorse. Ciò, fra l'altro, può influenzare significativamente la dinamica concorrenziale dei mercati interessati e anche per questo sono previste regole molto specifiche che disciplinano le procedure pubbliche di acquisto e di vendita (v. par. 3.3).

Nel terzo caso, infine, i poteri pubblici compaiono sul mercato come **proprietari di risorse che possono avere rilevanza economica, in quanto** suscettibili di un **utilizzo proficuo nell'ambito di una attività di impresa** o addirittura in quanto indispensabili per la stessa come fattori produttivi essenziali. Si tratta di un fenomeno particolarmente significativo nei casi in cui l'attribuzione di un bene alla proprietà del soggetto pubblico è prevista come doverosa dall'ordinamento e tale soggetto si trova quindi a condizionare interamente l'andamento dei mercati che necessitano di quei beni nelle proprie dinamiche di produzione e di scambio, a cominciare dall'accesso ad essi, come nel caso delle concessioni di beni demaniali (v. par. 3.2 e cap. 5).

1.4. Segue: *i diversi tipi di intervento pubblico. II. La regolazione del mercato*

Il secondo tipo di intervento pubblico sul mercato è quello della **regolazione**, che prende come punto di partenza la **spontaneità delle dinamiche**

del mercato e si sviluppa con l'obiettivo di **orientare il corso delle stesse senza alterarne la logica di funzionamento**, tramite l'introduzione di regole ad essa **conformi ma non connaturate**, in vista della cura **di un interesse generale**. La regolazione non ha carattere "finalistico" e con essa le istituzioni pubbliche non mirano a perseguire specifici obiettivi, orientando verso di essi l'attività delle imprese. Essa assume piuttosto **un carattere "condizionale"**, nel senso che "consiste di prescrizioni non direttive, ma ipotetiche, dal verificarsi delle quali le norme o la regolazione stessa fa discendere conseguenze che sono predeterminate" (Cassese, 2002). Le prescrizioni poste con la regolazione finiscono così per operare come meccanismi "aggiuntivi" di mercato, funzionanti in modo analogo a quelli originariamente propri dello stesso. Esse lasciano che le **finalità di interesse generale** siano raggiunte attraverso il confronto fra gli operatori economici, avvalendosi dell'introduzione nella dinamica del mercato di passaggi idonei a considerare in tale confronto, oltre che gli interessi privati degli operatori economici, anche gli interessi pubblici ritenuti rilevanti. Anche la regolazione arriva dunque a modificare l'allocazione delle risorse che sarebbe prodotta spontaneamente dal mercato, ma a differenza delle modalità di intervento che si sono considerate nel precedente paragrafo la sua influenza su tale allocazione è di tipo indiretto, perché condiziona l'andamento delle attività svolte dagli operatori sul mercato, ma lascia che siano queste a determinare l'esito finale dei processi economici.

La regolazione è dunque un intervento attraverso cui le istituzioni pubbliche operano sui processi economici in vista di finalità di interesse generale, ma avendo cura di **non alterare la spontaneità degli stessi**. Essa è riferita ad uno **specifico mercato**, definito in base all'estensione geografica, alla tipologia dei beni scambiati o congiuntamente in base a questi elementi, senza riferimento a limiti specifici di durata. È affidata a una **amministrazione dotata di indipendenza dal** potere politico e dai soggetti regolati, alla quale sono attribuiti soltanto, o comunque in maniera del tutto prevalente, **compiti specifici di regolazione** (v. par. 2.2). Essa prevede forme di **controllo** non solo di tipo verticale, affidate alle autorità di regolazione, ma anche di tipo orizzontale, affidate agli attori del mercato in riferimento alla loro esigenza di tutela rispetto a violazioni delle regole di funzionamento del mercato da parte di altri attori o delle stesse istituzioni pubbliche.

1.4.1. *La regolazione sociale*

Come si è detto, nell'ambito della regolazione si distingue in genere fra **regolazione sociale** e regolazione economica.

La prima prevede interventi diretti a **orientare il funzionamento dei mer-**

cati, in relazione alla rilevanza dei beni e dei servizi prodotti e scambiati per la realizzazione di **interessi pubblici di per sé estranei al mercato**, ma condizionati nel loro soddisfacimento dalla allocazione di risorse operata attraverso di esso. Attraverso gli interventi di regolazione, in particolare, le istituzioni pubbliche, nel momento in cui decidono di lasciare al funzionamento del mercato la produzione e la allocazione di beni e servizi ritenuti comunque rilevanti per l'interesse pubblico, operano al tempo stesso per **compensare l'inidoneità del mercato a tenere conto di questa rilevanza e per garantire comunque la soddisfazione di interessi sociali, o in ogni caso "superindividuali"**, affidati in cura alle istituzioni pubbliche, che l'ordinamento non ritiene possano soccombere di fronte all'esercizio della libertà di iniziativa economica (sicurezza, tutela del consumatore, diritto alla salute, diritti sociali, ambiente, ecc.).

1.4.2. *La regolazione economica*

La **regolazione economica**, o proconcorrenziale, considera invece come **interesse generale** da perseguire proprio **il corretto funzionamento del mercato** e contempla l'intervento delle istituzioni pubbliche in quanto rivolto alla **creazione delle condizioni per il confronto competitivo** degli operatori di mercato anche in settori in cui per le particolari caratteristiche dell'attività svolta, per le dotazioni infrastrutturali necessarie, per la tipologia dei beni utilizzati nel processi produttivi, queste non si determinano in modo automatico (si pensi ad esempio alle attività economiche riconducibili al settore dei servizi pubblici liberalizzati, su cui v. cap. 6) o comunque ci si trova di fronte a ipotesi di "fallimento" del mercato (come ad esempio in presenza di monopolio o di oligopolio, di asimmetrie informative, di occasioni di *free riding*, di esternalità, di crisi di impresa).

La regolazione economica definisce quindi *ex ante*, detta alle imprese e fa rispettare, anche attraverso sanzioni, delle **regole di comportamento dirette ad attivare dei meccanismi sostitutivi della dinamica concorrenziale del mercato** in situazioni in cui essa non è in grado di originarsi spontaneamente. Attraverso questo tipo di intervento le istituzioni pubbliche operano per correggere sia le condizioni di partenza, come ad esempio gli squilibri nelle quote di mercato o i differenziali dovuti allo sviluppo tecnologico, sia gli esiti non desiderati della dinamica intrinseca del mercato, al fine di **presidiare le condizioni per un efficace e corretto confronto concorrenziale tra le imprese, senza però mirare ad influenzarne l'esito**.

1.5. Segue: *i diversi tipi di intervento pubblico. III. La tutela della concorrenza*

Il terzo tipo di intervento pubblico è **la tutela della concorrenza**, che consiste **nell'attività di contrasto dei comportamenti anticoncorrenziali** che gli operatori economici pongono in essere nell'ambito delle normali dinamiche di funzionamento di mercati, compresi quelli non sottoposti a regolazione pubblica, nelle quali è insita la possibilità di allontanamento dal modello concorrenziale, anche quando i presupposti dello stesso sono originariamente presenti.

Questo tipo di intervento trova il suo fondamento diretto nell'introduzione del principio di concorrenza e nell'attribuzione al mercato che ad esso si ispira di una autonoma **rilevanza positiva per l'interesse generale**, in virtù della sua capacità di realizzare il benessere collettivo, attraverso un'ottimale allocazione delle risorse. Dato che la conformità al principio di concorrenza non può essere presupposta nel funzionamento del mercato, alle istituzioni pubbliche viene affidato il compito di ripristinarla intervenendo a contrastare le tendenze spontanee del mercato ad allontanarsi da essa.

La disciplina della concorrenza viene operata in modo prevalente **con l'introduzione obblighi di "non fare"**, **vietando** alle imprese di adottare i comportamenti che possono limitare il libero gioco concorrenziale, **vigilando** sul rispetto di tali divieti ed eventualmente **sanzionando** le relative trasgressioni. A differenza della regolazione, quindi, la tutela della concorrenza consiste soprattutto di interventi *ex-post*, diretti a colpire gli illeciti anticoncorrenziali (in particolare intese restrittive della concorrenza e abusi di posizione dominante, su cui v. cap. 8), con l'intento di salvaguardare sia l'equilibrio nella distribuzione delle quote di potere di mercato, sia la posizione del consumatore. Inoltre, dato che la limitazione della concorrenza nel mercato può derivare non solo dalle modalità con cui gli operatori privati agiscono, ma anche dalle modalità con cui le stesse istituzioni pubbliche interferiscono in esso con i loro comportamenti, è interessante notare come la tutela della concorrenza possa comprendere anche interventi rivolti verso queste ultime (ad esempio, in materia di aiuti di Stato alle imprese, su cui v. cap. 8) e coinvolgere quindi non solo rapporti tra soggetti pubblici e soggetti privati, ma **anche rapporti fra soggetti pubblici di tipo diverso** (come ad avviene spesso nelle relazioni tra le istituzioni della UE e quelle degli Stati membri, su cui v. cap. 2).

La tutela della concorrenza si distingue dunque dalla regolazione, anche di tipo economico, perché l'intervento svolto dalle istituzioni pubbliche in funzione di essa assume come **presupposto il funzionamento concorrenziale del mercato e persegue direttamente come propria finalità quella del suo man-**

tenimento. Essa mira dunque alla salvaguardia della competizione dinamica tra le imprese e viene affidata a forme di **attuazione meramente tecnica**, con esclusione di ipotesi di bilanciamento con altri interessi pubblici rilevanti, che eventualmente vengono considerati attraverso il confronto con altre autorità di regolazione.

Ciò tuttavia non significa che la tutela di concorrenza si ponga in termini di alternatività rispetto all'attività di regolazione. Posto che, come si è detto, la tutela della concorrenza può riguardare anche mercati non interessati da interventi di regolazione, e dunque esplicarsi indipendentemente da quest'ultima, nel caso in cui essa intervenga invece su mercati regolati i due tipi di intervento possono essere realizzati **in modo complementare** (Pitruzzella, 2014). Mentre infatti la regolazione settoriale interviene *ex ante* a definire un quadro di regole di funzionamento del mercato ispirate al principio della concorrenza e compatibili con il mercato, l'intervento *antitrust* può essere esercitato *ex post*, per verificare se all'interno del mercato regolato ci siano comportamenti che, pur legittimi dal punto di vista della sua disciplina settoriale rientrano tuttavia tra quelli considerati come illeciti dalla disciplina *antitrust*.

Per approfondire

E. Bruti Liberati, *La regolazione pro-concorrenziale dei servizi pubblici a rete*, Milano, Giuffrè, 2006; Id., *Politica di concorrenza e politica industriale tra unità e differenziazione*, in M. Cafagno-F. Manganaro (a cura di), *L'intervento pubblico nell'economia*, Firenze, Firenze University Press, 2016, 157 ss.; Id., *La regolazione indipendente dei mercati. Tecnica, politica e democrazia,* Torino, Giappichelli, 2019; E. Cardi, *Mercati e Istituzioni in Italia. Diritto pubblico dell'economia*, Torino, Giappichelli, 2018; S. Cassese, *Dalle regole del gioco al gioco con le regole*, in *Mercato Concorrenza Regole*, 2, 2002, 265 ss.; S. Cassese (a cura di), *La nuova costituzione economica*, Bari-Roma, Laterza, 6ª ed., 2021; L. De Lucia, *La regolazione amministrativa dei servizi di pubblica utilità*, Torino, Giappichelli, 2002; R. Dipace, *L'attività di programmazione come presupposto di decisioni amministrative*, in *Decisioni amministrative e processi deliberativi. Annuario AIPDA 2017*, Napoli, Editoriale scientifica, 2018, 129 ss.; Id., *Politiche e strumenti amministrativi per lo sviluppo economico*, in *Dir. amm.*, 2020, 903 ss.; G.F. Ferrari (a cura di), *Diritto pubblico dell'economia*, Milano, Egea, 3ª ed., 2019; P. Lazzara, *La funzione regolatoria: contenuto natura e regime giuridico*, in M. Cafagno-F. Manganaro (a cura di), *L'intervento pubblico nell'economia*, Firenze, Firenze University Press, 2016, 117 ss.; Id., *La regolazione amministrativa: contenuto e regime*, in *Riv. trim. dir. pubb.*, 2018, 337 ss.; M. Libertini, *La tutela della concorrenza nella Costituzione. Una rassegna critica della giurisprudenza costituzionale italiana dell'ultimo decennio*, in *Mercato Concorrenza Regole*, 2014, 3, 503 ss.; A. Moliterni-S. Pellizzari, *La "Costituzione dimenticata". La riserva di attività economiche alle comunità di lavoratori o di utenti*, in *Riv. trim. dir. pubb.*, 2021, 243 ss.; G. Napolitano-M. Abbrescia, *Analisi economica del diritto pubblico*, Bologna, Il Mulino, 2009; K. Pistor, *Il codice del capitale. Come il diritto crea ricchezza e disuguaglianza*, Roma, Luiss, 2021 [2019]; G. Pitruzzella, *Concorrenza e regolazione*, in *Federalismi.it*, n. 22, 2014, 1 ss.; M. Ramajoli, *La regolazione amministrativa dell'economia e la pianificazione economica nell'interpretazione dell'art. 41 della costituzione*, in *Dir. amm.*, 2008, 1, 121 ss.; N. Rangone, *Regolazione*, in S. Cassese (a cura di), *Dizionario di diritto pubblico*, vol. V, Milano, Giuffrè, 2006, 5057 ss.; Id., *Le programmazioni economiche. L'intervento pubblico tra piani e regole*, Bologna, Il Mulino, 2007; F. Trimarchi Banfi, *Lezioni di diritto pubblico dell'economia*, Torino, Giappichelli, 6ª ed., 2019; G. Tropea, *Imperatività, consenso e garanzie nell'attività di regolazione*, in *Dir. amm.*, 2020, 363 ss.

Capitolo 2

LE ISTITUZIONI

di *Marco Bombardelli, Andrea Magliari, Leonardo Parona* *

Le **istituzioni pubbliche** aventi compiti di intervento sui mercati sono **molto numerose e diverse fra di loro**. Nella loro individuazione va tenuto conto che oggi esse si distribuiscono su **vari livelli di governo**, che non coincidono più solo con quello statale. Anche lo svolgimento dei suddetti compiti è infatti influenzato dal **superamento della centralità un tempo propria dello Stato** nel quadro dei pubblici poteri, che in passato ha consentito di individuare nello stesso, in via assolutamente prevalente, l'istituzione di riferimento per l'intervento nell'economia. A ciò hanno contribuito in modo decisivo il processo di **integrazione europea** e l'impulso dei più ampi **fenomeni della globalizzazione**, che hanno reso quella statale una dimensione inadeguata per fronteggiare fenomeni di carattere economico e sociale che travalicano in modo significativo i confini dello Stato e la sua possibilità di inter-

---

* I parr. 2.1 e 2.2 sono di Marco Bombardelli; i parr. 2.3 e 2.4 sono di Andrea Magliari; i restanti paragrafi sono di Leonardo Parona.

vento unilaterale su di essi. Ma la suddetta trasformazione deriva anche dalla progressiva **valorizzazione del principio di autonomia**, che nell'ordinamento interno viene esteso in termini sempre più ampi non solo agli enti territoriali, ma anche agli enti esponenziali di comunità e ad altri enti titolari di autonomie funzionali. **I livelli istituzionali da considerare sono dunque più di uno**, ed in particolare quello nazionale, quello europeo e quello globale.

2.1. *Le istituzioni nazionali. I. Gli enti territoriali*

Al livello nazionale, va operata una ulteriore distinzione fra gli enti di livello territoriale, che comprendono lo stato e gli enti autonomi di livello regionale e locale, e gli enti nazionali non territoriali, fra i quali nella regolazione dell'economia assumono un ruolo centrale le autorità amministrative indipendenti.

Con riferimento allo Stato, vanno ricordati in modo specifico il ruolo del Parlamento, quello del Governo e quello dei Ministeri dotati di competenze economiche.

2.1.1. *Lo Stato. I. Il Parlamento*

Il ruolo del Parlamento è rilevante innanzitutto per gli interventi operati nell'economia attraverso l'esercizio della **funzione legislativa**, essendo infatti affidate alla **competenza legislativa statale** alcune importanti materie economiche. Secondo quanto previsto **dall'art. 117 della Costituzione**, su alcune di esse il Parlamento è chiamato a intervenire in via esclusiva, quali moneta, tutela del risparmio e mercati finanziari; tutela della concorrenza; sistema valutario; sistema tributario e contabile dello Stato; armonizzazione dei bilanci pubblici; perequazione delle risorse finanziarie; previdenza sociale; dogane, protezione dei confini nazionali e profilassi internazionale; pesi, misure e determinazione del tempo. Su altre invece il Parlamento interviene in via concorrente con le Regioni, quali rapporti internazionali e con l'Unione europea delle Regioni; commercio con l'estero; tutela e sicurezza del lavoro; professioni; ricerca scientifica e tecnologica e sostegno all'innovazione per i settori produttivi; porti e aeroporti civili; grandi reti di trasporto e di navigazione; ordinamento della comunicazione; produzione, trasporto e distribuzione nazionale dell'energia; previdenza complementare e integrativa; coordinamento della finanza pubblica e del sistema tributario; casse di risparmio, casse rurali, aziende di credito a carattere regionale; enti di credito fondiario e agrario a carattere regionale. Nelle materie di legislazione concorrente spetta alle Regioni la potestà legislativa, salvo che per la determinazione dei princìpi fondamentali, riservata alla legislazione dello Stato.

Ma l'importanza del Parlamento per l'intervento nell'economia si manifesta anche con riferimento alla sua **funzione di indirizzo politico** intesa in senso lato, come concorso alla definizione dei grandi obiettivi della politica nazionale e degli strumenti per realizzarla, nonché alla sua funzione di **controllo sull'operato del Governo**, in relazione alle modalità con cui questo opera la **gestione dei conti pubblici**. Di questo costituisce un momento di espressione molto rilevante l'esercizio dei poteri di approvazione che il Parlamento esercita rispetto alla **manovra di finanza pubblica** adottata su iniziativa del governo, con riferimento ai procedimenti di approvazione delle leggi di bilancio, di rendiconto e di assestamento. La manovra viene avviata entro il 10 aprile di ogni anno con la presentazione da parte del Governo del **Documento di economia e finanza (DEF)** il quale si compone di tre sezioni, dedicate rispettivamente al programma di stabilità, agli andamenti macroeconomici e alle riforme previste. Il DEF presenta nel complesso un insieme di indicazioni programmatiche riguardo alla politica economica e alla gestione dei conti pubblici, con riferimento alle previsioni di crescita, a quelle di riduzione del debito, alle previsioni dei flussi di entrata e di spesa, alla pressione fiscale, all'inflazione, alle misure per l'aumento della competitività, agli andamenti di occupazione e disoccupazione. Al DEF segue entro il 27 settembre la presentazione della relativa **Nota di aggiornamento (NADEF)**, presentata al Parlamento prima della stesura del disegno di legge di bilancio e approvata dal Parlamento con una risoluzione. Seguono quindi, entro il 15 ottobre, l'invio alla Commissione europea del **Documento programmatico di Bilancio (DPB)** ed, entro il 20 ottobre, la presentazione al Parlamento da parte del Governo del disegno di legge di bilancio – che nell'autunno di ogni anno viene discusso in una apposita sessione parlamentare. A seguito delle modifiche introdotte nel 2012 all'art. 81 Cost. e della rimozione del divieto in esso originariamente contenuto relativamente alla possibilità di "stabilire nuovi tributi e nuove spese" con la legge di bilancio, che aveva reso necessario accompagnare quest'ultima con un'altra legge denominata inizialmente "legge finanziaria" e poi "legge di stabilità" – a partire dal 2016 **la legge di bilancio** si compone di **un unico documento**, **diviso in due sezioni**. La prima predispone il quadro finanziario per il periodo di riferimento e include misure di tipo quantitativo, anche in modifica della legislazione vigente, funzionali al raggiungimento degli obiettivi di finanza pubblica, ereditando in questo le caratteristiche proprie della legge di stabilità, che dunque di fatto viene ora assorbita dalla legge di bilancio. La seconda sezione è di tipo contabile e riprende i caratteri da sempre tipici della legge di bilancio, indicando le previsioni di entrata e di spesa del bilancio dello Stato basate sulla legislazione vigente, come rivista dalla prima sezione. L'approvazione da parte del Parlamento della legge di bilancio deve avvenire entro il 31 dicembre dell'anno precedente a quello di esercizio, pena il passaggio all'esercizio provvisorio. Entro gennaio devono quindi essere approvati **i disegni di legge "collegati"** alla legge di bilancio. Oltre a quest'ultima, che ha natura preventiva, il Parlamento è chiamato anche ad adottare la legge di approvazione del **rendiconto generale dello Stato**, che ha natura consuntiva rispetto al bilancio dell'anno precedente, va presentata entro il mese di giugno ed approvata entro un mese dalla presentazione, quindi prima che venga presentato al Parlamento il disegno di legge di bilancio per l'anno successivo.

2.1.2. *Lo Stato. II. Il Governo e i Ministeri economici*

Il Governo interviene nell'economia con funzioni diverse. In primo luogo, con **funzioni di indirizzo politico**, ad esempio dettando le linee programmatiche ed attuando la politica economica. Poi, con **funzioni normative**, presentando disegni di legge, adottando atti aventi forza di legge e atti di natura regolamentare rilevanti per la disciplina e per la regolazione dell'economia, intervenendo nella disciplina e nella regolazione dell'economia. Ancora, con **funzioni amministrative di varia natura**, che si manifestano ad esempio **in poteri di nomina** (dirigenti generali, amministratori di enti pubblici), in atti rilevanti per la **gestione del bilancio**, in atti di **intervento sul sistema creditizio**, e via dicendo.

In quest'ambito, le varie componenti del Governo hanno compiti e ambiti operativi diversi. Il **Consiglio dei ministri** ha il compito di dettare gli indirizzi generali di politica economica e di adottare interventi puntuali con decreti legge, regolamenti, disegni di legge. Il **Presidente del Consiglio dei Ministri** ha marcati compiti di coordinamento e indirizzo dell'azione del governo e dei singoli ministri. **I Ministeri** esercitano competenze amministrative rilevanti per l'economia a livello statale e interagiscono nei propri ambiti di competenza con i propri omologhi a livello europeo. Di particolare rilievo per l'intervento nell'economia sono il Ministero dell'Economia e delle Finanze e il Ministero dello Sviluppo Economico.

Il **Ministero dell'Economia e delle Finanze (MEF)** svolge le funzioni e i compiti spettanti allo Stato in materia di politica economica-finanziaria, di bilancio e di politica tributaria. In quest'ambito formula le linee di programmazione economica-finanziaria, coordina gli interventi di finanza pubblica nell'ambito dei limiti di convergenza e stabilità definiti dalla UE, elabora le previsioni economiche e finanziarie, predispone la manovra e redige i documenti di finanza pubblica, gestisce le fasi del bilancio dello Stato, controlla gli andamenti generali delle spese e delle entrate, predispone i conti finanziari ed economici delle amministrazioni pubbliche e in generale valuta gli effetti delle politiche e delle normative in materia economico-fiscale. Elabora le politiche fiscali, gestisce le informazioni e segue il contenzioso. Nelle attività di supervisione della spesa, di supporto alla manovra di finanza pubblica, di verifica della regolarità della gestione finanziaria il MEF si avvale della Ragioneria Generale dello Stato, che opera come suo Dipartimento. Nell'esercizio delle competenze in materia di politica tributaria, si avvale, in base ad apposite convenzioni, del supporto delle Agenzie Fiscali (Agenzia delle Entrate, Agenzia del Demanio, Agenzia delle Dogane e dei Monopoli). Al MEF spettano anche gli interventi di programmazione degli investimenti pubblici, di controllo e vigilanza sulle gestioni finanziarie pubbliche e sui mercati finanziari, di gestione del debito pubblico, di dismissione dei beni pubblici, di gestione delle partecipazioni azionarie dello Stato e di emissione di BOT/CCT. Il MEF inoltre coordina e/o controlla in tutto o in parte alcuni enti e società con compiti rilevanti per l'intervento nell'economia, quali l'Ufficio italiano cambi (UIC), l'Istituto nazionale di statistica (ISTAT), l'Istituto studi e analisi economica (ISAE), l'Istituto poligrafico e zecca dello Stato (IPZS), la Cassa depositi e prestiti (CDP).

Il **Ministero dello Sviluppo Economico (MISE)** riunisce funzioni in materia di sviluppo economico e coesione economica in passato attribuite a ministeri diversi (Industria, Commercio e Artigianato) e svolge compiti di programmazione, indirizzo e vigilanza. In particolare elabora ed attua la politica industriale, nel cui ambito gestisce strategie imprenditoriali pubbliche, promuove politiche per lo sviluppo della competitività del sistema imprenditoriale, gestisce fondi e strumenti agevolativi a favore delle imprese; si occupa di riconversione e la riorganizzazione produttiva, di gestione delle crisi d'impresa, elabora politiche per le micro, piccole e medie imprese. Al MISE spettano poi compiti in materia di internazionalizzazione, attraverso politiche di internazionalizzazione delle imprese, di promozione all'estero delle produzioni italiane e di semplificazione degli scambi commerciali con l'estero. Il MISE è competente anche nell'elaborazione e nell'attuazione delle politiche dell'energia e delle comunicazioni. Inoltre, opera nell'ambito dei controlli tecnici, della tutela della proprietà industriale, del made in Italy e del contrasto alla contraffazione, avvalendosi fra l'altro dell'Ufficio italiano brevetti e marchi, ha funzioni in materia di metrologia legale e metalli preziosi, ha compiti collegati all'attività delle Camere di commercio e del Registro delle imprese, svolge attività di vigilanza sul sistema cooperativo.

Altri ministeri rilevanti per l'intervento amministrativo nell'economia sono il **Ministero delle Infrastrutture e della Mobilità sostenibile (MIMs)**, che opera in materia di programmazione, finanziamento, realizzazione e gestione delle reti infrastrutturali di interesse nazionale e delle opere pubbliche di competenza dello Stato; di politiche urbane e dell'edilizia abitativa anche riguardanti il sistema delle città e delle aree metropolitane; di attività relative a trasporti, viabilità e logistica, e di sicurezza, con riferimento al trasporto terrestre, al trasporto aereo e al trasporto marittimo e nelle vie d'acqua interne. Il **Ministero delle Politiche agricole, alimentari e forestali (MiPaaf)**, che elabora e opera per l'attuazione della politica agricola forestale, nonché per l'ippica e la pesca, sia a livello nazionale, che europeo ed internazionale. Nel suo intervento si avvale dell'operato di importanti enti ad esso collegati, quali l'Agenzia per le Erogazioni in Agricoltura (AGEA); il Consiglio per la Ricerca in agricoltura e l'analisi dell'economia agraria (CREA); l'Istituto di Servizi per Mercato Agricolo Alimentare (ISMEA), l'Istituto Nazionale Risi. **Il Ministero del Lavoro e delle Politiche Sociali (MLPS)** che elabora e opera per l'attuazione delle politiche del lavoro e sviluppo dell'occupazione, di tutela del lavoro e adeguatezza del sistema previdenziale, nonché delle politiche sociali. Nella sua attività interagisce con due importanti Agenzie, su cui ha anche compiti di vigilanza, ovvero l'Ispettorato nazionale del lavoro (INL) e l'Agenzia nazionale per le politiche attive e del lavoro (ANPAL). **Il Ministero del Turismo (MiT)**, che cura le politiche turistiche nazionali, i rapporti con le Regioni per lo sviluppo del settore turistico, le relazioni con l'Unione europea e internazionali in materia di turismo e i rapporti con le associazioni di categoria e le imprese turistiche. Da ricordare anche il **Dipartimento per le Politiche Europee**, struttura incardinata presso la Presidenza del Consiglio dei Ministri che ha il compito di supportare il Presidente del Consiglio dei Ministri o il Ministro senza portafoglio da questo delegato nella gestione dei rapporti con le istituzioni europee. Fra i suoi compiti rientrano in particolare quelli di coordinamento sui temi del mercato interno europeo, quali la libera circolazione delle persone, dei servizi e delle merci, la libertà di stabilimento, gli aiuti di Stato, gli appalti pubblici, la proprietà intellettuale (su cui si veda al successivo cap. 8).

Infine, con riferimento al ruolo del Governo, oltre all'attività dei Ministeri deve essere tenuta presente anche quella di due importanti **Comitati interministeriali**, ovvero il **Comitato interministeriale per la programmazione economica, sviluppo, assegnazione risorse (CIPE)** e il **Comitato interministeriale per il credito ed il risparmio (CICR)**. Il **CIPE** è presieduto dal Presidente del Consiglio dei Ministri e di esso fanno parte, fra gli altri, i principali Ministri economici, oltre al Presidente della Conferenza dei Presidenti delle Regioni e delle Province autonome. Ha competenze in materia di politica economica e finanziaria nazionale e settoriale, occupazione e sviluppo, politiche comunitarie e programmi di investimento. In particolare, svolge funzioni di coordinamento in materia di programmazione della politica economica e interviene nelle decisioni relative agli investimenti pubblici e al finanziamento di programmi e progetti di sviluppo. Ha come segretario il sottosegretario alla PdCM ed è supportato dal Dipartimento per la programmazione e il coordinamento della politica economica. Il **CICR** è composto dai Ministri dell'Economia e delle Finanze (che lo presiede), dello Sviluppo economico, delle Infrastrutture e della Mobilità sostenibile, delle Politiche agricole, alimentari forestali, delle Politiche europee. Alle sue riunioni partecipa senza diritto di voto il governatore della Banca d'Italia. Il CICR ha competenze in materia di credito e tutela del risparmio. In particolare, opera nella regolamentazione dell'attività delle banche e degli altri intermediari finanziari disciplinati dal Testo Unico Bancario e svolge funzioni di alta vigilanza, fra l'altro deliberando, su proposta della Banca d'Italia, principi e criteri per l'esercizio della vigilanza (v. cap. 7).

2.1.3. *Le Regioni e gli enti locali*

Come si è detto, tra gli enti territoriali che svolgono un intervento nell'economia sono da ricordare, oltre allo Stato, anche le **Regioni e Province autonome**. In riferimento ai propri territori, con i limiti dell'ordinamento europeo e della ripartizione delle competenze rispetto allo Stato definita in base all'art. 117 Cost. e ai propri Statuti, le suddette istituzioni operano con modalità simili a quelle di cui si è appena detto a proposito dello Stato. Le Regioni e le Province autonome operano cioè sia con un **intervento di tipo normativo (legislativo e regolamentare)**, sia con un **intervento di tipo amministrativo**, attraverso i propri Consigli legislativi e i propri Organi di governo. Questi ultimi sono articolati in assessorati e supportati da strutture amministrative cui spettano compiti che per vari aspetti possono essere descritti, con riferimento ai rispettivi territori, in analogia a quelli che si sono visti essere propri dei Ministeri.

Ci sono così varie materie di contenuto economico nelle quali le Regioni e le Province Autonome intervengono sia a livello legislativo che amministrativo, talora al posto dello Stato, talora in coordinamento con esso, per le materie concorrenti e per quegli ambiti a cui la Corte costituzionale ha riconosciuto un valore "trasversale", come ad esempio la tutela della concorrenza.

Tra gli enti territoriali, un ruolo di intervento nell'economia spetta anche agli **enti locali**, ed in particolare ai comuni. Ad essi non è attribuita potestà legislativa, ma possono comunque spettare importanti **poteri normativi di tipo regolamentare**, come ad esempio nella programmazione commerciale. L'intervento dei comuni, però, si manifesta soprattutto **a livello amministrativo**, dove tali enti operano esercitando sia funzioni proprie che funzioni delegate dallo Stato o delle Regioni. In ambito economico, in particolare, sono da ricordare il rilascio di provvedimenti autorizzatori, gli interventi incentivanti volti a favorire lo sviluppo economico locale e quelli relativi alla costruzione di opere e in genere di investimento pubblico a livello locale.

2.2. *Le istituzioni nazionali. II. Gli enti non territoriali*

2.2.1. *Il disegno dell'organizzazione amministrativa*

Una parte importante degli interventi pubblici sui mercati è operata da pubbliche amministrazioni. Si è già messo in evidenza il ruolo delle amministrazioni degli enti territoriali e in particolare, per quanto riguarda il livello statale, quello dei Ministeri. Ma ci sono anche molti enti non territoriali di dimensione nazionale, come pure regionale e locale, che a vario titolo sono chiamati a intervenire sui, e talora nei, processi economici. Ci si trova così in presenza di un complesso sistema amministrativo che si relaziona con i mercati con un assetto pluricentrico, plurimorfo e multiorganizzativo, al quale non corrisponde più l'immagine semplicistica della pubblica amministrazione come apparato omogeneo e unitario, strutturato come articolazione operativa dello Stato, che opera per dare esecuzione alle sue leggi. Al suo posto troviamo un'organizzazione complessa, composta da amministrazioni di vario tipo che applicano atti legislativi adottati da poteri pubblici diversi, europei, nazionali e regionali, curano concretamente interessi molteplici, anch'essi riconducibili a livelli diversi, e che si incontrano sul piano operativo, secondo combinazioni variabili, in relazione al risultato concreto da raggiungere.

In questa organizzazione rientrano enti non territoriali di vario tipo. Fra di essi sono da ricordare il **Consiglio Nazionale dell'Economia e del Lavoro (CNEL)**, organo ausiliario dello Stato di rilievo costituzionale, che ha compiti di iniziativa legislativa e di consulenza alle Camere e al Governo in materia economica e sociale; **gli enti pubblici non economici**, variamente denominati (Agenzie, Autorità, Camere di Commercio, Consorzi, Enti, Istituti, Fondazioni, Ispettorati, ecc.), di natura strumentale o autonoma, a cui spettano funzioni rilevanti in riferimento alla regolazione, all'assistenza e al sostegno delle imprese, alla previdenza, alla erogazione di servizi, che nel loro insieme hanno un effetto rilevante nelle dinamiche dell'economia; **gli enti pubblici economici**, imprese operanti direttamente sui mercati che negli ultimi due decenni sono però state interessate da significativi processi di privatizzazione (v. cap. 4); **altri organismi, anche di natura giuridica privata**, operanti nell'erogazione di attività economiche aventi natura di servizio pubblico (v. cap. 6).

2.2.2. *Le autorità amministrative indipendenti*

Tra gli enti non territoriali rilevanti per la regolazione dell'economia, però, un'attenzione particolare deve essere dedicata alle **autorità amministrative indipendenti**, che oggi assumono un ruolo di primo piano e arrivano a connotare in modo specifico le modalità dell'intervento pubblico nell'economia. Queste autorità sono amministrazioni pubbliche che operano **per la tu-**

tela di interessi di rilievo costituzionale in ambito economico e sociale, caratterizzate da **indipendenza** dal potere di direttiva e di controllo del governo, da una **connotazione neutrale** rispetto alla politica e agli interessi su cui intervengono, nonché da un alto grado di **competenza tecnica** nel settore di pertinenza. Esse rappresentano dunque un modello di amministrazione diverso rispetto a quelli tradizionali, che viene introdotto da un lato per rendere più efficace e dall'altro per collocare al di fuori della sfera dell'indirizzo politico l'intervento amministrativo in settori economici e sociali particolarmente rilevanti, caratterizzati da una grande dinamicità dei mercati e da un continuo progresso tecnologico, rispetto ai quali le usuali modalità operative della pubblica amministrazione si rivelano inadeguate.

Nell'ordinamento italiano cominciano a diffondersi soprattutto a partire dagli anni '90 dello scorso secolo, quando si assiste, da un lato, all'istituzione per legge di diversi enti riconducibili direttamente a questo modello organizzativo e, dall'altro, al progressivo rafforzamento del carattere dell'indipendenza di amministrazioni più tradizionali, già titolari di particolari competenze tecniche e di funzioni di governo o di regolazione di settori economici rilevanti. Lo sviluppo di queste amministrazioni è correlato allo sviluppo di fenomeni di privatizzazione e di liberalizzazione in molti settori economici prima caratterizzati dalla riserva a favore di poteri pubblici o comunque dall'affidamento diretto dell'attività d'impresa a soggetti pubblici (v. cap. 4 e cap. 6). Il superamento di un modello di intervento pubblico diretto e la contestuale apertura al mercato di settori economici rilevanti, con l'introduzione in essi della logica del profitto di impresa e della possibilità di creazione di posizioni private dominanti, mettono a rischio sia, da un lato, le finalità sociali a cui l'ordinamento continua ad attribuire rilevanza e l'interesse degli operatori più deboli del mercato, quali utenti e consumatori, sia, dall'altro, la possibilità di attivare delle dinamiche autenticamente concorrenziali sui nuovi mercati creati dalle liberalizzazioni. Per questo si cerca in primo luogo di accompagnare la liberalizzazione con idonei interventi di **regolazione del mercato**, di natura sociale ed economica (v. cap. 1) e poi appunto di individuare degli **organismi tecnici specializzati**, capaci di operare in modo neutrale e indipendente come **autorità di regolazione** del mercato.

Il carattere distintivo di queste autorità amministrative è quello **dell'indipendenza**, che le distanzia dal circuito politico e dagli interessi settoriali su cui sono chiamate a intervenire e le colloca in una posizione di terzietà che le abilita a predisporre e far applicare le regole relative al settore di pertinenza.

L'indipendenza si presenta sia sotto un **profilo strutturale** che sotto un profilo funzionale. Dal primo punto di vista, essa si concreta nella netta **separazione tra le autorità amministrative da una parte e gli organi di indirizzo politico e i soggetti regolati dall'altra**. In particolare, essa è determinata dai **requisiti previsti per la nomina dei membri, dalle modalità di nomina, dalle condizioni di incompatibilità, dalla durata del mandato e dall'esclusione della possibilità di reiterazione dello stesso**. Per quanto riguarda in particolare le modalità di nomina, si possono avere nomine di origine parlamentare, affidate a seconda dei casi ai Presidenti delle Camere o all'intera assemblea, nomine di origine mista, nell'ambito delle quali una parte dei membri è di nomina parlamentare e un'altra è di nomina governativa, e nomine di origine governativa, le quali però riducono la piena indipendenza dell'autorità amministrativa. Tra i requisiti previsti per la nomina dei membri sono di grande importanza quello del possesso di competenze tecniche e scientifiche idonee per il settore di cui l'autorità è chiamata ad occuparsi e quello della loro capacità di operare al riparo dall'influenza di poteri esterni, sia di tipo politico che di natura economica. Per questo è previsto anche un rigoroso regime delle incompatibilità, che mira a escludere la possibilità di svolgere attività di consulenza, di ricoprire uffici pubblici o essere amministratori o dipendenti di enti pubblici o privati.

Dal punto di vista funzionale invece, l'indipendenza si manifesta nella possibilità di operare con piena autonomia di giudizio e di valutazione, senza condizionamenti da parte del governo o dei soggetti regolati. Sotto questo profilo l'indipendenza si concreta in particolare nel riconoscimento di **autonomia organizzativa**, in base alla quale le autorità possono disciplinare da sé il funzionamento dei propri uffici e del personale ad essi adibito, di **autonomia finanziaria**, in base alla quale le autorità operano sulla base di risorse ad esse direttamente stanziate, senza quindi dipendere per le stesse dal Governo o dai singoli Ministeri, e **autonomia contabile**, che consente alle autorità di disporre delle proprie spese e di impostare liberamente i propri bilanci, anche diversamente da quanto previsto dalle regole generali di contabilità dello Stato.

Per quanto riguarda le funzioni svolte, le autorità indipendenti sono caratterizzate dal fatto che, pur essendo connotate come amministrazioni pubbliche, esse svolgono non soltanto **funzioni di natura propriamente amministrativa**, ma anche importanti **funzioni normative**, nonché **funzioni di composizione extragiudiziale delle controversie**.

Le autorità amministrative indipendenti svolgono **funzioni amministrative ausiliarie** e **funzioni di natura provvedimentale**. Tra le prime rientrano essenzialmente l'esercizio di **attività consultiva**, l'attività di **segnalazione al Parlamento** dei problemi insorgenti nei propri settori di competenza, da risolvere in via normativa, e la **predisposizione di relazioni annuali** da inviare al Parlamento relativamente al quadro complessivo delle loro attività. Le autorità indipendenti intervengono però più direttamente nel settore economico ad esse affidato attraverso l'adozione di atti e provvedimenti amministrativi, nell'adozione dei quali si trovano spesso ad avere margini di valutazione discrezionale piuttosto ristretti, con un ruolo che tende a connotarsi sempre più in modo tecnico e che si limita in genere alla verifica della presenza di requisiti fissati a livello normativo e/o all'applicazione di regole e formule tecniche. In particolare, le amministrazioni indipendenti hanno un ruolo fondamentale nella **disciplina dell'accesso ai mercati regolati**, che si manifesta attraverso il **rilascio di autorizzazioni** per l'ingresso nel mercato o per la variazione delle modalità di intervento nello stesso. A questo si accompagna in taluni casi anche un **potere di certificazione**, relativo in particolare alla tenuta degli albi dei soggetti abilitati a operare sui mercati regolati. Le amministrazioni indipendenti intervengono poi con **provvedimenti puntuali di regolazione** dell'attività delle imprese sul mercato, fra i quali sono da ricordare i provvedimenti di determinazione dei prezzi, ad esempio attraverso la definizione di tariffe per i servizi scambiati. In generale le autorità indipendenti esercitano poi poteri amministrativi nello svolgimento di attività di vigilanza e di controllo, con frequente ricorso a **poteri ispettivi** e più in generale di acquisizione autoritativa di informazioni presso le imprese regolate. Sono da ascrivere ai poteri amministrativi anche i **poteri sanzionatori** di cui le autorità indipendenti dispongono, direttamente o attraverso l'attivazione di altri organi amministrativi competenti, per censurare i comportamenti degli operatori che violano le regole di funzionamento del mercato e per ripristinare il suo corretto funzionamento, come i provvedimenti di sospensione o di revoca di autorizzazioni e licenze.

Come si è detto, però, una caratteristica importante delle autorità indipendenti è quella di esercitare anche poteri diversi da quelli amministrativi. Particolarmente importante è l'esercizio di **poteri normativi**, attraverso cui molte autorità indipendenti sono chiamate ad adottare **regolamenti che nei settori di competenza completano la disciplina generale posta dal legislatore, spesso molto generale e lacunosa**, anche a causa del peculiare carattere tecnico delle materie disciplinate. Anche se formalmente il potere normativo delle autorità ha rango secondario e deve quindi essere subordinato alla legge, nella pratica accade spesso che questa si limiti alla sua attribuzione, configurandolo però in maniera ampia e spesso indeterminata, con indicazione dei fini da perseguire, ma senza che ne vengano predeterminati in modo preciso i contenuti e i limiti. Si tratta di una caratteristica spesso connaturata alle ragioni stesse per cui si ricorre al modello delle autorità indipendenti e quindi difficilmente superabile: una disciplina legislativa dettagliata, infatti, da un lato determinerebbe il reinserimento nel circuito Parlamento – Governo di quei settori che invece l'istituzione delle autorità indipendenti vuole mantenere da esso separati, dall'altro lato dovrebbe comunque scontare la difficoltà dell'assemblea parlamentare a intervenire nel dettaglio su materie ad alto contenuto tecnico, per le quali è invece ritenuto preferibile ricorrere all'*expertise* tecnica delle autorità indipendenti. Ma se risulta difficile contenere rigidamente il potere normativo di queste amministrazioni entro i limiti del potere secondario, il problema che si pone è quello di capire **quale sia la legittimazione delle autorità**, che appunto non può essere cercata nel circuito politico della rappresentanza. Sono almeno **quattro i fondamenti** nei quali si è cercato di individuare questa legittimazione: **l'intervento a tutela di valori costituzionali**; la rilevanza ruolo rispetto alle **finalità di attuazione dei Trattati UE**; la presenza di **forme di *accountability* verso il Palamento**; la previsione di significativi momenti di **partecipazione dei destinatari** ai procedimenti di formazione degli atti normativi.

Infine, le amministrazioni indipendenti svolgono attività di *adjudication*, attraverso procedimenti di **composizione extragiudiziale di controversie** fra soggetti operanti in un certo settore che si trovano come parti contrapposte. Anche nell'ambito di queste attività la partecipazione dei soggetti interessati assume un ruolo fondamentale, non tanto ai fini della loro tutela verso le autorità, quanto evidentemente al fine della garanzia della "parità delle armi" fra i soggetti contendenti, finalizzata ad assicurare attraverso un contraddittorio "orizzontale" fra le parti in conflitto il raggiungimento da parte delle autorità di decisioni idonee alla soluzione dei conflitti che vengono loro sottoposti.

Attualmente rientrano nel quadro delle autorità amministrative indipendenti ed hanno un particolare rilevo per la regolazione dell'economia **l'Autorità Garante della concorrenza e del mercato (AGCM); l'Autorità per le garanzie nelle comunicazioni (AGCOM); l'Autorità di regolazione per energia, reti e ambiente (ARERA); l'Autorità di regolazione dei trasporti (ART); l'Autorità nazionale anticorruzione (ANAC); la Banca d'Italia; la Commissione nazionale per le società e la borsa (CONSOB); la Commissione di vigilanza sui fondi pensione (COVIP); la Commissione di garanzia dell'attuazione della legge sullo sciopero nei servizi essenziali (CGSSE); il Garante per la protezione dei dati personali, l'Istituto per la vigilanza sulle assicurazioni (IVASS)**. Di alcune di queste amministrazioni indipendenti si dirà più approfonditamente più avanti, in relazione alla regolazione dei rispettivi mercati (v. capp. 6, 7 e 8).

Le autorità amministrative indipendenti si caratterizzano quindi in genere per il **carattere settoriale**, in quanto preposte alla regolazione di settori specifici, anche se non mancano esempi di autorità a competenza generale, a cui spetta intervenire per la tutela di **valori trasversali** a più settori economici e sociali, come accade ad esempio per l'AGCM in materia di concorrenza (v. cap. 8). Può accadere che gli interventi delle diverse autorità indipendenti vadano a sovrapporsi, sia negli spazi di intersezione dei settori oggetto della regolazione, sia negli ambiti in cui la tutela di valori generali comporta l'intervento in settori specifici, come accade tipicamente per la concorrenza nei diversi mercati soggetti a regolazione. Non c'è una regola di legge precisa su come risolvere i **conflitti che possono sorgere quando due autorità indipendenti regolano in maniera diversa la stessa fattispecie**, anche se non mancano disposizioni volte a coordinare le diverse forme di intervento. In caso di conflitto occorre prima di tutto procedere a una verifica puntuale della competenza per quella materia. Se da questa verifica emerge la sussistenza di una competenza di entrambe le autorità, **va preferito il quadro regolatorio posto dall'autorità a competenza trasversale** rispetto a quello posto dall'autorità a competenza settoriale.

2.3. *Le istituzioni dell'Unione europea. I. Il quadro istituzionale*

All'interno della dialettica tra istituzioni pubbliche e mercati, tra intervento amministrativo e autonomia privata, un ruolo fondamentale è stato (ed è tuttora) svolto dal diritto dell'Unione europea. Invero, nel corso degli ultimi decenni alle "costituzioni economiche" degli Stati membri si è andata gradualmente a sovrapporre, secondo processi di riforma ed esiti variegati, una vera e propria "costituzione economica europea", dotata di tratti originali e distintivi.

Per comprendere a pieno i percorsi di influenza e i mutamenti indotti dal diritto dell'Unione europea sulle forme di intervento pubblico nei diversi settori dell'economia, conviene innanzitutto procedere con una breve descrizione dei caratteri fondamentali dell'ordinamento giuridico dell'Unione europea e dei suoi principali attori istituzionali.

2.3.1. *Dalle origini al Trattato di Lisbona*

L'istituzionalizzazione del processo di integrazione tra diversi Stati europei – oggi realizzato dall'Unione europea – ha avuto avvio nel 1952 con l'entrata in vigore del **Trattato istitutivo della Comunità europea del carbone e dell'acciaio (CECA).** Tale trattato, il cui scopo consisteva nel mettere in comune le produzioni di queste due fonti di energia tra sei paesi europei (Belgio, Francia, Germania Occidentale, Italia, Lussemburgo e Paesi Bassi), ha dato vita a un nuovo ente sovranazionale, il cui assetto istituzionale ha rappresentato il modello attorno al quale è stato progressivamente realizzato il processo di integrazione economica europea. A distanza di pochi anni, infatti, con la firma del Trattato di Roma (1957), gli stessi sei paesi costituivano due nuove organizzazioni sovranazionali: la **Comunità economica europea (CEE)**, con cui si estendevano gli obiettivi della CECA a tutti i settori economici, e la **Comunità europea per l'energia atomica (CEEA o Euratom).**

Attraverso queste tre Comunità, gli Stati fondatori davano avvio all'ambizioso progetto di realizzazione di un mercato comune europeo fondato sulla libera circolazione delle persone, delle merci, dei servizi e dei capitali. Presupposto indispensabile per la realizzazione delle quattro libertà fondamentali era la creazione di un regime di libera concorrenza che non trovasse ostacoli né nei comportamenti degli operatori economici privati, né nell'ingerenza dei pubblici poteri nell'economia.

Progressivamente, poi, ai membri fondatori si sono aggiunti altri paesi europei (oggi gli Stati membri dell'Unione sono 27, a seguito dell'uscita del Regno Unito) e alle attribuzioni originarie si sono affiancate nuove competenze. In particolare, un forte impulso al processo di integrazione economica è stato dato dall'Atto unico europeo (1985), con l'obiettivo di completare la costruzione del mercato interno dopo le crisi economiche degli anni '70, e dal Trattato di Maastricht (1992), con il quale, oltre a un ulteriore ampliamento delle politiche comunitarie e alla creazione dell'**Unione europea** sulla base delle precedenti Comunità, sono state poste le basi per l'avvio dell'Unione economica e monetaria. Il Trattato di Maastricht ha segnato inoltre il passaggio da una dimensione prevalentemente economica dell'integrazione europea a una dimensione anche politico-istituzionale. Basti pensare, in tal senso, all'introduzione di una cittadinanza europea e all'allargamento delle competenze a materie, quali ricerca, cultura e ambiente, di non immediata rilevanza economica. Con l'adozione di una **Carta dei diritti fondamentali dell'Unione europea** nel 2000, l'Unione europea si è dotata inoltre di un catalogo di diritti e libertà, garantiti a tutti i cittadini dell'Unione, che dovranno essere rispettati e garantiti dalle istituzioni, organi e organismi dell'Unione, come pure dagli Stati membri nell'attuazione del diritto dell'Unione.

Da ultimo, il **Trattato di Lisbona (2007)**, composto dal **Trattato sull'Unione europea (TUE)** e dal **Trattato sul funzionamento dell'Unione europea (TFUE)**, ha dato complessiva sistemazione al quadro istituzionale sovranazionale, superando la struttura a pilastri disegnata dal Trattato di Maastricht e imprimendo un'ulteriore accelerazione al processo di integrazione europea, come ben emerge dall'art. 3, par. 3, TUE in cui, tra gli obiettivi perseguiti dall'Unione, si fa espresso riferimento, oltre all'instaurazione di un mercato interno, anche all'obiettivo di uno "sviluppo sostenibile dell'Europa, basato su una crescita economica equilibrata e sulla stabilità dei prezzi, su un'economia sociale di mercato fortemente competitiva, che mira alla piena occupazione e al progresso sociale, e su un elevato livello di tutela e di miglioramento della qualità dell'ambiente".

2.3.2. *Le linee di fondo del quadro istituzionale*

L'Unione europea costituisce **un'organizzazione internazionale a carattere sovranazionale**, istituita dagli Stati che ne fanno parte come "un'unione sempre più stretta tra i popoli dell'Europa", alla quale i paesi membri "attribuiscono competenze per conseguire i loro obiettivi comuni" (art. 1 TUE). Sin dalle sue origini, la Comunità europea si è distinta in modo assolutamente originale rispetto alle tradizionali organizzazioni internazionali, senza tuttavia giungere ad assumere una forma giuridica statale in forma federale. Come ha avuto modo di affermare la Corte di Giustizia nella celebre sentenza *van Gend & Loos* (CGCE, 26/62), "la Comunità costituisce un ordinamento giuridico di nuovo genere nel campo del diritto internazionale, a favore del quale gli Stati hanno rinunziato, anche se in settori limitati, ai loro poteri sovrani, ordinamento che riconosce come soggetti, non soltanto gli Stati membri ma anche i loro cittadini". L'Unione europea, infatti, non è uno Stato dotato di propria originaria sovranità, ma agisce all'interno del perimetro dei poteri e delle competenze che le sono conferiti dagli Stati membri attraverso i trattati e per realizzare gli obiettivi da questi previsti (**principio delle competenze d'attribuzione**). Viceversa, le competenze non attribuite all'Unione dai trattati rimangono prerogativa degli Stati membri. Nello specifico, tali competenze possono essere suddivise in tre tipologie: competenza esclusiva dell'Unione, competenza concorrente e competenza di sostegno.

Nei settori di **competenza esclusiva** solo l'Unione può legiferare e adottare atti vincolanti, mentre gli Stati membri possono esclusivamente dare esecuzione a tali atti là dove autorizzati dall'Unione. Ai sensi dell'art. 3 TFUE, l'Unione ha competenza esclusiva nei seguenti settori: unione doganale; definizione delle regole di concorrenza necessarie al funzionamento del mercato interno; politica monetaria per gli Stati membri la cui moneta è l'euro; conservazione delle risorse biologiche del mare nel quadro della politica comune della pesca; politica commerciale comune; conclusione di accordi internazionali (prevista da un atto legislativo dell'Unione o necessaria per esercitare le sue competenze).

Nelle materie di **competenza concorrente,** invece, tanto l'Unione, quanto gli Stati membri possono legiferare e adottare atti giuridicamente vincolanti. I paesi dell'UE, tuttavia, esercitano la propria competenza nella misura in cui l'Unione non abbia esercitato la propria o abbia deciso di non esercitarla. Tra le materie a competenza concorrente elencate dall'art. 4 TFUE rientrano in particolare: mercato interno; politica sociale, per quanto riguarda gli aspetti definiti nei trattati; coesione economica, sociale e territoriale; agricoltura e pesca, tranne la conservazione delle risorse biologiche del mare; ambiente; protezione dei consumatori; trasporti; reti transeuropee; energia; aspetti di ricerca e cooperazione allo sviluppo.

Infine, nell'ambito delle **competenze di sostegno** di cui all'art. 6 TFUE, l'Unione può solamente sostenere, coordinare o completare l'azione dei paesi membri, senza perciò poter determinare una armonizzazione delle leggi o dei regolamenti degli Stati. Le competenze di sostegno si riferiscono ai seguenti settori: tutela e miglioramento della salute umana; industria; cultura; turismo; istruzione, formazione professionale, gioventù e sport; protezione civile; cooperazione amministrativa.

È inoltre importante ricordare che l'esercizio di tali competenze da parte dell'Unione deve ulteriormente fondarsi sui principi di sussidiarietà e proporzionalità di cui all'art. 5 TUE. In particolare, la citata disposizione afferma, al par. 3, che "in virtù del **principio di sussidiarietà**, nei settori che non sono di sua competenza esclusiva l'Unione interviene soltanto se e in quanto gli obiettivi dell'azione prevista non possono essere conseguiti in misura sufficiente dagli Stati membri, né a livello centrale né a livello regionale e locale, ma possono, a motivo della portata o degli effetti dell'azione in questione, essere conseguiti meglio a livello di Unione". Ai sensi invece del successivo par. 4, "in virtù del **principio di proporzionalità**, il contenuto e la forma dell'azione dell'Unione si limitano a quanto necessario per il conseguimento degli obiettivi dei trattati".

Se questo è il perimetro oggettivo entro il quale può muoversi l'Unione europea, occorre ora rendere brevemente conto di quali siano i principali attori istituzionali di tale ordinamento giuridico e di come essi agiscano all'interno dell'architettura istituzionale sovranazionale. Nell'ambito delle competenze e degli obiettivi sopra brevemente richiamati, l'Unione europea dispone invero di "un quadro istituzionale che mira a promuoverne i valori, perseguirne gli obiettivi, servire i suoi interessi, quelli dei suoi cittadini e quelli degli Stati membri, garantire la coerenza, l'efficacia e la continuità delle sue politiche e delle sue azioni" (art. 13 TUE). Di tale quadro fanno parte le istituzioni elencate dal secondo paragrafo dell'art. 13, ossia **il Parlamento europeo, il Consiglio europeo, il Consiglio, la Commissione europea, la Corte di giustizia dell'Unione europea, la Banca centrale europea, la Corte dei conti.** Il trattato precisa, inoltre, che ciascuna istituzione agisce nei limiti delle attribuzioni conferitele dai trattati, nonché secondo le procedure, le condizioni e le finalità ivi previste. Come si vedrà meglio *infra*, il quadro istituzionale è ulteriormente complicato dalla presenza, accanto alle istituzioni elencate all'art. 13 TUE, di numerosi organi e organismi – come i comitati e le agenzie europee – che partecipano a vario titolo all'attività di regolazione e di esecuzione in via amministrativa delle politiche dell'Unione.

Tra le istituzioni politiche dell'Unione, un ruolo fondamentale è svolto dal **Parlamento europeo.** Attraverso di esso si realizza il principio democratico sancito dall'art. 2 TUE. Ai sensi dell'art. 14 TUE, infatti, il Parlamento europeo è composto dai rappresentanti dei cittadini dell'Unione, eletti a suffragio universale diretto, libero e segreto, per un mandato di cinque anni. Conformemente alla sua natura di istituzione democratico-rappresentativa, il Parlamento esercita, congiuntamente al Consiglio, la funzione legislativa. A essi spetta l'esame e l'approvazione delle proposte formulate dalla Commissione per l'adozione degli atti legislativi (in particolare, regolamenti e direttive) secondo la procedura legislativa ordinaria. Il Parlamento svolge, inoltre, funzioni di controllo politico sull'operato della Commissione, e ne elegge il presidente. Partecipa, poi, al procedimento di formazione e approvazione del bilancio dell'Unione.

Il **Consiglio europeo** – da non confondere con il Consiglio, di cui si dirà a breve – è composto dai capi di Stato o di governo degli Stati membri, dal suo presidente e dal presidente della Commissione. Riunendo i rappresentati degli Stati al massimo livello istituzionale, esso costituisce l'organo più squisitamente politico dell'Unione. Pur non esercitando funzioni legislative, rappresenta l'organo propulsivo dell'Unione, in quanto ne definisce le priorità e gli indirizzi politici generali.

Anche il **Consiglio** (o Consiglio dei ministri dell'Unione) presenta una natura e una composizione politica. Diversamente dal Consiglio europeo, tuttavia, esso ha una composizione variabile, in quanto è composto dai rappresentanti dei governi di ciascuno Stato membro volta per volta competenti per materia. Il Consiglio può infatti riunirsi **in dieci diverse formazioni**, a seconda dei temi e degli argomenti posti all'ordine del giorno. Così, ad esempio, può operare nella formazione "Affari generali", "Affari esteri", "Agricoltura e pesca", "Occupazione, politica sociale, salute e consumatori", "trasporti, telecomunicazioni ed energia" o, ancora, nella composizione "Economia e finanza" (**ECOFIN**), in cui partecipano i ministri dell'economia e finanze. Quest'ultima composizione del Consiglio riveste particolare importanza in quanto si occupa del coordinamento delle politiche economiche degli Stati membri, della sorveglianza e del monitoraggio delle politiche di bilancio e delle finanze pubbliche in applicazione del Patto di Stabilità e Crescita, della regolazione dei mercati finanziari e dei movimenti di capitale. Le riunioni dell'ECOFIN sono spesso precedute da incontri informali dei ministri dell'Economia e delle finanze dei paesi aderenti alla moneta unica (**Eurogruppo**), in cui vengono discusse le questioni economico-finanziarie legate all'Unione economica e monetaria. La preparazione dei lavori del Consiglio è demandata, ai sensi dell'art. 240 TFUE, a un comitato composto dai rappresentanti permanenti dei governi degli Stati membri (COREPER). All'interno delle riunioni del COREPER, i rappresentanti degli Stati conducono gran parte delle discussioni e dei negoziati in vista dell'adozione delle decisioni finali da parte del Consiglio in composizione ministeriale. La presidenza delle diverse formazioni del Consiglio è assunta a turno dai rappresentati degli Stati membri, secondo un sistema di rotazione paritaria per un periodo di sei mesi. La sola eccezione è costituita dalla formazione "Affari esteri", in cui la presidenza spetta in modo permanente all'Alto rappresentante per gli affari esteri e la politica di sicurezza dell'Unione.

Sul piano funzionale, il Consiglio costituisce **il baricentro dell'equilibrio istituzionale dell'Unione**, in quanto concentra su di sé poteri che, applicando le nozioni proprie del diritto statale, potremmo definire legislativi ed esecutivi. Come si è visto, infatti, per un verso esercita insieme al Parlamento europeo la funzione legislativa e di bilancio e, per altro verso, è titolare della funzione di indirizzo e definizione delle politiche dell'Unione, in collegamento con il Consiglio europeo.

La **Commissione** rappresenta la quarta istituzione politica dell'Unione. Diversamente dal Consiglio e dal Consiglio europeo, non rappresenta gli Stati membri, bensì **l'interesse generale dell'Unione**. I componenti sono scelti in base alla competenza generale tra personalità che offrono garanzia di indipendenza e rimangono in carica cinque anni. La Commissione esercita le proprie responsabilità in piena indipendenza: i suoi membri non possono sollecitare, né accettare istruzioni da alcun governo, istituzione, organo o organismo, dovendosi astenere da ogni atto incompatibile con l'esercizio delle proprie funzioni o con l'esecuzione dei propri compiti. Il TUE prevede che, a partire dal 2014, la Commissione sia composta da un numero di commissari pari ai due terzi del numero degli Stati membri; il Consiglio europeo ha, tuttavia, sospeso tale modifica e attualmente la Commissione risulta composta da un commissario per ciascuno Stato membro.

La nomina della Commissione segue un procedimento complesso che vede la partecipazione del Parlamento, del Consiglio e del Consiglio europeo. Quest'ultimo, tenendo conto dei risultati delle elezioni europee, individua un candidato alla presidenza. Il presidente designato deve ottenere, quindi, il voto favorevole della maggioranza dei componenti del Parlamento. Successivamente, il presidente, di comune accordo con il Consiglio, e sulla base delle proposte degli Stati membri, adotta l'elenco dei commissari e lo sottopone al voto parlamentare. Qualora approvata dal Parlamento, la Commissione è infine formalmente nominata dal Consiglio europeo. La Commissione è responsabile collettivamente dinanzi al Parlamento, con il quale instaura un legame di tipo fiduciario.

Per quanto concerne le funzioni, l'art. 17 TUE afferma che la Commissione "promuove l'interesse generale dell'Unione e adotta le iniziative appropriate a tal fine", ed elenca una molteplicità di competenze che, a fini espositivi, possono essere distinte in: **legislative, di rappresentanza, ed esecutive**.

Quanto alle prime, l'art. 289, par. 1 TFUE riconosce alla Commissione un importante ruolo propositivo e propulsivo, attribuendole il monopolio del potere di iniziativa legislativa. Gli atti legislativi dell'Unione sono, infatti, adottati dal Parlamento e dal Consiglio, ma esclusivamente su proposta della Commissione. La Commissione ha, poi, il compito di rappresentare l'Unione nelle relazioni con i Paesi terzi in tutti i settori di intervento, con l'eccezione della politica estera e di sicurezza comune, di spettanza del Consiglio europeo.

Il baricentro delle funzioni della Commissione ruota attorno alle competenze di natura esecutiva. Specie a seguito del Trattato di Lisbona, la Commissione può considerarsi a pieno titolo l'organo esecutivo dell'Unione e il vertice degli apparati amministrativo-burocratici sovranazionali. Tra le competenze esecutive è possibile distinguere ulteriormente tra funzioni di esecuzione in via normativa, di vigilanza, di esecuzione del bilancio e, infine, di amministrazione diretta. Sotto il primo profilo, l'art. 290 TFUE stabilisce che un atto legislativo può delegare alla Commissione il potere di adottare atti non legislativi di portata generale che integrano o modificano determinati elementi non essenziali dell'atto legislativo (c.d. regolamenti delegati); inoltre, ai sensi dell'art. 291 TFUE, la Commissione può adottare anche atti di esecuzione degli atti legislativi allorché ciò sia necessario a garantire condizioni uniformi di esecuzione in tutta l'Unione e ciò sia espressamente stabilito nell'atto legislativo (c.d. regolamenti di esecuzione). In secondo luogo, la Commissione svolge il ruolo di "guardiano dei trattati", vigilando sulla corretta applicazione del diritto dell'Unione, potendo all'occorrenza avviare una procedura di infrazione nei confronti degli Stati membri che avessero violato o non correttamente applicato la disciplina sovranazionale (art. 258 TFUE). La Commissione è, poi, competente a dare esecuzione al bilancio dell'Unione (art. 317 TFUE) e a gestirne i programmi. Infine, in alcuni ambiti settoriali la Commissione svolge una funzione di esecuzione diretta del diritto dell'Unione, disponendo di importanti poteri di amministrazione attiva. Ciò si verifica, in particolare, come si vedrà più nel dettaglio oltre, in relazione alla tutela della concorrenza e in materia di aiuti di stato (v. cap. 8).

Da un punto di vista organizzativo, la Commissione si articola in due livelli. Il primo, di natura politica, comprende **il Collegio dei commissari** ed è composto dal presidente, dall'Alto rappresentante per gli affari esteri e da venticinque commissari. Il secondo livello è costituito dagli **apparati burocratico-amministrativi**. In passato, la Commissione presentava una struttura snella, composta essenzialmente di servizi di supporto all'operato del Collegio. Con l'ampliarsi delle competenze, i singoli servizi si sono evoluti in apparati amministrativi a rilevanza esterna. L'apparato burocratico attuale risulta articolato principalmente in **servizi e direzioni generali**. In linea generale, i servizi hanno compiti trasversali o strumentali all'attività delle diverse direzioni generali (es. il servizio giuridico o l'ufficio personale); vi sono poi alcuni servizi speciali titolari di competenze essenziali per il funzionamento della Commissione, come ad esempio il Segretariato generale con funzione di coordinamento interno e di interfaccia con le altre istituzioni dell'Unione. Le Direzioni generali (DG), invece, hanno competenza settoriale e, analogamente ai ministeri degli ordinamenti statali, si suddividono sulla base dei principali ambiti di intervento o delle politiche dell'Unione (ad es. la DG per gli affari economici e finanziari; la DG per l'agricoltura e lo sviluppo rurale; la DG per la concorrenza; la DG per l'energia; la DG per la mobilità e i trasporti; la DG per il commercio).

2.3.3. *Le altre istituzioni dell'Unione: cenni*

Completano il quadro altre istituzioni che, diversamente da quelle esaminate nel precedente sottoparagrafo, non presentano carattere politico e risultano sottratte al circuito democratico-rappresentativo.

In particolare, la **Corte di giustizia** dell'Unione europea (composta dalla Corte di giustizia e dal Tribunale) è l'organo giurisdizionale dell'Unione europea. Essa ha il compito di assicurare il rispetto del diritto nell'interpretazione e nell'applicazione dei trattati (art. 19 TUE). In particolare, tra le altre competenze, la Corte di giustizia è competente a conoscere della validità e dell'interpretazione degli atti dell'Unione europea, potendosi pronunciare sia in via diretta, attraverso l'azione di annullamento proposta dalle istituzioni dell'Unione, dagli Stati membri o dai privati (art. 263 TFUE), sia in via indiretta, attraverso il meccanismo del rinvio pregiudiziale di interpretazione e di validità (art. 267 TFUE).

La **Banca centrale europea** (BCE) è stata istituita nel quadro dell'Unione economica e monetaria al fine di esercitare la funzione monetaria per i diciannove paesi che hanno aderito alla moneta unica (c.d. Eurozona). Essa costituisce il perno dell'Eurosistema, di cui fanno parte le banche centrali nazionali dell'Eurozona, ed ha il diritto esclusivo di autorizzare l'emissione dell'euro e di stabilire i tassi d'interesse (quali, ad esempio, il tasso di interesse a breve termine al quale presta denaro alle banche commerciali). La BCE è un'autorità indipendente dalle altre istituzioni dell'Unione, dagli Stati membri e dai privati. Il suo principale organo decisionale, il Consiglio direttivo, comprende i governatori delle banche centrali nazionali la cui moneta è l'euro. Oltre alla funzione monetaria, il cui obiettivo principale è il mantenimento della stabilità dei prezzi (ossia di un livello basso di inflazione: inferiore, ma prossimo, al 2% su un orizzonte di medio periodo), alla BCE sono stati attribuiti, a partire dal 2013, importanti compiti in materia di vigilanza prudenziale sugli istituti bancari dell'Eurozona, nel quadro del Meccanismo unico di vigilanza (su cui v. cap. 7).

Infine, la **Corte dei conti** ha il compito di esaminare tutte le entrate e le spese dell'Unione e dei suoi organi, controllandone la legittimità e accertandone la corretta gestione finanziaria. Essa assiste inoltre il Parlamento europeo e il Consiglio dei ministri nella funzione di controllo sull'esecuzione del bilancio dell'UE.

2.4. *Le istituzioni dell'Unione europea. II. L'organizzazione amministrativa*

2.4.1. *I tratti generali*

Nel complesso, il tema dell'amministrazione comunitaria e della sua organizzazione non assumeva rilevanza specifica nei trattati istitutivi della CEE, né nel diritto derivato. Ciò trovava immediato riscontro anche nelle dimensioni estremamente contenute dell'amministrazione europea delle origini. In principio, cioè, l'attuazione in via amministrativa delle regole sostanziali introdotte dalle istituzioni europee era, infatti, demandata quasi integralmente alle amministrazioni nazionali, secondo il principio **dell'amministrazione indiretta** o federalismo di esecuzione, mutuato dall'esperienza federale tedesca. La Comunità delle origini, dunque, si avvaleva degli apparati amministrativi nazionali come suoi "terminali esecutivi" ai fini dell'attuazione concreta delle regole sovranazionali, fatte salve le poche ipotesi di "amministrazione diretta" da parte delle istituzioni comunitarie (tra le quali, si ricorda l'attuazione delle regole in materia di concorrenza, in origine spettante in via esclusiva ed accentrata alla Commissione europea).

Tale assetto risultava coerente con il ruolo essenzialmente normativo assunto in origine dalla Comunità, in cui cioè l'azione comunitaria era principalmente volta all'adozione di regole di armonizzazione e ravvicinamento delle legislazioni nazionali, ai fini della costruzione del mercato comune e della realizzazione delle libertà fondamentali. La graduale dilatazione delle funzioni e delle materie attribuite alla competenza dell'Unione ha, tuttavia, finito per **mettere in crisi tale assetto**, evidenziando la **necessità di incrementare l'amministrazione propria della Comunità** sia attraverso il progressivo potenziamento delle **strutture burocratiche della Commissione** (di cui si è detto al par. 2.3.2), sia attraverso l'istituzione di **nuovi organismi amministrativi** di raccordo tra gli apparati nazionali e quelli europei, sia infine di vere e proprie autorità indipendenti europee. In numerosi settori di intervento, inoltre, è stata superata la distinzione tra amministrazione diretta e indiretta, attraverso l'affermazione di forme di amministrazione integrata o composita, connotate dall'azione congiunta, o quantomeno coordinata, di apparati sovranazionali e amministrazioni nazionali.

Tra le figure organizzative dell'amministrazione composita europea, un ruolo fondamentale è svolto dai **comitati** e dalle **agenzie europee**. A questi organismi, devono poi aggiungersi alcuni **sistemi amministrativi settoriali**, in cui la collaborazione tra l'autorità sovranazionale e le amministrazioni nazionali si struttura secondo formule organizzative complesse in cui l'organo sovranazionale viene ad assumere un ruolo di coordinamento e di indirizzo delle attività svolte a livello decentrato dalle autorità nazionali, come avviene ad esempio nel caso della Rete europea della concorrenza (v. cap. 8), del Sistema europeo delle banche centrali e, più di recente, dell'Unione bancaria europea (v. cap. 7).

2.4.2. *I comitati*

I comitati sono **organi collegiali, dalla diversa denominazione e composizione**, investiti di compiti ausiliari rispetto all'attività delle istituzioni europee. I primi comitati sono stati istituiti negli anni Sessanta nel settore della regolazione del mercato dei prodotti agricoli, con il fine di fornire supporto tecnico-specialistico alla Commissione, senza tuttavia ampliarne i servizi diretti. Oggi, si possono individuare tre principali tipologie di comitati**: i comitati della "comitologia"**, **i comitati istituiti dal Consiglio** e incaricati di prepararne le decisioni, e **i comitati di esperti**, istituiti dal Consiglio o dalla Commissione per lo svolgimento di attività istruttorie o consultive su questioni specifiche di interesse sovranazionale.

I **comitati della comitologia**, in particolare, sono organi collegiali misti a carattere transnazionale, composti dai rappresentanti degli Stati membri e presieduti da un membro della Commissione, incaricati di affiancare quest'ultima nell'esercizio delle competenze di esecuzione di cui al sopra citato art. 291 TFUE. In tali casi – si ricorda – il potere di dare esecuzione in via normativa all'atto legislativo europeo viene sottratto agli Stati membri e affidato alla Commissione, con l'obiettivo di garantire condizioni uniformi di esecuzione in tutto il territorio dell'Unione. Per tale motivo, l'adozione dell'atto di esecuzione è sottoposta a una particolare procedura – detta, appunto, di comitologia – attraverso la quale la Commissione esercita i poteri di esecuzione con l'assistenza di un comitato dotato di particolare competenza settoriale. Le procedure di comitologia sono oggi disciplinate dal Regolamento UE n. 182/2011 che definisce le modalità di controllo sull'esercizio delle competenze di esecuzione della Commissione. In particolare, sono previste due procedure: 1) la procedura consultiva, in cui il comitato si limita a esprimere un parere a maggioranza semplice e l'eventuale parere negativo non impedisce alla Commissione di adottare il regolamento; 2) la procedura d'esame, in cui il comitato assume pareri vincolanti a maggioranza qualificata.

L'intervento dei comitati nel procedimento di regolazione ha una triplice conseguenza sul piano dei rapporti tra le amministrazioni nazionali e sovranazionali: in primo luogo, permette agli Stati di partecipare al procedimento di adozione dell'atto regolamentare secondo una logica ascendente o *bottom-up*; in secondo luogo, consente una più agevole attuazione delle scelte regolamentari europee nella sfera amministrativa degli Stati membri in una prospettiva discendente o *top-down*; da ultimo, favorisce il dialogo orizzontale tra le diverse amministrazioni nazionali. Si comprende, dunque, il ruolo fondamentale che i comitati hanno giocato nell'affermazione di una logica collaborativa tra apparati sovranazionali e nazionali, oltre che nella prospettiva della formazione di prassi comuni e di regole condivise a livello europeo.

Non devono, infine, essere confusi con gli organismi di cui si è sopra trattato, i **comitati direttamente previsti dai trattati**, quali il Comitato economico e sociale europeo o il Comitato europeo delle Regioni. Si tratta di organi consultivi stabili, dotati di personalità giuridica e di un proprio apparato organizzativo, che operano in modo distinto rispetto alla Commissione e al Consiglio. In particolare, **il Comitato economico e sociale** fornisce consulenza qualificata alle istituzioni dell'Unione attraverso l'elaborazione di pareri sulle proposte di atti legislativi ed è formato da rappresentanti delle categorie economiche e sociali nei rispettivi paesi. Il **Comitato delle Regioni**, inoltre, rappresenta l'assemblea dei rappresentanti locali e regionali dell'UE e viene consultato dai legislatori europei qualora vengano avanzate proposte relative a settori che hanno ripercussioni a livello regionale o locale, quali l'ambiente, l'istruzione, i trasporti o la coesione economico-sociale.

2.4.3. *Le agenzie europee*

A partire dagli anni Novanta del secolo scorso, accanto ai comitati si sono sviluppate delle figure organizzative più complesse e strutturate, dotate di personalità giuridica, e investite di un'ampia gamma di compiti: **le agenzie europee** (o agenzie decentrate, in quanto dislocate sull'intero territorio europeo). Queste ultime sono istituite dal legislatore europeo per svolgere compiti di natura tecnica e/o scientifica e contribuire all'attuazione delle politiche e all'adozione delle decisioni da parte delle istituzioni europee in settori specifici. Come i comitati, esse rispondono all'esigenza di superare la netta distinzione tra legislazione sovranazionale ed esecuzione nazionale. Tramite le agenzie europee, infatti, è stato possibile conciliare l'espansione dei poteri comunitari con le preoccupazioni degli Stati di non veder crescere eccessivamente il peso della Commissione e di mantenere un ruolo fondamentale nell'esecuzione del diritto europeo. All'interno degli organi decisionali delle agenzie (es. consiglio di amministrazione) siedono i membri delle amministrazioni nazionali competenti per settore e un rappresentante della Commissione. Diversamente dai comitati, tuttavia, le agenzie europee hanno propria personalità giuridica, dispongono di una struttura organizzativa interna e godono di un maggior grado di autonomia organizzativa e finanziaria rispetto alle istituzioni dell'Unione.

Ad oggi si contano più di trenta agenzie europee, operanti in diversi settori. Tra queste si ricordano, in particolare, **l'Autorità europea per la sicurezza alimentare (EFSA), l'Agenzia europea per l'ambiente (EEA), l'Agenzia europea delle sostanze chimiche (ECHA), l'Agenzia europea per i medicinali (EMA), l'Agenzia europea per la sicurezza aerea (EASA), l'Ufficio europeo per la proprietà intellettuale (OHIM) e, più recentemente, l'Agenzia per la cooperazione fra i regolatori nazionali dell'energia (ACER) e le c.d. Autorità europee di vigilanza finanziaria (EBA, ESMA ed EIOPA)**, su cui si tornerà nel cap. 7.

Come anticipato, le agenzie **svolgono compiti estremamente variegati.** Alcune svolgono compiti di coordinamento informativo tra amministrazioni nazionali di settore, raccogliendo ed elaborando dati in favore della Commissione o di altre istituzioni (come, ad esempio, l'Ufficio europeo di polizia o Europol). Altre hanno funzioni di controllo tecnico e di valutazione scientifica dei rischi, come ad esempio l'EFSA, la quale coadiuva la Commissione attraverso la predisposizione di pareri scientifici e promuove il coordinamento e lo scambio di informazioni sugli alimenti e i mangimi animali tra le autorità nazionali competenti ovvero l'EMA, la quale garantisce la valutazione scientifica, la supervisione e il controllo della sicurezza dei medicinali per uso umano e veterinario nell'UE, e assiste la Commissione europea nel procedimento di rilascio dell'autorizzazione all'immissione in commercio di nuovi medicinali. Infine, alcune agenzie di più recente istituzione esercitano sia funzioni di regolamentazione, assistendo la Commissione nella preparazione degli atti regolamentari *ex* artt. 290 e 291 TFUE ovvero attraverso l'adozione di atti normativi non vincolanti (c.d. atti di *soft law*), sia funzioni di amministrazione attiva, potendo adottare decisioni vincolanti indirizzate ai singoli operatori del mercato. A quest'ultimo gruppo appartengono, in particolare, l'OHIM, l'ACER e le tre Autorità di vigilanza finanziaria.

2.5. *La globalizzazione economica e le sue istituzioni*

A partire dagli anni '80 del secolo scorso, una pluralità di rapide rivoluzioni tecnologiche – nei settori dell'elettronica, dell'informatica e dei trasporti, per limitarci alle più significative – si sono saldate alla dimensione politica e a quella economica determinando la progressiva terziarizzazione delle economie nazionali e generando una profonda interdipendenza tra le medesime. Dal punto di vista giuridico, questi sviluppi sono stati favoriti dall'istituzione – tramite accordi internazionali – di aree sempre più ampie di libero scambio e da una generalizzata liberalizzazione degli scambi economici internazionali, dai quali sono discese conseguenze di ampia portata, quali l'instaurazione di **mercati di dimensioni globali**, un generalizzato affievolimento della rilevanza delle frontiere e, con esse, della sovranità statale, sulla quale era fondato, invece, il precedente ordine internazionale.

Tale processo, che viene convenzionalmente denominato **globalizzazione**, pur avendo origine come fenomeno **economico**, ha presto prodotto profondi mutamenti **giuridici e istituzionali**. Fra questi ultimi, il principale è rappresentato dal graduale quanto inesauribile venire meno della rilevanza della più tradizionale forma di regolazione delle attività economiche, ossia di quella proveniente dagli Stati nazionali che, in quanto sovrani, erano i principali detentori del potere di produrre norme giuridiche capaci di vincolare gli operatori del mercato. L'asimmetria tra la dimensione globale dei mercati in cui avvengono gli scambi economici e la dimensione tradizionalmente nazionale della regolazione ha fatto emergere l'esigenza di creare un nuovo sistema di regolazione a livello sovranazionale, il quale fosse in grado di disciplinare il comportamento degli operatori economici globali sulla base di principi condivisi.

Tale sistema, che costituisce uno degli aspetti maggiormente dirompenti della trasformazione del rapporto tra mercato ed istituzioni degli ultimi decenni, si caratterizza dal punto di vista **soggettivo** per il ruolo centrale assunto da **soggetti di** natura **diversa** – privati, pubblici, misti – aventi spesso una struttura associativa o "a rete", la cui emersione ha determinato una complessiva contrazione – se non altro sino al primo decennio del XXI secolo – del ruolo degli Stati (dando vita alla c.d. *stateless global governance*).

Sotto il profilo **oggettivo**, invece, tale sistema si caratterizza per l'introduzione nel panorama globale di **nuove fonti** e **nuove forme di regolazione**, che vanno ad affiancarsi a quelle statali e internazionali di tipo tradizionale e che interagiscono con queste ultime secondo modalità differenti. Più precisamente, tali regole esplicano talvolta i propri effetti in modo diretto negli ordinamenti nazionali, talaltra in modo indiretto, vincolando solamente gli Stati che dovranno recepirle nel diritto interno attraverso appositi atti di trasposizione. In altri casi esse si limitano a prevedere dei principi generali, cui le normative nazionali si conformano. Più spesso ancora, le regole globali sono contenute in atti che assumono forme, contenuti e denominazioni diverse – direttive, linee guida, *policy statements* e raccolte di *best practices* – i quali sono accomunati dal fatto di essere privi di efficacia vincolante e che, proprio in ragione di tale caratteristica, sono complessivamente ricondotti alla nozione di ***soft law***.

Emerge così una *governance* globale caratterizzata da un assetto reticolare e non gerarchico, che non si basa sui tradizionali principi di sovranità e di rappresentatività, bensì su logiche negoziali, su trattative e accordi settoriali, nonché su meccanismi paritari di decisione e di risoluzione delle eventuali controversie. A fini illustrativi, nell'ambito di tale *governance* globale è possibile raggruppare i soggetti che in essa operano secondo alcune categorie – tendenzialmente – omogenee. Più precisamente, le istituzioni globali della regolazione possono essere distinte in: organizzazioni internazionali tradizionali; reti transnazionali di regolatori finanziari; organismi internazionali privati con funzioni di regolazione; ed altri soggetti che indirettamente influiscono sulla regolazione a livello globale.

2.6. *Organizzazioni internazionali tradizionali. Le istituzioni globali per la stabilità*

Nel panorama globale, i soggetti che per primi hanno assunto compiti riconducibili alla nozione di regolazione sono rappresentati da alcune **organizzazioni internazionali** classiche di tipo intergovernativo. Si tratta innanzitutto della **Banca Mondiale** e del **Fondo Monetario Internazionale**, entrambi istituiti nel 1944 in occasione degli accordi di Bretton Woods da parte della Conferenza monetaria internazionale delle Nazioni Unite, allo scopo di assicurare la stabilità del sistema finanziario internazionale, pregiudicata dalla crisi economica del 1929 e successivamente aggravata dal secondo conflitto mondiale. Più precisamente, i delegati dei 44 Paesi che ivi si riunirono intendevano apportare delle modifiche strutturali all'architettura finanziaria internazionale, allo scopo di evitare le tensioni di ordine economico e finanziario che, nel periodo precedente, avevano contribuito a provocare l'instabilità delle relazioni internazionali. Il compromesso raggiunto con gli accordi di Bretton Woods, in altre parole, si ispirava, quantomeno originariamente, all'idea che fosse possibile istituire delle sedi di deliberazione collettiva a livello globale, le quali, pur in un contesto di progressiva liberalizzazione degli scambi internazionali, garantissero il rispetto degli obiettivi economici e sociali di politica interna perseguiti dai governi nazionali.

A questo scopo si ritenne opportuno, da un lato, assicurare la **stabilità macroeconomica e monetaria** attraverso l'istituzione del Fondo monetario internazionale e, dall'altro, fornire le risorse finanziarie necessarie per la **ricostruzione** post-bellica e lo **sviluppo** dei Paesi più poveri fondando la Banca internazionale per la ricostruzione e lo sviluppo (istituzione di base della Banca Mondiale). Tali finalità confluivano, secondo un disegno unitario, nel più ampio obiettivo di realizzare e mantenere la **stabilità finanziaria** globale.

Di più recente istituzione è invece **l'Organizzazione Mondiale per il Commercio**, la quale condivide con Banca Mondiale e Fondo Monetario Internazionali la finalità di assicurare la **stabilità** nelle relazioni economiche internazionali, ma con specifico riferimento alle **relazioni commerciali**.

Nei paragrafi che seguono analizzeremo distintamente le organizzazioni internazionali appena menzionate, soffermandoci in particolare sui profili organizzativi e sulle funzioni da esse svolte.

2.6.1. *La Banca Mondiale*

La **Banca Mondiale**, della quale sono membri – e quindi azionisti – 189 Paesi, è costituita oggi da cinque istituzioni quali: la Banca Internazionale per la ricostruzione e lo sviluppo (IBRD), l'Agenzia internazionale per lo sviluppo (IDA), la Società finanziaria internazionale (IFC), l'Agenzia multilaterale per le garanzie agli investimenti (MIGA) e il Centro internazionale per la risoluzione delle controversie relative agli investimenti (ICSID). La quota azionaria di ogni Stato è assegnata in base al potere economico di quest'ultimo – calcolato in base al reddito interno lordo, ai flussi commerciali e alle riserve ufficiali – e su tale entità è inoltre ponderato il diritto di voto negli organi di governo della Banca, le decisioni dei quali sono assunte principalmente a maggioranza.

I compiti complessivamente assegnati alla Banca Mondiale sono numerosi ed eterogenei e sono esercitati attraverso le diverse istituzioni che la compongono, alle quali occorre quindi riferirsi distintamente.

In primo luogo, la **Banca internazionale per la ricostruzione e lo sviluppo (IBRD)** rappresenta la più risalente istituzione della Banca Mondiale e, come tale, aveva originariamente il compito di assistere gli Stati membri nella ricostruzione post-bellica. Tale funzione si è successivamente evoluta in quella, più ampia, di favorire lo sviluppo delle economie nazionali *in primis* – ma non esclusivamente – dei c.d. Paesi in via di sviluppo. A tal fine essa può sia erogare finanziamenti diretti, sia assistere indirettamente gli Stati attraverso l'emissione di garanzie o la compartecipazione a prestiti. Per perseguire tali obiettivi, l'IBRD ricorre in parte ai mercati obbligazionari e in parte utilizza direttamente il capitale versato dagli Stati membri. Data la sua solidità finanziaria l'IBRD può indebitarsi a bassi tassi d'interesse e, in virtù della sua finalità istituzionale *lato sensu* mutualistica, concedere prestiti a tassi pressoché equivalenti a quelli che le vengono praticati, richiedendo solamente di versare quanto necessario a coprire le spese di gestione. In questo modo, i Paesi beneficiari ottengono condizioni di credito sensibilmente migliori rispetto a quelle che potrebbero ottenere dalle banche commerciali.

Una funzione in parte differente è svolta dall'**Associazione internazionale per lo sviluppo (IDA)**, istituita nel 1960. Essa, infatti, finanzia *esclusivamente* i Paesi più poveri, che, in quanto tali, sarebbero di fatto esclusi dai mercati internazionali dei capitali (come visto poc'anzi, i Paesi che non soddisfino tali condizioni possono comunque chiedere di accedere ai finanziamenti dell'IBRD). I fondi di IDA, inoltre, sono esclusivamente quelli che – solitamente con cadenza triennale – vengono stanziati dai paesi più ricchi, non essendo prevista in questo caso la possibilità di raccogliere fondi sul mercato obbligazionario.

Differentemente da IBRD e IDA, i cui interlocutori sono gli Stati, la **Società finanziaria internazionale (IFC)**, istituita nel 1956, promuove lo sviluppo del *settore privato* nei paesi emergenti. Più precisamente, la sua attività, concepita come complementare rispetto a quella delle altre istituzioni della Banca Mondiale, si rivolge alle iniziative economiche e ai settori tradizionalmente poco appetibili per gli investitori privati, nonché al finanziamento di progetti eccessivamente gravosi per questi ultimi. Per finanziare tali attività l'IFC può emettere titoli propri, oltre che ricorrere ai mercati obbligazionari ed erogare prestiti.

Di più recente istituzione e di dimensioni minori è invece l'**Agenzia multilaterale per le garanzie agli investimenti (MIGA)**, fondata nel 1988 per incentivare gli investimenti esteri nelle economie dei paesi più poveri. Per promuovere tali investimenti, MIGA concede ai soggetti che investano in aree svantaggiate delle garanzie contro il c.d. "rischio-paese", ossia rispetto al verificarsi di una pluralità di eventi – quali, ad esempio, conflitti armati e tensioni politiche – che tradizionalmente scoraggiano gli investimenti esteri.

Infine, il **Centro internazionale per la risoluzione delle controversie relative agli investimenti (ICSID)**, istituito nel 1966, svolge una funzione arbitrale, potendo essere chiamato – su iniziativa volontaria delle parti interessate – a dirimere controversie relative agli investimenti.

La struttura associativa caratterizzante le istituzioni che, complessivamente considerate, compongono la Banca Mondiale, rende quest'ultima paragonabile ad una "cooperativa di Stati" nella quale, tuttavia – come anticipato – la quota azionaria, e quindi il potere decisionale, dipende dal peso economico di ciascuno Stato membro. Più precisamente, il potere decisionale è esercitato dagli Stati attraverso propri governatori – di norma un ministro o, come nel caso dell'Italia, il Governatore della banca centrale (Banca d'Italia) – che sono riuniti nel **Comitato dei governatori**. Tale organo assume le decisioni più rilevanti quali le modifiche statutarie, gli aumenti di capitale e l'approvazione del bilancio, ed elegge al proprio interno un Presidente che rimane in carica cinque anni. L'attività ordinaria è invece di norma delegata ai direttori esecutivi che, congiuntamente, compongono il **Comitato dei direttori esecutivi**, nominando fra di loro un **Presidente**. I direttori esecutivi si riuniscono inoltre in **comitati** distinti per IBRD, IDA, IFC e MIGA. Il Presidente, coadiuvato da un'ingente struttura amministrativa, dai vicepresidenti e da alcuni direttori generali, propone scelte strategiche e progetti la cui approvazione è in via ordinaria rimessa al Comitato dei direttori esecutivi e, in via straordinaria, a quello dei governatori.

In sintesi, la Banca Mondiale conserva la funzione originaria di fornire un'assistenza finanziaria internazionale allo sviluppo delle singole economie nazionali, trasformando le risorse dei Paesi più ricchi in opportunità di crescita per quelli più poveri. Nel tempo, tuttavia, le priorità si sono evolute, affiancando al più generale obiettivo dell'equilibrio macroeconomico una molteplicità di finalità specifiche ed eterogenee, quali la lotta alla povertà, il miglioramento delle condizioni di vita e dei servizi per i cittadini, la liberalizzazione delle attività economiche e la formulazione di proposte di riforma dei sistemi economici e degli assetti istituzionali nazionali. A questo proposito la Banca Mondiale elabora e aggiorna periodicamente indicatori e statistiche al fine di valutare l'andamento dei diversi sistemi economici, quali ad esempio i *reports "Doing business"* ed i *World development indicators,* i quali esercitano un'influenza indiretta sulla determinazione delle politiche e delle riforme poste in essere dai governi nazionali.

Peraltro, la Banca Mondiale è in grado di influenzare le politiche nazionali anche attraverso l'erogazione di prestiti condizionati alla realizzazione di determinati obiettivi o al rispetto di alcuni vincoli. Ad esempio, i finanziamenti concessi a favore dei c.d. Paesi in via di sviluppo, spesso finalizzati alla realizzazione di infrastrutture strategiche, sono di norma subordinati al rispetto di specifiche *operational policies and procedures,* le quali impongono alcuni obblighi, fra i quali spiccano lo svolgimento di valutazioni di impatto ambientale e il ricorso a procedimenti trasparenti e partecipati. Il rispetto delle regole stabilite per la realizzazione di tali interventi è assicurato dall'attività di vigilanza e ispettiva di un apposito *panel* – il *World Bank Inspection Panel.*

2.6.2. *Il Fondo Monetario Internazionale*

Il **Fondo Monetario Internazionale** è un'organizzazione internazionale avente struttura associativa e carattere universale della quale sono membri 190 Paesi. Il suo fine istituzionale originario è quello di promuovere e assicurare la stabilità macroeconomica delle relazioni monetarie – ossia, *in primis*, dei tassi di cambio – e finanziarie internazionali, potendo, al pari della Banca Mondiale, erogare prestiti e adottare piani di sviluppo. A questo proposito il Fondo Monetario ha assunto un importante ruolo di prestatore di ultima istanza nei confronti degli Stati che versavano in una condizione di squilibrio finanziario a seguito della crisi del 2008. Esso, in secondo luogo, svolge un'attività di monitoraggio delle politiche economiche e finanziarie degli Stati membri, offrendo assistenza tecnica – e non solo finanziaria – ai Paesi in difficoltà. Nel tempo, inoltre, il Fondo Monetario Internazionale ha inteso perseguire attraverso la propria attività istituzionale anche alcune finalità ulteriori, quali ad esempio la promozione di alti livelli di occupazione e di uno sviluppo economico sostenibile, subordinando la concessione dei prestiti al rispetto di standard prestabiliti (secondo il meccanismo della c.d. condizionalità).

Per quel che riguarda i profili organizzativi, come anticipato, il Fondo ha struttura associativa; di conseguenza ciascuno Stato membro, per associarsi, versa una quota di importo differente, la quale è proporzionata al proprio potere economico, così da riflettere, nella composizione del Fondo, l'assetto economico globale. Inoltre, in base a tale parametro viene ponderato il voto espresso dagli Stati membri per assumere le decisioni in seno agli organi di governo, i quali deliberano, di norma, a maggioranza – come accade nella Banca Mondiale. Gli organi di governo del fondo sono: il **Consiglio dei Governatori**, composto da un rappresentante per Stato membro – di norma un ministro o, come nel caso dell'Italia, il Governatore della banca centrale (Banca d'Italia) – il quale, pur essendo competente ad assumere le decisioni di maggiore rilievo, delega la maggior parte delle sue funzioni al Comitato esecutivo (*Executive Board*). Il Consiglio rimane in particolare competente per quel che riguarda le decisioni di maggiore rilievo per l'istituzione, quali quelle concernenti la *membership,* ossia l'ingresso e l'espulsione di uno Stato membro, gli incrementi delle quote associative e le modifiche del trattato istitutivo e dei regolamenti attuativi. Nella sua attività esso è coadiuvato da due **Comitati ministeriali**, quali il Comitato per lo sviluppo e il Comitato monetario e finanziario internazionale. Il **Comitato esecutivo** rappresenta, invece, l'organo amministrativo del Fondo ed è quindi chiamato a svolgere l'attività ordinaria dell'istituzione. Esso è composto da 24 direttori esecutivi, presieduti da un Direttore operativo. Il Comitato decide tendenzialmente per *consensus*, a differenza del Consiglio, le cui decisioni sono assunte a maggioranza – con voto ponderato. Nello svolgimento della propria attività il Comitato esecutivo è coadiuvato da un apparato amministrativo al cui vertice è posto il Direttore operativo.

2.6.3. *L'Organizzazione Mondiale per il Commercio*

L'**Organizzazione Mondiale per il Commercio** (OMC-WTO) è stata istituita sulla base di una serie di accordi internazionali siglati a Marrakech il 15 aprile 1994, fra cui in particolare l'Accordo generale sul commercio di servizi (GATS). Oggi fanno parte dell'OMC oltre 160 membri, la maggior parte dei quali è costituita da Stati nazionali, pur non mancando entità sovranazionali come l'Unione europea, o entità prive di sovranità statale come Hong Kong. L'accordo GATS rappresenta un'evoluzione del precedente Accordo generale sulle tariffe e sul commercio (GATT) del 1947, l'osservanza del quale era rimessa alla cooperazione tra gli Stati anziché essere affidata alla vigilanza di un'organizzazione internazionale – l'OMC appunto. Più precisamente, il GATT ha rappresentato la prima risposta che la comunità internazionale (23 Stati) abbia inteso fornire sul piano degli scambi commerciali, allo scopo di prevenire il ripetersi degli eventi che avevano condotto agli squilibri economici verificatisi negli anni '20 e '30 e annoverati tra le cause della Seconda Guerra Mondiale. Il GATT, tuttavia, da un lato escludeva dal proprio ambito di applicazione numerosi segmenti del commercio internazionale (realizzando così una liberalizzazione solamente parziale degli scambi commerciali) e, dall'altro, non costituiva un'organizzazione internazionale in senso proprio, con la conseguenza che ogni decisione doveva essere assunta attraverso negoziati diretti tra i Paesi sottoscrittori, i più importanti dei quali presero il nome di *round*.

Con l'istituzione – nel 1995 – dell'OMC, invece, i 125 Paesi fondatori si sono dotati di una struttura organizzativa stabile e articolata, il cui scopo istituzionale è quello di presidiare e agevolare gli scambi commerciali internazionali in un'ottica di progressiva liberalizzazione e rimozione delle barriere – *in primis* tariffarie – che rischiano di ostacolare lo sviluppo economico globale. A tale proposito l'OMC è intervenuta, con le modalità che preciseremo, rispetto ad una pluralità di settori quali le barriere tecniche al commercio e all'agricoltura, le misure sanitarie, i dazi, la tutela della proprietà intellettuale e la certificazione dei prodotti. Con il tempo, inoltre, sono rientrati nell'ambito dell'attività istituzionale dell'OMC anche settori e interessi non aventi strettamente rilievo economico, quali ad esempio la tutela della salute e dell'ambiente.

Le funzioni dell'OMC, come anticipato, derivano da una pluralità di **accordi**, quali: 1. l'accordo GATT del 1994 (*General Agreement on Tariffs and Trade*) che, oltre a recepire l'originario accordo GATT del 1947 e le sue modifiche successive, si sofferma sugli impegni in materia di riduzioni tariffarie e regola gli scambi internazionali delle merci; 2. l'accordo GATS (*General Agreement on Trade in Services*) che regola il commercio internazionale dei servizi e contiene l'indicazione delle concessioni in materia di prestazioni di servizi fatte da ciascun membro dell'OMC; 3. l'accordo TRIPS (*Trade Related Aspects of Intellectual Property Rights*), che regola gli aspetti di tutela della proprietà intellettuale coinvolti dal commercio internazionale; 4. l'accordo TPRM (*Trade Policy Review Mechanism*) che dispone che le politiche commerciali dei membri dell'OMC siano periodicamente sottoposte ad esame e discusse da parte degli altri membri; 5. l'accordo per la risoluzione delle dispute commerciali che dovessero insorgere tra membri.

Accanto a tali **accordi unici**, che si riferiscono all'OMC nel complesso e dunque vincolano tutti i suoi membri, ve ne sono altri, detti **plurilaterali**, i quali hanno efficacia soltanto in relazione ai membri che li hanno stipulati. Fra questi ultimi si ricordano, ad esempio, gli accordi in materia di commercio di aerei civili e di appalti pubblici. In particolare, il primo dispone la rimozione dei dazi doganali sull'importazione di aerei civili e relativi componenti e disciplina alcuni aspetti del sovvenzionamento pubblico di tale settore strategico. Il secondo prescrive alcuni principi generali relativi all'affidamento di contratti pubblici, avendo come finalità principale quella di garantire la trasparenza di tali procedure e di evitare che, nell'ambito di queste ultime, si verifichino trattamenti discriminatori tra i soggetti che concorrono per instaurare rapporti contrattuali con le amministrazioni pubbliche.

La composizione dell'OMC è assembleare e **paritaria**, differentemente da quanto accade nelle altre organizzazioni internazionali considerate sino ad ora. Non è previsto, di conseguenza, alcun meccanismo di voto ponderato e le decisioni sono tendenzialmente assunte ricercando il **consenso**, mentre solo in caso di difficoltà perduranti si ricorre alla votazione a maggioranza. Il *consenso* non equivale peraltro ad approvazione **all'unanimità**, in quanto esso s'intende raggiunto semplicemente quando nessun membro presente alla riunione in cui venga assunta una determinata decisione si opponga formalmente. Tale meccanismo decisionale comporta, di fatto, che prima che la decisione sia formalmente rimessa all'OMC si tenga una fase informale di mediazione e negoziazione, la quale può avere luogo sia in forma bilaterale, sia nell'ambito di sedi di confronto quali le riunioni del G20.

L'assetto organizzativo dell'OMC è piuttosto articolato e si distingue in organi permanenti – principali e sussidiari – ed organi non permanenti – che svolgono funzioni sussidiarie. Quanto ai primi, l'organo di vertice è costituito dalla **Conferenza ministeriale**, composta da tutti i Paesi membri, che partecipano attraverso un proprio rappresentante – costituito di norma dal Ministro competente in materia di commercio. La Conferenza ministeriale si riunisce almeno una volta ogni due anni ed è competente ad assumere le decisioni di maggiore rilievo per l'assetto istituzionale dell'OMC, quali ad esempio la ratifica di nuovi accordi. Al di là della Conferenza sono presenti altri **organi principali a competenza generale**, quali il **Consiglio generale**, composto da rappresentanti permanenti degli Stati che si riuniscono con una frequenza maggiore, anche nell'ambito di sessioni speciali, le quali possono essere indette ogni volta che ve ne sia la necessità. Tale organo è inoltre incaricato dell'esame delle politiche commerciali statali e della risoluzione delle controversie (*Dispute settlement body*). Nell'esercizio di quest'ultima funzione il Consiglio generale è competente, in particolare, ad accertare l'inosservanza da parte dei Paesi membri delle norme contenute negli accordi e di quelle stabilite dall'OMC, potendo comminare, ove si riscontri una violazione, sanzioni nei loro confronti nel corso di un giudizio articolato su due gradi. Le controversie, infatti, sono in primo grado decise da *panels* costituiti *ad hoc* all'interno del Consiglio e, in secondo grado, da un organo di appello (*Appellate body*).

In secondo luogo, sono presenti alcuni **organi sussidiari permanenti**, quali i **Consigli** istituiti per la vigilanza sul rispetto degli accordi settoriali (e quindi il Consiglio sul commercio dei beni, il Consiglio sul commercio dei servizi, e il Consiglio per i diritti di proprietà intellettuale concernenti gli scambi commerciali), e alcuni **Comitati** specifici, aventi competenze settoriali ad esempio in tema di ambiente, sviluppo economico, agricoltura e accordi regionali.

Sono inoltre presenti alcuni comitati che vigilano sull'osservanza degli accordi **plurilaterali** cui si è fatto cenno, ossia quelli in materia di commercio di aerei civili e di appalti pubblici.

Nei suoi lavori, l'OMC è inoltre coadiuvata dal **Segretariato**, composto da circa 600 funzionari, suddivisi in divisioni competenti per materie distinte, al cui vertice si trova un **Direttore generale.**

Possono infine essere istituiti degli **organi sussidiari non permanenti**, quali i gruppi di esperti per l'analisi di questioni specifiche, o per lo studio di particolari assetti.

Conclusivamente è opportuno osservare come oltre a vigilare sull'osservanza degli accordi, a redigere reports periodici e ad emanare e aggiornare standard tecnici che debbono essere osservati negli scambi commerciali internazionali, l'OMC rappresenti, in termini più ampi, un *forum* per la discussione delle normative e delle politiche nazionali e internazionali in materia di commercio.

2.7. *Le reti transnazionali di regolatori finanziari*

A fianco delle organizzazioni internazionali di tipo tradizionale, a partire dagli anni '70 sono andate formandosi – per poi istituzionalizzarsi e acquisire una struttura stabile – alcune reti transnazionali di regolatori finanziari statali le quali possono essere descritte come *networks* globali. Tali soggetti sono rappresentati essenzialmente dal Comitato di Basilea, dall'*International Organization of Securities Commissions* (IOSCO), e dall'*International Association of Insurance Supervisors* (IAIS). Questi organismi, che attraverso una struttura a **rete** coordinano il lavoro svolto dalle autorità nazionali di regolazione e vigilanza dei principali mercati finanziari, emanano periodicamente standard e *guidelines* che orientano le autorità nazionali stesse e, più in generale, i governi statali e gli operatori del settore. Pur coinvolgendo autorità di vigilanza, tali organismi sono tuttavia privi di poteri sanzionatori.

Il principale esempio è rappresentato dal **Comitato di Basilea** sulla vigilanza bancaria (*Basel Committee on Banking Supervision* – BCBS), il quale fu istituito nel 1974 a seguito della crisi di un istituto bancario tedesco, allo scopo di prevenire il ripercuotersi di conseguenze pregiudizievoli in altri Paesi e di coordinare le attività di vigilanza bancaria. Il Comitato di Basilea non venne originariamente dotato di un vero e proprio statuto, né furono emanati regolamenti che ne disciplinassero il funzionamento, sviluppandosi e funzionando anzi in modo informale e non pienamente trasparente. Esso riunisce le autorità di vigilanza bancaria e le banche centrali di 28 Paesi e ha in principio svolto principalmente una funzione di vigilanza congiunta, fungendo inoltre da organismo di elaborazione e diffusione di *best practices.* In un secondo momento, esso ha cominciato ad occuparsi anche della promulgazione di regole prudenziali – quali ad esempio i *Principles for sound liquidity risk management and supervision* – contenute nei c.d. *accordi di Basilea* I, II e III, la cui applicazione è facilitata da guide pratiche appositamente adottate. Le finalità istituzionali che il Comitato si propone di perseguire attraverso l'emanazione di tali atti sono essenzialmente la diffusione delle migliori pratiche bancarie e di vigilanza e la fissazione di standard minimi uniformi in materia di vigilanza prudenziale, allo scopo di rafforzare la sicurezza e l'affidabilità del sistema finanziario internazionale.

La creazione di un *network* delle autorità di regolazione ha riguardato, successivamente anche il settore mobiliare e quello assicurativo.

A questo proposito **IOSCO** (*International Organization of Securities Commissions*) fu istituita nel 1983 come rete delle autorità di regolazione del settore mobiliare allo scopo di promuovere standard uniformi per la regolazione dei mercati finanziari e di vigilare sulla loro osservanza. Tale finalità è strumentale a rafforzare la tutela degli investitori e a consolidare la loro fiducia in un mercato finanziario globale maggiormente integrato. Oltre ai membri **ordinari** – le autorità nazionali di regolazione, per l'Italia la CONSOB – presenti sin dalla sua istituzione, e a quelli **associati** – organismi di regolazione sovranazionali o internazionali – possono prendere parte, in qualità di membri **affiliati** di IOSCO, anche società e organismi privati che operino per finalità non strettamente speculative nei mercati finanziari, quali ad esempio associazioni internazionali non governative che si occupino della tutela degli investitori. I rappresentanti dei membri ordinari e di quelli affiliati si riuniscono annualmente nel Comitato dei Presidenti delle autorità di regolazione. L'attività amministrativa di IOSCO è invece svolta in via ordinaria dal Board, composto da 34 membri, i quali nominano al proprio interno un Presidente. Il Board è coadiuvato da 8 comitati competenti per materie specifiche (regolazione degli intermediari finanziari, *rating*, mercati dei prodotti finanziari derivati, ecc.).

Infine, **IAIS** (*International Association of Insurance Supervisors*) fu istituita nel 1994 come rete delle autorità nazionali di regolazione del settore assicurativo (per l'Italia l'IVASS). IAIS non si differenzia significativamente da IOSCO per quel che riguarda il profilo organizzativo: oltre ad un'assemblea generale, è infatti previsto un Comitato esecutivo che si avvale, per lo svolgimento della propria attività, di altri comitati competenti per macro-settori, i quali a loro volta sono suddivisi in *working groups*.

Differentemente dal Comitato di Basilea, che si caratterizza sin dalla sua istituzione per la natura limitata della *membership*, IOSCO e IAIS si configurano come reti aperte all'adesione di nuovi membri, aventi una vocazione universale.

2.8. *Gli organismi internazionali privati con funzioni di regolazione*

Come anticipato (v. par. 2.5), una delle peculiarità che contraddistingue la regolazione a livello globale è la presenza di soggetti privati al fianco di organismi pubblici – ai quali ultimi si è fatto riferimento sino ad ora. Tra i principali **organismi internazionali di regolazione privati** – o misti – quelli che maggiormente rilevano per i settori di nostro interesse sono l'*International Accounting Standards Board* (IASB) e l'*International Auditing and Assurance Standards Board* (IAASB). Questi ultimi costituiscono delle associazioni esponenziali di cui fanno parte le principali imprese operanti nel settore contabile, oltre che alcune autorità nazionali di regolazione. Gli standard approvati da tali soggetti si attestano dunque su posizioni condivise dagli operatori del settore (le imprese regolate), riflettendo i più elevati livelli di accuratezza tecnica e realizzando un quadro regolativo tendenzialmente uniforme.

Più precisamente, **IASB** è stato istituito nel 2001 a seguito della riorganizzazione dell'*International Accounting Standards Committee* (IASC), che aveva il compito di elaborare standard contabili condivisi tanto dall'autorità statunitense di vigilanza, quanto dalla Commissione europea. La sua base associativa è rappresentata da società di *accounting*, da alcune grandi multinazionali, da alcune università e dalle autorità di regolazione canadese e statunitense. I suoi organi direttivi sono il gruppo dei *Trustees* ed il *Council*, che ha funzioni consultive. L'attività di regolazione è invece svolta da un *Board*, il quale è chiamato ad elaborare e adottare gli standard contabili internazionali, ad interpretarli tramite atti ufficiali e a facilitarne l'applicazione tramite l'emanazione di raccolte di buone prassi.

Lo **IAASB** ha invece una struttura più marcatamente corporativa, essendo incardinato presso la *International Federation of Accountants* (IFAC), ossia l'associazione mondiale di categoria delle società di revisione e consulenza fondata nel 1977. Nonostante tale collocazione istituzionale, IAASB si qualifica come uno *standard-setting body* indipendente, il cui compito consiste nell'elaborazione e nella diffusione di standard, processi di valutazione e revisione, e indicatori affidabili e uniformi. I suoi organi direttivi sono il Consiglio, che rappresenta i soci, ed il Board, che ha compiti esecutivi ed emana standard e linee guida rivolte ai propri membri. Sul rispetto di tali standard è chiamato a vigilare il *Public Interest Oversight Board* (PIOB).

Tali soggetti, inoltre, fanno a loro volta parte di organismi ibridi quale, ad esempio, il *Financial Stability Forum* (FSF, ora *Board*, **FSB**). Quest'ultimo, che operava principalmente come sede informale di confronto sulle regole che disciplinano l'attività finanziaria *lato sensu* intesa, è andato incontro ad una progressiva istituzionalizzazione – trasformandosi, appunto, in *Financial Stability Board* – e ha assunto la funzione di coordinamento della regolazione globale dei mercati finanziari. Esso approva, tra gli atti fondamentali, il *Compendium of standards* che contiene i *key standards* la cui osservanza costituisce buona prassi nel settore finanziario, i quali sono rivolti tanto agli operatori privati, quanto alle agenzie di *rating* e alle autorità nazionali di regolazione.

2.9. *Altre figure rilevanti per la regolazione dell'economia a livello globale*

A completamento del quadro sin qui tracciato a proposito delle istituzioni globali della regolazione, è doveroso tenere conto del fatto che a fianco dei soggetti e degli organismi ai quali sono **formalmente** affidati compiti di regolazione o che istituzionalmente svolgono attività di *standard-setting*, assumono rilievo anche alcuni soggetti ulteriori i quali, **indirettamente**, influiscono sulla formazione, sul contenuto e sulla diffusione delle regole globali.

A questo proposito rilevano, in primo luogo, le **società multinazionali**. Queste ultime, infatti, effettuando una grande quantità di operazioni commerciali in diverse parti del mondo e promuovendo operazioni di fusione e acquisizione di società di dimensioni minori esercitano un potere economico di dimensioni paragonabili, e talvolta superiori, a quello di molti Stati nazionali. In tale contesto, le società multinazionali incidono in maniera indiretta sul contenuto della regolazione in quanto possono innanzitutto optare per i sistemi normativi più favorevoli – ad esempio dal punto di vista del trattamento fiscale, delle norme a tutela dei lavoratori e dell'ambiente – spostando la propria sede legale o dislocando la produzione in Paesi in grado di offrire un regime giuridico più vantaggioso per i propri interessi. Esse esercitano in questo modo una notevole pressione sui regolatori nazionali – e non solo – dal momento che dalle loro scelte imprenditoriali derivano conseguenze sociali, economiche e occupazionali particolarmente rilevanti per le economie nazionali. In secondo luogo, esse contribuiscono all'elaborazione e alla circolazione di modelli negoziali standardizzati – o di veri e propri contratti-tipo – che trovano applicazione su larga scala e in ordinamenti diversi. Esse, infine, versano spesso nella condizione di poter praticare il c.d. *forum shopping*, ossia di convenire in giudizio le proprie controparti – o, specularmente, di veder instaurate o trasferite le controversie nei propri confronti – dinnanzi alle giurisdizioni ritenute più vantaggiose.

Una particolare tipologia di società multinazionali è rappresentata dalle **agenzie di *rating***, le quali meritano un discorso a parte in virtù del tipo di attività che svolgono e della rilevante influenza che esercitano sugli equilibri finanziari globali. Le agenzie di *rating* si occupano, infatti, della valutazione delle condizioni economiche e finanziarie tanto degli Stati, quanto di imprese pubbliche e private. Il giudizio che esse esprimono sulla solidità finanziaria di tali soggetti produce conseguenze particolarmente rilevanti per questi ultimi, potendone condizionare – in positivo, o in negativo – la reputazione e l'attrattività sui mercati (anche in vista di eventuali fusioni o acquisizioni), l'accesso al credito e le condizioni di credito (quali i tassi d'interesse dei prestiti), il rendimento dei titoli azionari e obbligazionari emessi, e così via. I parametri di valutazione impiegati dalle società di rating sono in parte autoprodotti – venendo elaborati in base a tecniche finanziarie di uso corrente – ed in parte definiti da altri regolatori. Tali parametri finiscono di fatto per rappresentare degli standard che assumono un rilievo non trascurabile nelle relazioni economico-finanziarie globali, con la conseguenza che tali agenzie, pur non adottando alcun tipo di regolazione formale, finiscono di fatto per regolamentare la circolazione dei capitali finanziari, subordinandola al rispetto dei parametri e dei valori da esse stabiliti. Da ultimo, è opportuno ricordare che i rating emessi da tali agenzie possono talvolta essere presi a riferimento da regolatori nazionali o globali che li recepiscono nei propri atti normativi per finalità diverse – ad esempio per determinare quali soggetti possano accedere a regimi di favore, a finanziamenti pubblici e così via. Tale fenomeno prende il nome di *rating based regulation* e conferisce – anche formalmente – valenza regolativa al *rating*.

Nel contesto della regolazione globale assumono infine rilevanza alcune **organizzazioni transnazionali non governative**. Tali soggetti, quali ad esempio Greenpeace, Transparency International e Amnesty International, pur avendo forme giuridiche differenti e pur godendo di assetti istituzionali non sempre stabili, svolgono un'importante attività di *lobbying* a favore di interessi pubblici o collettivi quali ad esempio la protezione dell'ambiente e la tutela dei diritti di lavoratori e consumatori, i quali in un contesto globalizzato non sono più ancorati esclusivamente alla dimensione nazionale. Essi esercitano un controllo informale, ma diffuso, sulla formazione delle regole globali e rappresentano interessi spesso contrapposti a quelli delle grandi multinazionali, rispetto alle quali costituiscono un importante contrappeso nell'arena globale.

Per approfondire

Riguardo alle istituzioni nazionali:
G. Amato, *Autorità semi-indipendenti e autorità di garanzia*, in *Riv. trim. pubb.*, 1998, 645 ss.; C. Bergonzini, *Parlamento e decisioni di bilancio*, Milano, Franco Angeli, 2014; S. Cassese-C. Franchini (a cura di), *I garanti delle regole*, Bologna, Il Mulino, 1996; B. Cavallo, *Teoria e prassi della pubblica organizzazione*, Milano, Giuffrè, 2005; G.P. Cirillo-R. Chieppa (a cura di), *Le autorità amministrative indipendenti*, Padova, Cedam, 2010, 27 ss.; M. Clarich, *Autorità indipendenti: bilancio e prospettive di un modello*, Bologna, Il Mulino, 2005; L. Cuocolo, *Le autorità indipendenti*, in G.F. Ferrari (a cura di), *Diritto pubblico dell'economia*, Milano, Egea, 3ª ed., 2019, 553 ss.; M. D'Alberti, *Autorità amministrative indipendenti (dir. amm.)*, in *Enc. Giur. Treccani*, IV, 1995,1 ss.; S. Foà, *Autorita di regolazione, nuovo indirizzo politico e cattura dal mercato*, in *Dir. amm.*, 2020, 764 ss.; N. Longobardi, *Autorità amministrative indipendenti e sistema giuridico-istituzionale*, Torino, Giappichelli, 2009; M. Mazza, *I soggetti pubblici e privati nel diritto pubblico dell'economia*, in G.F. Ferrari (a cura di), *Diritto pubblico dell'economia*, Milano, Egea, 3ª ed., 2019, 159 ss.; G. Napolitano, *Autorità indipendenti e agenzie amministrative*, in M. Clarich, G. Fonderico (a cura di), *Dizionario di diritto amministrativo*, Milano, Il Sole 24 Ore, 2007, 87 ss.; A. Poggi, *Le autonomie funzionali "tra" sussidiarietà verticale e sussidiarietà orizzontale*, Milano, Giuffrè, 2001; A. Police, *Tutela della concorrenza e pubblici poteri*, Torino, Giappichelli, 2007; A. Predieri (a cura di), *Le autorità indipendenti nei sistemi istituzionali ed economici*, Firenze, Passigli, 1997; L. Torchia (a cura di), *Il sistema amministrativo italiano*, Bologna, Il Mulino, 2009.

Riguardo alle istituzioni dell'Unione europea:
R. Adam-A. Tizzano, *Manuale di diritto dell'Unione europea*, III ed., Torino, Giappi-

chelli, 2020; J. Alberti, *Le agenzie dell'Unione europea*, Milano, Giuffrè, 2018; S. Cassese, *L'Unione europea come organizzazione pubblica composita*, ora in S. Cassese, *La crisi dello Stato*, Roma-Bari, Laterza, 2002, 67; E. Chiti, *Le agenzie europee: unità e decentramento nelle amministrazioni comunitarie*, Padova, Cedam, 2002; E. Chiti-C. Franchini, *L'integrazione amministrativa europea*, Bologna, Il Mulino, 2003; M.P. Chiti (a cura di), *Diritto amministrativo europeo*, II ed., Milano, Giuffrè, 2018; L. Daniele, *Diritto dell'Unione europea: sistema istituzionale, ordinamento, tutela giurisdizionale, competenze*, VII ed., Milano, Giuffrè, 2020; L. De Lucia, B. Marchetti (a cura di), *L'amministrazione europea e le sue regole*, Bologna, Il Mulino, 2015; G. Della Cananea-C. Franchini (a cura di), *I principi dell'amministrazione europea*, Torino, Giappichelli, 2017; C. Franchini, *Amministrazione italiana e amministrazione comunitaria. La coamministrazione nei settori di interesse comunitario*, Padova, Cedam, 1993; P. Mengozzi-C. Morviducci, *Istituzioni di diritto dell'Unione Europea*, II ed., Padova, Cedam, 2018; L. Saltari, *Amministrazioni nazionali in funzione comunitaria*, Milano, Giuffrè, 2007; M. Savino, *I comitati dell'Unione Europea: la collegialità amministrativa negli ordinamenti compositi*, Milano, Giuffrè, 2005; G. Strozzi-R. Mastroianni, *Diritto dell'Unione Europea. Parte istituzionale*, VIII ed., Torino, Giappichelli, 2020; G. Tesauro, *Manuale di diritto dell'Unione europea*, II ed., Napoli, Editoriale scientifica, 2020.

Riguardo alle istituzioni globali:
S. Battini (a cura di), *La regolazione globale dei mercati finanziari*, Milano, Giuffrè, 2007; M. Betzu, *Stati e istituzioni economiche sovranazionali*, Torino, Giappichelli, 2018; L. Casini, *Potere globale. Regole e decisioni oltre gli Stati*, Bologna, Il Mulino, 2018; S. Cassese, *Chi governa il mondo?*, Bologna, Il Mulino, 2013; A. Comba, *Il neo liberismo internazionale: strutture giuridiche a dimensione mondiale, dagli Accordi di Bretton Woods all'Organizzazione mondiale del commercio*, Milano, Giuffrè, 1995; M. D'Alberti, *Poteri pubblici, mercati e globalizzazione*, Bologna, Il Mulino, 2009; M.R. Ferrarese, *Le istituzioni della globalizzazione. Diritto e diritti nella società transnazionale*, Bologna, Il Mulino, 2000; G.F. Ferrari, *Globalizzazione, internazionalizzazione dell'economia, implicazioni istituzionali*, in G.F. Ferrari (a cura di), *Diritto pubblico dell'economia*, 3ª ed., Milano, Egea, 2019, 171 ss.; A. Magnoli Bocchi-M. Piazza, *La Banca mondiale. I successi, gli errori, il futuro*, Bologna, Il Mulino, 2007; A. Parenti, *Il Wto. Cos'è e come funziona l'Organizzazione mondiale del commercio*, Bologna, Il Mulino, 2002.

Capitolo 3

GLI STRUMENTI PER L'INTERVENTO AMMINISTRATIVO SUI MERCATI

di *Marco Bombardelli* e *Silvia Pellizzari**

Sommario: 3.1. L'attività amministrativa e i suoi principi. – 3.2. Gli strumenti di diritto amministrativo. – 3.2.1. Il provvedimento amministrativo. – 3.2.2. I provvedimenti rilevanti per l'accesso al mercato: autorizzazioni e concessioni. – 3.2.3. Strumenti di sostegno alle attività economiche. – 3.2.4. Gli atti di certezza. – 3.3. Gli strumenti di natura consensuale. – 3.3.1. L'attività contrattuale della pubblica amministrazione: i principi e le regole dell'evidenza pubblica. – 3.3.2. La procedura di scelta del contraente. – 3.3.3. Gli accordi.

3.1. *L'attività amministrativa e i suoi principi*

Gli interventi delle istituzioni sui mercati, distribuiti tra i vari livelli di governo e articolati secondo le modalità di cui si è detto nei capitoli precedenti, trovano attuazione attraverso l'attività delle amministrazioni pubbliche, a cui è appunto affidata la cura concreta degli interessi pubblici connessi al funzionamento del mercato e in generale alla dinamica dei processi economici. Nell'operare i propri interventi, l'amministrazione dispone di capacità giuridica generale e può dunque, avvalersi **sia della capacità di diritto pubblico,** che le consente di adottare **i provvedimenti, sia della capacità di diritto privato,** che le consente di utilizzare **gli strumenti di diritto privato**, ai quali in particolare è chiamata a ricorrere in via ordinaria, salvo che la legge disponga diversamente per l'adozione di atti natura non autoritativa (art. 1, co. 1-*bis*, l. n. 241/1990). In questo capitolo saranno considerati gli strumenti di diritto amministrativo e gli strumenti consensuali di maggior rilievo per l'intervento amministrativo sui mercati.

Prima di procedere a questa disamina, però, vanno ricordati i **principi ge-**

*I parr. 3.1. e 3.2. sono di Marco Bombardelli; il par. 3.3. è di Silvia Pellizzari, il sottoparagrafo 3.3.4. è stato scritto assieme dai due Autori.

nerali che l'attività amministrativa deve rispettare, i quali assumono particolare rilievo quando la stessa va ad incidere su situazioni costituzionalmente garantite come quelle della libertà di iniziativa economica e del diritto di proprietà e su principi come quello della concorrenza.

È così da richiamare innanzitutto il **principio di legalità**. Esso va oggi inteso sia come **legalità-garanzia**, sia come **legalità-indirizzo**, prevedendo che l'attività amministrativa non solo si svolga nel rispetto della legge, così da non ledere in modo illegittimo la sfera giuridica dei destinatari della sua azione, ma trovi nella legge anche l'indicazione degli obiettivi da perseguire, come espressamente afferma l'art. 1 della l. n. 241/1990 (che appunto detta la disciplina generale del procedimento amministrativo). Nella prima accezione, il principio di legalità si manifesta essenzialmente in due aspetti. Innanzitutto, esso implica che l'amministrazione pubblica possa esercitare soltanto i poteri che le sono espressamente attribuiti dalla legge e solo per il perseguimento delle finalità per cui quei poteri sono attribuiti. In secondo luogo, esso implica che l'esercizio del potere amministrativo – specie se mira ad interventi restrittivi della sfera giuridica del cittadino – debba sempre avvenire secondo le modalità previste dalla legge e nei limiti da essa posti, che non possono mai essere superati attraverso l'esplicazione della discrezionalità amministrativa. Inteso come legalità-indirizzo, invece, il principio di legalità implica che l'amministrazione pubblica operi per il raggiungimento di risultati che realizzano obiettivi preventivamente individuati in termini generali dalla legge, o comunque da atti di rilevanza politica, e sia sempre in grado di giustificare i suoi interventi, anche quando avvengono in aree non già puntualmente disciplinate sul piano normativo, in funzione del raggiungimento di questi risultati.

Il principio di legalità assume particolare rilievo per l'intervento amministrativo nell'economia, dato che, come si è visto nel primo capitolo, **gli artt. 41 e 42 Cost.** prevedono che le limitazioni dell'iniziativa economica privata e della proprietà privata possano avvenire solo per legge, introducendo quindi un principio di **riserva di legge**. Questa non viene intesa come riserva assoluta, in presenza della quale la materia dovrebbe essere disciplinata in modo completo dalla legge, così che l'amministrazione possa svolgere in relazione ad essa solo attività meramente esecutive, ma come **riserva relativa**, in presenza della quale la legge indica solo gli aspetti e i limiti fondamentali, ma non disciplina la materia integralmente e in ogni aspetto specifico, attribuendo all'amministrazione il compito di intervenire ulteriormente con atti di natura regolamentare e con specifici provvedimenti. Questo è coerente con le caratteristiche della materia economica, che è troppo complessa e tecnica perché il legislatore la possa disciplinare interamente *ex ante* e richiede dunque la maggiore capacità di adattamento alla complessità e alla mutevolezza delle situazioni concrete che è propria dell'intervento amministrativo, comunque sempre entro i limiti posti dalla legge.

Un secondo principio fondamentale è quello **di imparzialità amministrativa**. Esso richiede che l'attività amministrativa si svolga in **modo imparziale**, ossia **venga condotta nell'interesse pubblico e non in quello di alcuni soggetti rispetto ad altri**. La vigenza di tale principio impone dunque all'amministrazione di evitare qualsiasi tipo di favoritismo e di adottare quindi le stesse modalità di trattamento per tutti i destinatari della propria azione. È particolarmente significativo, ad esempio, che ai sensi dell'art. 12 della l. n. 241/1990, l'amministrazione sia tenuta alla **predeterminazione dei criteri** quando il suo intervento si realizza attraverso l'assegnazione ai privati di incentivi economici: tale predeterminazione, infatti, ha proprio lo scopo di assicurare l'imparzialità, perché con essa si fissano anticipatamente i parametri in base a cui operare la selezione fra i diversi aspiranti all'incentivo, si individua in tal modo un criterio di selezione univoco e valido per tutti e si assicura quindi che tutti vengano valutati allo stesso modo, senza che alcun soggetto possa essere arbitrariamente favorito. Del pari, è significativo che l'art. 12-*bis* della l. n. 241/1990 preveda per i dirigenti o per i funzionari interessati, un preciso **dovere di astenersi** dal prendere parte alle deliberazioni in cui sia presente un conflitto di interessi, anche solo potenziale, a causa del coinvolgimento nelle stesse di un interesse proprio o di persone ad essi strettamente collegate, come parenti ed affini, specie quando questo interesse abbia natura economica.

Un terzo principio è quello **di buon andamento,** che può essere concepito in senso lato come il **dovere di curare l'interesse pubblico** impiegando le risorse assegnate e raggiungendo i risultati previsti **nel modo migliore possibile**. Riguardo alla realizzazione di questo principio la l. n. 241/1990 introduce alcuni criteri a cui l'attività amministrativa deve uniformarsi nel suo svolgimento. Si tratta, in particolare, dei criteri di efficacia, di economicità e di semplificazione, che assumono particolare rilievo quando l'intervento amministrativo va ad incidere su attività economiche e, se non conforme al principio indicato, può influire su di esse in modo molto negativo, arrivando anche a diventare un fattore di ostacolo allo sviluppo dell'economia, come del resto spesso viene lamentato.

Per quanto riguarda **l'efficacia,** essa individua la **capacità dell'amministrazione pubblica di rinvenire** nella propria organizzazione e nelle proprie procedure **gli assetti, le modalità operative e gli strumenti più adatti per il raggiungimento di un certo risultato**. Al criterio di efficacia deve sempre essere collegato quello di **efficienza**, relativo alla **capacità di ottenere il risultato attraverso il miglior utilizzo ed il minor dispendio possibile delle risorse disponibili**. In base a questo criterio, in particolare, l'amministrazione è chiamata ad adoperarsi per utilizzare al meglio non solo i mezzi finanziari di cui dispone per agire, ma anche i mezzi procedurali; le risorse organizzative; le capacità professionali del personale; il tempo di lavoro e la distribuzione dei relativi carichi; e financhè l'apporto che i privati possono dare con la loro partecipazione all'attività amministrativa. **L'economicità**, invece, può essere intesa più specificamente come la **capacità dell'amministrazione,** da un lato, **di reperire le risorse necessarie** per la propria attività **al minor costo possibile** e, dall'altro, di gestire la propria attività in modo che il suo esercizio **rispetti i limiti di bilancio assegnati**. Il criterio della **semplificazione,** infine, impone all'amministrazione di operare **nel modo più celere possibile, senza inutili aggravi procedurali** e cercando di **snellire il più possibile i passaggi procedimentali** delle diverse pratiche all'interno degli uffici interessati. L'amministrazione, cioè, è chiamata a eliminare tutti gli adempimenti inutili, fino ad arrivare alla soppressione di intere sequenze procedimentali, e a utilizzare in modo frequente e corretto i diversi strumenti di semplificazione che la stessa legge sul procedimento amministrativo le mette a disposizione.

Sono infine da considerare i **principi di pubblicità e di trasparenza** dell'attività amministrativa. Il primo implica in senso generale la conoscibilità di documenti, di informazioni e di dati detenuti dalla pubblica amministrazione, mentre il secondo richiede, oltre alla conoscibilità, anche l'effettiva comprensibilità delle modalità operative e degli assetti strutturali con cui l'amministrazione opera nell'assolvimento dei suoi compiti di cura concreta dell'interesse pubblico. La trasparenza è dunque fondamentale per consentire ai privati di comprendere le dinamiche di svolgimento dell'attività amministrativa, per favorire la loro partecipazione consapevole ad essa e per consentire un controllo diffuso sul modo in cui vengono utilizzate le risorse pubbliche, diventando così particolarmente rilevante negli interventi di disciplina e soprattutto di regolazione dell'economia, nei quali l'apporto degli operatori economici coinvolti è spesso decisivo per il buon esito dell'intervento stesso (come dimostra il frequente ricorso a strumenti di consultazione preventiva dei destinatari della regolazione da parte delle autorità amministrative indipendenti: v. ad es. Del. Anac n. 554/2018; v. anche par. 6.4.2).

3.2. *Gli strumenti di diritto amministrativo*

3.2.1. *Il provvedimento amministrativo*

Passando ora all'individuazione dei principali strumenti utilizzati dalle amministrazioni pubbliche per il loro intervento nell'economia, è da richiamare in primo luogo il **provvedimento amministrativo**, ricordando, in estrema sintesi, come questo sia l'atto giuridico che l'amministrazione pubblica normalmente adotta per ottenere gli effetti giuridici necessari per il soddisfacimento degli interessi pubblici che le sono affidati in cura. Esso viene tradizionalmente definito come la **dichiarazione di volontà espressa da un soggetto attivo della pubblica amministrazione nell'esercizio di una potestà amministrativa**. La sua caratteristica principale è quella di poter modificare in modo unilaterale la sfera giuridica dei propri destinatari, avvalendosi per questo della caratteristica dell'imperatività. Il provvedimento amministrativo è nominato e tipico, ossia deve essere preventivamente individuato dalla legge sia per quanto riguarda la sua tipologia che per quanto riguarda i suoi effetti. Il provvedimento efficace è immediatamente esecutivo, a meno che la legge o lo stesso provvedimento non prevedano diversamente. Nei casi previsti dalla legge, il provvedimento può essere anche dotato di esecutorietà, cioè della capacità di consentire alle pubbliche amministrazioni di imporre coattivamente l'adempimento degli obblighi nei loro confronti.

Con riguardo ai destinatari, i provvedimenti si distinguono in singoli (quando il destinatario è individuale); plurimi (quando i destinatari sono più di uno, ma ognuno è considerato singolarmente, come nelle graduatorie dei concorsi pubblici); collettivi (quando i destinatari sono più di uno e vengono considerati unitariamente nel loro complesso, come nei piani regolatori); generali (quando i destinatari sono più di uno e sono indeterminati fino al momento dell'esecuzione dell'atto, ma determinabili *ex post*, come nei bandi di concorso e di gara). **Con riguardo agli effetti prodotti**, i provvedimenti si distinguono in ampliativi o restrittivi, a seconda della modalità con cui incidono sulla sfera giuridica del destinatario. Tra i primi rientrano le concessioni, le autorizzazioni, le sovvenzioni, che come si vedrà sono molto utilizzati per l'intervento amministrativo nell'economia; tra i secondi gli ordini e i divieti; i provvedimenti ablatori personali (es.: vaccinazioni), reali (es.: espropriazioni) e obbligatori (es.: imposte); e le sanzioni, anch'esse adottate con frequenza negli interventi amministrativi sui mercati.

Per essere valido, e quindi per poter produrre validamente i suoi effetti, il provvedimento amministrativo deve essere conforme rispetto alla norma che lo regge ed esente da vizi di legittimità. L'invalidità del provvedimento si può presentare nella forma più grave della nullità o in quella della annullabilità. È nullo il provvedimento amministrativo privo di elementi essenziali, o viziato da incompetenza assoluta, oppure adottato in violazione o elusione del giudicato, oppure riconducibile ad altri casi di nullità casi espressamente previsti dalla legge. È invece annullabile il provvedimento adottato in violazione di legge o affetto da vizi riconducibili alle diverse ipotesi di incompetenza relativa e di eccesso di potere. L'annullamento dell'atto può essere disposto in via di autotutela dalla stessa amministrazione che lo ha adottato, oppure può essere richiesto dal suo destinatario, nelle diverse forme di tutela che l'ordinamento gli riconosce, sia in via giurisdizionale, con ricorso al giudice amministrativo, sia in via amministrativa, attraverso un ricorso amministrativo.

La formazione del provvedimento avviene a seguito dello svolgimento di un **procedimento amministrativo**, la cui disciplina generale è dettata dalla l. 7 agosto 1990, n. 241. Esso è giuridicamente rilevante sotto due profili, uno strutturale ed uno funzionale.

Dal punto di vista **strutturale**, il procedimento amministrativo si presenta come una serie di atti e di operazioni, posti in essere da uno o da diversi agenti, tendenti alla produzione di un unico effetto giuridico e solitamente culminanti appunto in un provvedimento. Questa serie di atti viene tradizionalmente ordinata secondo una sequenza di fasi, individuate come la **fase preparatoria**, in cui sono compresi lo stadio dell'**iniziativa** e quello dell'**istruttoria**; la **fase costitutiva**, ovvero la fase di decisione; e la **fase** (eventuale) **di integrazione dell'efficacia**, nella quale l'atto, ove ciò non sia già accaduto nella fase precedente, acquista l'idoneità a produrre i propri effetti giuridici.

Come si è detto, la nozione di procedimento amministrativo ha poi anche un significato **funzionale**, in base al quale il procedimento si presenta come la sede giuridica idonea per l'introduzione, il confronto, la comparazione, la ponderazione e la composizione dei diversi interessi, pubblici e privati, che sono coinvolti in una determinata questione di interesse generale e quindi nell'attività amministrativa diretta al perseguimento di quest'ultimo. In questo senso, il procedimento amministrativo non è più identificabile soltanto in una successione sequenziale di fasi e di atti e la sua connotazione unitaria va ricercata anche nel quadro complessivo definito dalla tipologia, dalla quantità e dalla qualità degli interessi coinvolti nell'istruttoria. Nella ponderazione di tali interessi l'amministrazione pubblica esercita **la discrezionalità amministrativa.**

3.2.2. *I provvedimenti rilevanti per l'accesso al mercato: autorizzazioni e concessioni*

Tra i diversi provvedimenti amministrativi, per l'intervento nell'economia assumono particolare rilievo le autorizzazioni e le concessioni, che sono molto rilevanti soprattutto con riferimento alla disciplina dell'accesso degli operatori ai mercati regolati.

L'**autorizzazione** è un provvedimento mediante il quale l'amministrazione, dopo aver valutato la presenza di determinati requisiti in capo al richiedente, e talora anche l'opportunità dell'iniziativa per cui viene richiesta, **rimuove dei limiti, e talora introduce delle condizioni conformative, all'esercizio di un diritto** (nel caso specifico, di iniziativa economica) **già proprio del richiedente**, ma relativo ad un ambito sottoposto regolazione pubblica. Essa esaurisce i suoi effetti al momento del rilascio e non stabilisce un rapporto di durata tra l'amministrazione che la adotta e il soggetto autorizzato, fatti salvi gli interventi di vigilanza dell'amministrazione sul mantenimento dei requisiti richiesti o sull'osservanza delle condizioni previste.

Le autorizzazioni sono oggi in prevalenza di tipo **precauzionale**: vengono cioè rilasciate per assicurare che le imprese che operano su un certo mercato abbiano determinate caratteristiche previste dalla legge a tutela dell'interesse pubblico, nei casi in cui un controllo a posteriori sulla presenza dei requisiti richiesti interverrebbe troppo tardi per avere efficacia. Sono però ancora presenti, anche se recessive rispetto alla diffusione che avevano nel passato, le autorizzazioni **a scopo di conformazione del mercato**, adottate a seguito di una valutazione di opportunità operata dall'amministrazione in riferimento alla dimensione del mercato o alla tipologia dei beni o dei servizi che su questo vengono scambiati.

A differenza dell'autorizzazione, la **concessione** è un provvedimento che amplia la sfera giuridica del destinatario non con l'intervento su un diritto preesistente, ma **con l'attribuzione** ad esso di un nuovo diritto, di cui questo senza la concessione non sarebbe titolare. Tale attribuzione può avvenire *ex novo* (concessione **costitutiva**) o per trasferimento al privato di una situazione attiva già propria dell'amministrazione concedente (concessione **traslativa**). Con la concessione traslativa l'amministrazione riconosce ad un privato il diritto di esercitare un'attività o di utilizzare un bene di per sé ad essa riservati, che dunque non rientrano nella sfera dell'iniziativa economica privata e non possono essere gestiti dai privati se non proprio sulla base dell'atto di concessione.

La concessione instaura un rapporto di durata tra l'amministrazione concedente e il privato concessionario, con diritti e obblighi reciproci e particolari vincoli per quest'ultimo. Nel rapporto regolato dalla concessione rimane rilevante l'interesse pubblico e l'amministrazione concedente mantiene poteri autoritativi di intervento. Di solito, lo schema della concessione assume la configurazione della concessione-contratto, nel quale all'atto unilaterale della concessione si affianca una convenzione integrativa del suo contenuto, avente natura privatistica, volta a regolare diritti e obblighi reciproci dell'ente concedente e del privato concessionario (ad es. in capo al primo poteri di verifica della gestione; diritto di recesso e di riscatto, diritto di approvazione delle tariffe praticate agli utenti; in capo al secondo obbligo di versamento del canone, garanzia agli utenti di determinati livelli di prestazione, obbligo di effettuare investimenti). Il concessionario agisce in nome proprio, con piena assunzione del rischio della gestione, e di conseguenza anche il rapporto di utenza si instaura direttamente fra l'utente e il concessionario, che finanzia la propria attività attraverso gli introiti derivanti dall'applicazione della tariffa agli utenti.

Si distingue in particolare tra concessioni **di beni pubblici**, finalizzate ad attribuire al privato il diritto di uso riservato dello stesso in origine proprio dell'amministrazione e concessioni **di servizi** o di attività comunque riservate allo Stato (ad es. la gestione delle infrastrutture; o le attività inerenti giochi e scommesse); si ricordano inoltre le concessioni **di lavori pubblici** (ad es. la costruzione di opere pubbliche).

La **concessione di beni pubblici** (su cui v. cap. 5) **costituisce** in capo a un operatore economico **il diritto all'uso** di determinati **beni o risorse appartenenti al demanio pubblico o al patrimonio indisponibile**, rispetto al quale l'amministrazione concedente fissa unicamente le condizioni generali di utilizzo dei beni o delle risorse in questione, senza far eseguire su di essi dei lavori o acquisire attraverso il loro utilizzo dei servizi specifici. La concessione rappresenta pertanto uno dei modi attraverso cui è possibile perseguire l'utilità pubblica a cui sono destinati tali beni – alternativo all'uso esclusivo da parte della stessa amministrazione e all'uso generale da parte della collettività – che si traduce nel mantenimento a sé, da parte dell'amministrazione concedente, di una serie di prerogative volte a regolare in modo compatibile con l'interesse pubblico l'uso particolare del bene da parte dei soggetti a cui questo viene concesso.

D'altra parte, però, la concessione consente ad un soggetto privato di utilizzare risorse che senza di essa gli sarebbero precluse e lo mette in condizione di avvalersi di beni che gli altri privati non hanno titolo ad utilizzare. Nei confronti dei terzi il concessionario può anzi vantare un diritto di esclusione dall'uso del bene, tutelabile sia con i mezzi e le azioni proprie del diritto comune che con i poteri di autotutela esecutiva. Per questo motivo la concessione risulta essere uno strumento idoneo a discriminare tra i diversi soggetti privati che aspirano alla possibilità di utilizzo del bene, specie quanto questo si rivela suscettibile di sfruttamento economico o comunque è imprescindibile per lo svolgimento di determinate attività economiche. Nel rilascio della concessione occorre quindi che l'amministrazione tenga conto di esigenze di imparzialità, buon andamento, trasparenza e, se sono coinvolte attività economiche, tutela della concorrenza.

La giurisprudenza della Corte di giustizia europea e quella nazionale hanno chiarito che il rilascio della concessione, qualora il bene oggetto della stessa abbia rilevanza economica e sia suscettibile di essere utilizzato proficuamente nell'ambito di una attività di impresa, deve essere soggetta "a una procedura di selezione tra i candidati potenziali che deve presentare tutte le garanzie di imparzialità e di trasparenza, in particolare un'adeguata pubblicità" dichiarando illegittimo ad esempio un regime di proroga per legge delle concessioni demaniali marittime. (Corte di Giustizia, sez. V, 14 luglio 2016, C-458/14; Cons. Stato, sez. VI, 12 febbraio 2018 n. 873; ma già in passato, con riferimento a un diverso quadro normativo, Cons. Stato, sez. VI, 25 gennaio 2005, n. 168).

Per quanto riguarda invece **le concessioni di servizi**, che costituiscono in capo al privato **il diritto di svolgere un'attività economica di per sé spettante all'amministrazione** e che quindi il privato non potrebbe intraprendere senza concessione, è da notare che oggi, nel quadro delle liberalizzazioni derivanti dal processo di integrazione europea, **si sta restringendo l'area delle attività economiche riservate allo Stato** e viene previsto che le stesse siano invece **svolte da imprese in un mercato concorrenziale**. L'accesso e l'esercizio delle attività di servizi sono considerate in modo prevalente, anche quando tra le loro finalità rimane quella del perseguimento di interessi pubblici, quali **espressioni della libertà di iniziativa economica** e si afferma pertanto che le stesse non possono essere sottoposte a limitazioni non giustificate o discriminatorie (art. 10, d.lgs. n. 59/2010, di recepimento direttiva UE n. 123/2006, c.d. direttiva Bolkestein). Per questo i regimi in senso lato autorizzatori, nei quali rientrano anche le concessioni, possono essere istituiti o mantenuti solo se giustificati da motivi imperativi di interesse generale, nel rispetto dei principi di non discriminazione e di proporzionalità (art. 14, d.lgs. n. 59/2010). Da ciò deriva che le concessioni di servizi tendono a evolvere verso moduli contrattuali di affidamento dei servizi, che continuano ad essere denominati concessioni pur perdendone di fatto la sostanza provvedimentale.

Lo stesso accade per quelle **concessioni** che hanno come oggetto **i lavori pubblici**, e in particolare la costruzione di opere pubbliche, che non vengono rilasciate discrezionalmente dall'amministrazione, ma assumono i caratteri di un particolare tipo di contratto che di norma l'amministrazione deve aggiudicare a seguito dello svolgimento di una gara (v. il successivo par. 3.3.2).

In ogni caso, è oggetto di particolare attenzione la **posizione di vantaggio** che il concessionario si trova ad avere rispetto agli altri privati nello svolgimento dell'attività economica che viene svolta sulla base della concessione o che si avvale del bene oggetto della stessa, dato che questi si trovano di fronte una **barriera molto consistente** per l'esercizio in concorrenza di una iniziativa analoga. La concessione si presenta dunque come uno strumento idoneo a discriminare tra i diversi soggetti privati che aspirano allo svolgimento di una attività economica o all'utilizzo di un bene suscettibile di sfruttamento economico. Per questo viene previsto che nel ricorso ad essa l'amministrazione debba sempre tener conto di **esigenze di imparzialità, buon andamento, trasparenza** e, se la concessione riguarda attività economiche, **tutela della concorrenza**. In base al diritto eurounitario, in particolare, in tutte le ipotesi in cui il numero di titoli autorizzatori disponibili sia limitato per ragioni correlate alla scarsità delle risorse naturali o delle capacità tecniche disponibili, le amministrazioni competenti, non potendo assicurare la **concorrenza "nel" mercato** devono almeno garantire la **concorrenza "per" il mercato**, applicando una procedura di selezione tra i candidati potenziali ed assicurando la predeterminazione e la pubblicazione, nelle forme previste dai propri ordinamenti, dei criteri e delle modalità atti ad assicurarne l'imparzialità, cui le stesse devono attenersi (art. 16, d.lgs. n. 59/2010).

3.2.3. *Strumenti di sostegno alle attività economiche*

Allo schema delle concessioni di beni possono essere ricondotti anche **interventi amministrativi di incentivazione economica** che si attuano a favore delle imprese nella forma di erogazione di denaro pubblico, variamente denominate (ad es. sovvenzioni, finanziamenti, sussidi, contributi). A questi sono poi assimilabili altri strumenti di sostegno che producono effetti analoghi non attraverso l'erogazione di denaro, ma attraverso lo sgravio da obblighi fiscali o contributivi, che comunque producono un vantaggio economico per il destinatario. Questi interventi producono una redistribuzione di risorse a favore delle imprese finalizzata a favorire lo sviluppo economico e fino agli anni '90 del secolo scorso venivano erogati "a pioggia", secondo un modello di intervento molto ampio e indiscriminato.

Negli ultimi anni da un lato le crescenti **restrizioni della finanza pubblica**, determinate dai vincoli di bilancio a cui le amministrazioni pubbliche si trovano soggette, e, dall'altro, il contrasto in cui, in molti casi, questo tipo di interventi si viene a porre rispetto al principio comunitario di **tutela della concorrenza** hanno condotto a **ridurre sul piano quantitativo e modificare su quello qualitativo le modalità di utilizzo di questo tipo di strumenti**.

In primo luogo, come si è già detto, l'art. 12 della l. n. 241/1990 ha previsto che, al fine di assicurare l'**imparzialità**, le amministrazioni siano tenute a **predeterminare e a rendere noti i criteri** per l'assegnazione di sovvenzioni, contributi ed ogni tipo di vantaggio economico, sia di finalità sociale che commerciale. Quando gli interventi sono finalizzati allo sviluppo economico e sono diretti alle imprese, la predeterminazione e la conoscibilità dei criteri serve a mettere tutte le imprese potenzialmente interessate sullo stesso piano e a garantire quindi anche il rispetto del **principio di concorrenza**.

Poi, l'aumento di vincoli europei sul bilancio e la contrazione delle risorse disponibili che ne è derivata hanno indotto le amministrazioni a una **maggiore selezione negli interventi incentivanti**. Per operare tale selezione, si tiene conto da un lato dell'esigenza di non introdurre squilibri nei settori economici più sviluppati, dove **l'impatto distorsivo** del mercato dato dall'intervento pubblico incentivante a favore delle imprese può essere maggiore; dall'altro dell'esigenza di favorire lo **sviluppo dei settori e delle aree economiche più arretrate**, dove l'incentivo può fungere da stimolo a una dinamica che le imprese interessate non sono in grado di attivare da sole, o più in generale dell'esigenza di sostenere **la ricerca e lo sviluppo per l'innovazione**.

Questa linea evolutiva ha subito una parziale interruzione a seguito dell'emergenza sanitaria seguita al diffondersi della pandemia Covid-19 e della crisi economica da questa innescata, che ha determinato un allentamento dei vincoli europei di bilancio e una maggiore ampiezza e flessibilità nell'intervento pubblico a favore delle imprese mediante incentivi e ristori economici. Questa interruzione è però da considerare strettamente legata alla particolare condizione emergenziale in cui ci si è venuti a trovare e può quindi essere considerata temporanea.

Al di là delle eccezioni ora richiamate, dunque, è così da osservare come gli strumenti di sostegno stiano assumendo forme numerose e diverse. Il tradizionale **contributo diretto e lo sgravio fiscale** tendono ad essere sempre meno utilizzati e sempre più selettivi, in quanto volti a ridurre le disparità di partenza di soggetti, settori economici e/o regioni svantaggiate. L'intervento amministrativo tende invece ad essere operato con modalità varie, che prevedono la compartecipazione ai costi per la **realizzazione di un progetto**, nel quadro di iniziative diverse come ad esempio i contratti di programma a livello statale e i patti territoriali a livello locale; il **supporto indiretto** attraverso prestiti, fondi di garanzia e altri strumenti per favorire l'accesso al credito; il **sostegno all'apparato produttivo, agli investimenti e allo sviluppo tecnologico**; il supporto alle imprese nell'accesso ai **fondi strutturali europei**; la **fornitura di servizi di supporto** alle imprese, come l'attivazione di network tra imprese, la creazione, la creazione di siti internet dedicati, la realizzazione di studi o guide pratiche; il **supporto alle imprese** per favorire la loro partecipazione alle gare di appalto e ad altre opportunità di committenza in ambito UE ed extra UE, e via dicendo.

3.2.4. *Gli atti di certezza*

Oltre che attraverso la adozione di provvedimenti, l'intervento amministrativo sui mercati può avvenire anche attraverso atti di esercizio della funzione di produzione di certezze pubbliche. Questa è una importante modalità di intervento dei pubblici poteri, attraverso la quale gli stessi **producono o fanno circolare delle speciali forme di sicurezza relative a dati, stati personali ed eventi,** uniformando elementi rilevanti nei rapporti economici e sociali e rendendo questi ultimi più sicuri, o quantomeno più agevoli (Giannini, 1993). Si tratta di un'attività particolarmente importante per lo svolgimento delle attività economiche, tanto più in una fase come quella attuale in cui la crescente dimensione dei mercati rende sempre più difficile la conoscenza reciproca degli attori che operano scambi sul mercato e sempre più problematici gli effetti che questo viene ad avere sulla sicurezza delle transazioni economiche e sulla stabilità dei mercati. **Gli atti e in genere gli strumenti amministrativi di certezza** sono quindi particolarmente utili perché servono a ridurre gli elementi di incertezza e di rischio insiti nelle relazioni economiche.

Nella funzione di produzione di certezze pubbliche rientrano vari tipi di attività, come la tenuta di registri pubblici e il rilascio delle corrispondenti certificazioni, l'attività metrologica, l'attribuzione di marchi pubblici, la predisposizione della segnaletica, e altre attività similari.

Per quanto riguarda la **tenuta dei registri pubblici**, è da osservare come la loro pubblicità sia riconducibile a tre elementi, vale a dire la natura di pubblico depositario dell'organismo competente per la loro tenuta (che peraltro non sempre si identifica in un ente pubblico); la loro accessibilità da parte di chiunque; la loro idoneità "a ricevere, e quindi esibire, ogni atto che si riferisca all'oggetto o all'entità registrata" (Giannini, 1993). I registri pubblici possono riguardare stati personali (come i registri dello stato civile), situazioni proprie di determinati beni (come i registri immobiliari, il registro automobilistico, il registro navale, il registro aereonautico), o anche stati, fatti e atti relativi a particolari operatori economici (come il **registro delle imprese**). Quest'ultimo registro, in particolare, ha lo scopo di attuare un sistema di pubblicità legale delle imprese e pur essendo previsto dal Codice civile fin dalla sua adozione (art. 2188 e ss.), è stato istituito solo ad opera della legge di riordino delle Camere di commercio e del relativo regolamento di attuazione (l. n. 580/1993 e d.p.r. n. 581/1995), diventando operativo a partire dal 1996. Si tratta di uno strumento molto importante, da un lato perché l'iscrizione ad esso è una condizione necessaria per le imprese al fine di poter accedere a qualsiasi mercato e svolgere in esso la propria attività e dall'altro perché attraverso l'accesso ad esso gli operatori economici possono acquisire la conoscenza dei dati essenziali delle imprese con cui intendono intrattenere rapporti economici e possono quindi disporre di condizioni di certezza indispensabili per il regolare svolgimento delle attività imprenditoriali, condizioni a cui l'ordinamento riconosce appunto il valore di interesse pubblico.

È da notare peraltro che oggi la produzione di certezze preordinate al rafforzamento dell'affidabilità reciproca degli operatori economici non è attuata solo attraverso interventi amministrativi, di natura pubblica, ma anche attraverso l'attività di soggetti privati a cui viene affidato il compito di produrre accertamenti di qualità basati su norme tecniche e standards di riferimento di origine privatistica, che però assumono un ruolo, anche a livello nazionale e internazionale, come strumenti di *soft law* (v. par. 2.8).

3.3. *Gli strumenti di natura consensuale*

3.3.1. *L'attività contrattuale della pubblica amministrazione: i principi e le regole dell'evidenza pubblica*

Al pari di qualsiasi altro soggetto dell'ordinamento giuridico, anche le amministrazioni pubbliche godono di **autonomia negoziale o contrattuale**. Per questo esse possono concludere contratti al fine di perseguire gli interessi pubblici di cui sono portatrici.

I contratti della pubblica amministrazione rappresentano una modalità classica di intervento pubblico nell'economica. Attraverso questi "strumenti" giuridici, infatti, **le amministrazioni possono rivolgersi al mercato per acquistare beni e servizi** (si pensi agli acquisti degli arredi o ai servizi di pulizia dei locali pubblici), ma anche per **affidare a operatori economici la gestione di beni e servizi pubblici** (v. cap. 6).

In questi casi, il soggetto pubblico non agisce con un potere autoritativo, ma attraverso un **atto di diritto comune** nonostante le precisazioni, di cui si dirà nei successivi paragrafi, relative **ai principi e alle regole di diritto amministrativo** che occorre rispettare **per la selezione del contraente privato**.

Sul punto il legislatore italiano è intervenuto sin dalla prima metà del '900 con il r.d. 18 novembre 1923, n. 2440 e il relativo Regolamento di esecuzione n. 827/1924 (in parte ancora in vigore) con l'intento di garantire l'interesse finanziario della p.a. alla stipula di un contratto a condizioni favorevoli per la stessa, indipendentemente dalla natura attiva o passiva dell'accordo.

Secondo questa terminologia i **contratti attivi** sono quei **contratti che comportano una entrata per la pubblica amministrazione**, mentre i **contratti passivi determinano una spesa**.

In entrambi i casi, l'incidenza sui bilanci pubblici richiedeva che **la conclusione degli accordi** fosse preceduta da un procedimento amministrativo nel corso del quale **si rendeva pubblica ed evidente l'intenzione dell'ente di cedere o acquistare un bene e/o un servizio.**

Da qui la terminologia, in uso ancora oggi, di **procedura ad evidenza pubblica** che richiama l'idea di **un procedimento che deve essere trasparente** al fine di individuare **il miglior contraente** nel rispetto di principi e regole rivolte alla **tutela degli interessi pubblici che fanno capo alla collettività.**

Tale prospettiva viene significativamente innovata dall'ordinamento europeo con una serie di Direttive succedutesi a partire dal 1971 e, in particolare, con le Direttive CE 31 marzo 2004, n. 17 e 18 sostituite, da ultimo, dalle **direttive UE 26 febbraio 2014, nn. 23, 24 e 25**.

Le direttive del 2004 hanno precisato che **il principale obiettivo** delle discipline nazionali sui contratti pubblici è quello di **garantire la concorrenza fra le imprese** titolari delle libertà di circolazione previste dai Trattati istitutivi al fine di realizzare il mercato unico europeo (c.d. concorrenza per il mercato).

Sulla base di tale impostazione finalistica, il richiamo al principio di concorrenza fra imprese risulta funzionale rispetto alla **costruzione del mercato interno europeo**.

Al principio di libera concorrenza si collegano poi, nella prospettiva europea, il **principio della parità di trattamento e di divieto di discriminazione** i quali sono volti ad assicurare la massima partecipazione ai procedimenti di evidenza pubblica nell'ambito dei quali le amministrazioni mettono a confronto le proposte private (dette offerte), le valutano e infine decidono con quali soggetti concludere i contratti.

Da ultimo, le direttive del 2014 hanno proposto un **approccio nuovo** da parte del legislatore europeo volto ad **incorporare**, all'interno della disciplina sui contratti pubblici, **una serie di obiettivi ulteriori, di natura sociale e ambientale** a cui dare rilevanza **al momento della scelta del contraente privato**. Tali direttive sono state recepite e attuate nell'ordinamento italiano dal c.d. **Codice dei contratti pubblici** (d.lgs. 18 aprile 2016, n. 50).

La normativa del 2016 è stata, fin dall'inizio, in costante evoluzione e ha subito molteplici revisioni e integrazioni (oltre 500, molte delle quali adottate con il d.lgs. n. 56/2017 detto anche "decreto correttivo") fino ai recenti atti denominati i) decreto c.d. "sblocca cantieri", ovvero il d.l. n. 32/2019 convertito con l. n. 55/2019 e ii) decreto c.d. "semplificazioni", vale a dire il d.l. n. 76/2020 convertito con l. n. 120/2020. Ulteriori modifiche sono contenute, da ultimo, nel decreto cd. "semplificazioni 2021" (d.l. n. 77/2021) anche in vista dell'attuazione del Piano nazionale di ripresa e resilienza (PNRR).

Sulla base di queste fonti, e nel rispetto delle procedure in esse previste, l'amministrazione può concludere due tipologie di contratti: i **contratti pubblici di appalto** e i **contratti pubblici di concessione**.

I **contratti pubblici di appalto** sono **contratti pubblici a titolo oneroso** in cui l'amministrazione corrisponde all'operatore **privato un prezzo per i servizi prestati o per i beni realizzati**.

I **contratti pubblici di concessione**, invece, **trasferiscono al soggetto privato un rischio di impresa** per cui **la remunerazione del servizio** deve essere recuperata **nel mercato**.

Più nello specifico, nel caso dell'appalto l'impresa gestisce il servizio dietro un corrispettivo a carico della amministrazione.

Nel contratto di concessione l'operatore economico privato si assume tutti i rischi relativi alla gestione del servizio e si rivolge direttamente all'utente/cliente finale. La remunerazione del concessionario deriva, quindi, prevalentemente, dalla gestione del servizio e dalla vendita di questo sul mercato.

3.3.2. *La procedura di scelta del contraente*

Per **la scelta del contraente** privato l'amministrazione è tenuta a rispettare un procedimento amministrativo, articolato in più fasi, che, come visto, viene definito **"procedura di evidenza pubblica"**.

Ogni procedura di evidenza pubblica va inquadrata nell'ambito dell'**attività di programmazione** dell'ente che è diretta a individuare le priorità degli affidamenti in base ai bisogni e alle risorse pubbliche disponibili. In questa fase preparatoria le amministrazioni possono procedere anche a consultazioni di mercato e a consulenze di esperti per ottenere tutte le informazioni più utili.

La **prima fase procedurale** vera e propria è quella di **avvio** in cui vengono addottati due atti fondamentali: **la delibera a contrarre** e **il bando di gara**.

La **delibera a contrarre è un atto unilaterale** della pubblica amministrazione procedente che individua gli elementi essenziali del contratto che intende concludere e i sistemi di scelta del contraente.

Una volta adottata la delibera a contrarre, vi è **la pubblicazione del bando di gara** contente tutte le informazioni necessarie per lo svolgimento della procedura che sono, così, rese note ai potenziali concorrenti. A questo proposito vengono indicati l'oggetto del contratto, i requisiti di idoneità tecnica e finanziaria richiesti agli operatori economici, la documentazione da allegare alle offerte, i termini di presentazione delle stesse, i criteri e i punteggi che verranno impiegati per procedere alla selezione. Al bando è allegato uno schema di contratto e un capitolato tecnico contenente le caratteristiche specifiche dei servizi da prestare.

In termini strettamente giuridici si è soliti dire che il bando di gara costituisce la *lex specialis* della gara stessa. Ciò significa che contiene tutte le norme specifiche per lo svolgimento della procedura di selezione del contraente. Il bando detta le regole del procedimento ad evidenza pubblica e si rivolge ad una serie indeterminata di potenziali concorrenti. L'amministrazione gode di discrezionalità nell'individuare molti aspetti della gara e del contratto, basti pensare che può imporre determinate requisiti agli operatori economici che intendano presentare una offerta (per esempio l'esperienza nel settore), a patto che si tratti di criteri ragionevoli e che si garantisca una concorrenza effettiva tra gli aspiranti. Perciò "l'amministrazione è legittimata ad introdurre, nella *lex specialis* della gara d'appalto che intende indire, disposizioni atte a limitare la platea dei concorrenti onde consentire la partecipazione alla gara stessa di soggetti particolarmente qualificati, specie per ciò che attiene al possesso di requisiti di capacità tecnica e finanziaria, tutte le volte in cui tale scelta non sia eccessivamente quanto irragionevolmente limitativa della concorrenza, specie se destinata a predeterminare, in linea di fatto, il ventaglio dei possibili partecipanti. Invero, nel bando di gara, l'amministrazione appaltante può autolimitare il proprio potere discrezionale di apprezzamento mediante apposite clausole, rientrando nella sua discrezionalità la fissazione di requisiti di partecipazione ad una gara d'appalto diversi, ulteriori e più restrittivi di quelli legali, salvo il limite della logicità e ragionevolezza dei requisiti richiesti e della loro pertinenza e congruità a fronte dello scopo perseguito" (Cons. Stato, sez. VI, 23 luglio 2008, n. 3655).

La seconda fase del procedimento è quella di vera e propria selezione dei partecipanti.

A questo proposito, le direttive europee e il Codice dei contratti pubblici disciplinano **tre subprocedure per il confronto delle offerte**.

Si tratta della **procedura aperta**, della **procedura ristretta** e della **procedura negoziata**.

Le prime due si dicono anche procedure ordinarie perché possono essere utilizzate sempre dalle amministrazioni. Le procedure negoziate sono ammesse, invece, in via eccezionale e in casi espressamente previsti dal legislatore, dal momento che determinano una attenuazione dei principi di pubblicità e/o concorrenza.

Nelle procedure aperte qualunque operatore economico interessato e dotato dei requisiti previsti dal bando **può presentare l'offerta** che l'amministrazione dovrà poi accettare e confrontare con le altre pervenute.

Nelle procedure ristrette gli operatori economici possono chiedere di partecipare. Tra questi, **solo coloro che saranno formalmente invitati dall'amministrazione** potranno presentare una offerta.

Nelle procedure negoziate vi sono minori formalità in quanto **le amministrazioni possono consultare un numero limitato di operatori economici** selezionati e **negoziare con loro le condizioni del contratto** perché per esempio si richiedono caratteristiche specifiche del servizio che vanno adattate alla situazione concreta.

Indipendentemente dalla procedura selettiva prescelta, **le offerte contengono una proposta tecnica e una proposta economica**.

La terza fase riguarda **la valutazione delle offerte da parte di una commissione giudicatrice**, composta da funzionari amministrativi ed eventualmente da esperti, che **individuerà l'impresa con cui l'amministrazione potrà stipulare il contratto**.

Due sono i criteri per individuare l'offerta migliore: il prezzo più basso e il miglior rapporto tra qualità (ricavabile dalla proposta tecnica dell'offerta) **e prezzo** (ricavabile dalla proposta economica).

Il criterio del prezzo più basso è previsto solo in casi tassativi a fronte di una qualità standard o che presenta una incidenza inferiore rispetto al prezzo. Con il criterio del miglior rapporto tra qualità e prezzo l'amministrazione valuta, invece, aspetti ulteriori quali le caratteristiche funzionali e tecniche del servizio, le ricadute delle offerte su altri valori e interessi, quali quello ambientale o sociale, ecc.

Dopo la valutazione si passa, quindi, alla **quarta fase**, ovvero **quella della aggiudicazione**.

La Commissione giudicatrice redige una **graduatoria finale** e dichiara **l'aggiudicazione del contratto all'operatore economico** a cui risulta attribuito **il punteggio più alto**. Dopo una serie di controlli, l'aggiudicazione diviene definitiva ed efficace. L'amministrazione procede quindi alla **stipula del contratto**.

3.3.3. *Gli accordi*

Oltre ai contratti, l'intervento amministrativo nell'economia può avvalersi di una diversa tipologia di strumenti consensuali, utilizzati non tanto per regolare il rapporto tra amministrazione e privato, attraverso la disciplina delle loro prestazioni corrispettive, quanto piuttosto, in alternativa al provvedimento, per la **definizione consensuale di rapporti "di diritto pubblico"**. Questi rapporti hanno ad oggetto la realizzazione dell'interesse generale e possono avvalersi anche dell'esercizio **di attività di natura imprenditoriale**, svolta però con **modalità e finalità diverse da quelle strettamente economiche e lucrative in senso soggettivo**. Gli strumenti consensuali sono particolarmente utili quando il privato si ponga come fine non tanto l'ottenimento del profitto, ma una finalità di tipo diverso, in genere connotata in senso altruistico, a favore dell'interesse di terzi, che comunque, per essere più efficace e per garantire una gestione efficiente dei mezzi di produzione, viene perseguita tramite un'organizzazione tipicamente imprenditoriale. Tuttavia, considerate le finalità perseguite, le attività svolte assumono il carattere di attività di interesse generale e possono integrarsi con i servizi erogati dall'amministrazione, soprattutto se questi hanno natura non economica e sono svolti a condizioni non remunerative (es. la gestione di strutture di accoglienza per minori abbandonati o allontanati dalle famiglie su ordine della pubblica autorità). A determinate condizioni, infatti, le attività di interesse generale non si configurano come prestazione di servizi economicamente sostenibili e non determinano obbligatoriamente l'applicazione delle regole della concorrenza "per" il mercato che in generale caratterizza l'affidamento di servizi da parte dell'amministrazione a operatori economici.

Questi strumenti, pur variamente denominati dal legislatore, sono riconducibili alla **categoria degli accordi** e in generale vengono conclusi con i soggetti che abbiano manifestato interesse a operare per il perseguimento di finalità di interesse generale, in sede di svolgimento di un procedimento amministrativo ad essi preliminare. La loro conclusione può seguire ad una selezione fra i potenziali interessati, ma anche prevedere forme di collaborazione di partnership fra gli stessi. Rispetto ad essi, l'eventuale sostegno finanziario dell'amministrazione non deve configurarsi come corrispettivo, ma come **sovvenzioni, contributi o compensazione degli oneri** derivanti dall'assunzione di una missione di interesse generale.

Di recente una particolare forma di accordo in chiave collaborativa e di attuazione del principio costituzionale di sussidiarietà orizzontale (art. 118, ult. co., Cost.) è stata introdotta dal c.d. Codice del Terzo settore (d.lgs. n. 117/2017) e, in particolare, dall'art. 55. La disposizione in parola pone un dovere in capo ai soggetti pubblici, stabilendo che questi ultimi sono tenuti ad assicurare il **coinvolgimento attivo degli enti del terzo settore** nella programmazione e nell'organizzazione degli interventi e dei servizi di interesse generale. Il legislatore della riforma ha previsto che, nella fase di gestione e attuazione degli obiettivi predeterminati in modo condiviso, la collaborazione avvenga mediante la conclusione di un accordo a cui può essere collegato un mero cofinanziamento dell'attività privata. Con questa modalità di azione, definita **co-progettazione**, si dà vita a **un accordo o a una partnership tra soggetti pubblici e, auspicabilmente, più soggetti privati,** privilegiando la sinergia dei diversi attori e la messa in comune di mezzi, piuttosto che la competizione per l'individuazione del miglior offerente di un servizio affidato e organizzato dietro un corrispettivo.

Le peculiarità dell'istituto della co-progettazione rispetto ad altre forme di organizzazione e gestione di servizi di interesse generale sono state sottolineate da una importante sentenza della Corte Costituzionale, la n. 131/2020. La Consulta ha sancito, infatti, l'importanza degli articoli che il Codice del Terzo settore dedica ai rapporti tra gli enti non lucrativi e le pubbliche amministrazioni, i quali esprimono una logica collaborativa e non competitiva, realizzando in questo modo direttamente principi e valori essenziali del nostro ordinamento costituzionale, ovvero la centralità della persona, la solidarietà e la sussidiarietà orizzontale. Sul piano del diritto amministrativo dell'economia, queste affermazioni di principio trovano conferma proprio nell'art. 55 del Codice del Terzo settore, il quale permette un sistema aperto di confronto tra soggetti accomunati da finalità omogenee rivolte alla cura dell'interesse generale e richiede all'amministrazione di limitarsi a definire i bisogni da affrontare, gli obiettivi da raggiungere e le sole caratteristiche essenziali dei servizi. Si tratta di uno scenario completamente diverso da quello degli affidamenti dei servizi pubblici regolati dalle procedure per la conclusione di contratti pubblici di appalto e concessione (par. 3.3.1.). In primo luogo, le procedure e gli accordi di co-progettazione possono contenere l'assunzione di impegni organizzativi e gestionali assunti da più parti (pubbliche e private), ma integrate tra loro attraverso un confronto aperto e secondo uno schema multipolare. In secondo luogo, sul piano prettamente economico, negli accordi di co-progettazione non si deduce il pagamento di un corrispettivo per la fornitura di un servizio predefinito quanto, piuttosto, la messa in comune di risorse secondo una logica non sinallagmatica. Il pagamento di un prezzo è sostituito dal riconoscimento di contributi e forme di sostegno che possono andare dal rimborso delle spese, alla compensazione dei costi per la realizzazione del progetto comune. Tali caratteristiche hanno trovano riconoscimento anche nel Decreto del Ministro del Lavoro e delle Politiche sociali n. 72/2021 contenente le "Linee guida sul rapporto tra pubbliche amministrazioni ed enti del Terzo settore negli articoli 55 -57 del decreto legislativo n. 117 del 2017 (cd. Codice del Terzo settore)".

Fra gli accordi che l'amministrazione può concludere con il privato rivestono comunque un carattere generale quelli previsti **dall'art. 11 della l. n. 241/1990**, individuabili, rispettivamente, come **accordi integrativi** del provvedimento e come **accordi sostitutivi** dello stesso. Con gli accordi del primo tipo, ai privati che partecipano al procedimento amministrativo viene riconosciuta la possibilità di concorrere consensualmente con l'amministrazione nella determinazione di quello che diventerà il contenuto discrezionale del provvedimento; mentre con gli accordi del secondo tipo, previsti ora in modo generalizzato, viene riconosciuta addirittura la possibilità di sostituire il provvedimento con un atto di tipo consensuale, che resta però soggetto ai controlli previsti per il primo. Si tratta di un notevole passo avanti nell'evoluzione in senso paritario dei rapporti tra pubblica amministrazione e privato, in quanto viene affermato con portata generale il principio per cui il perseguimento dell'interesse pubblico non deve essere necessariamente perseguito con interventi imperativi ed unilaterali dell'amministrazione, ma può esserlo anche attraverso modalità di tipo paritario e consensuale.

Gli accordi procedimentali devono essere redatti, a pena di nullità, in forma scritta, salvo che non sia diversamente disposto da altre leggi; sono soggetti all'obbligo di motivazione previsto per il provvedimento amministrativo, e ad essi si applicano, in quanto compatibili, le disposizioni del codice civile in materia di obbligazioni e contratti, pur con la previsione di una possibilità di recesso unilaterale dell'amministrazione per sopravvenuti motivi di pubblico interesse, alla quale viene collegato l'obbligo di un semplice indennizzo dei danni eventualmente subiti dal privato.

Per approfondire

Riguardo agli strumenti di diritto amministrativo:
E. Croci-G. Pericu, *Sovvenzioni (dir. amm.)*, in *Enc. dir.*, XLIII, 1990, 243 ss.; M. Conticelli, *Il regime di demanio marittimo in concessione per finalità turistico-ricreative*, in *Riv. trim. dir. pubb.*, 2020, 1069 ss.; A. Fioritto, *La funzione di certezza pubblica*, Padova, Cedam, M.S. Giannini, *Diritto amministrativo*, vol. II, Milano, Giuffrè, 1993, 529 ss. e 905 ss.; F. Fracchia, *Autorizzazione amministrativa e situazioni giuridiche soggettive*, Napoli, Jovene, 1996; N. Gullo, *Autorizzazioni amministrative e liberalizzazione dei mercati. Il quadro comunitario*, Torino, Giappichelli, 2006; B. Lubrano, *Le sovvenzioni nel diritto amministrativo. Profili teorici ed evoluzione storica nel contesto del diritto europeo*, Torino, Giappichelli, 2008; M. Macchia, *Il regime concessorio dei giochi e delle scommesse pubbliche*, in *Riv. trim. dir. pubb.*, 2020, 1041 ss.; A. Molinterni, *Il regime giuridico delle concessioni di pubblico servizio tra specialità e diritto comune*, in *Dir. amm.*, 2012, 4, 567 ss.; A. Orsi Battaglini, *Autorizzazione amministrativa*, in *Dig. disc. pubb.*, vol. II, 1987, 1171 ss.; O. Pollicino, *Certificazioni e norme tecniche*, in G.F. Ferrari (a cura di), *Diritto pubblico dell'economia*, Milano, Egea, 3ª ed., 2019, 635 ss.; D. Sorace-C. Marzuoli, *Concessioni amministrative*, in *Dig. disc. pubb.*, vol. III, 1989, 298 ss.; B. Tonoletti, *Beni pubblici e concessioni*, Padova, Cedam, 2008; R. Villata- M. Ramajoli, *Il provvedimento amministrativo*, Torino, Giappichelli, 2017.

Riguardo agli strumenti di natura consensuale:
M.P. Chiti, *Il nuovo codice dei contratti pubblici – Il sistema delle fonti nella nuova disciplina dei contratti pubblici*, in *Giorn. dir. amm.*, 2016, 436 ss.; M.P. Chiti, *Il decreto "Sblocca Cantieri": ambizioni e limiti*, in *Giorn. dir. amm.*, 2019, 719 ss.; M. Corradino-S. Sticchi Damiani, *I nuovi appalti pubblici*, Milano, Giuffrè, 2017; L. Fiorentino (a cura di), *Lo Stato compratore. L'acquisto di beni e servizi nelle pubbliche amministrazioni*, Bologna, Il Mulino, 2007; C. Franchini (a cura di), *I contratti con la pubblica amministrazione*, Torino, Giappichelli, 2007; F. Mastragostino (a cura di), *Diritto dei contratti pubblici. Assetto e dinamiche evolutive alla luce del nuovo codice, del decreto correttivo 2017 e degli atti attuativi*, Torino, Giappichelli; S. Pellizzari, *La coprogettazione come forma di collaborazione tra PA e enti del terzo settore*, in *Munus*, 2, 2019, 545 ss.; Id., *Coprogettazione tra PA ed ETS nel diritto amministrativo*, in S. Pellizzari, C. Borzaga (a cura di), *Terzo settore e pubblica amministrazione. La svolta della Corte costituzionale*, disponibile su Euricse.Eu, 2020, 41 ss.; M. Ramajoli, *Gli accordi tra amministrazioni e privati ovvero della costruzione di una disciplina tipizzata*, in *Dir. amm.*, 2019, 674 ss.; S.S. Scoca, *Evidenza pubblica e contratto. Profili sostanziali e processuali*, Milano, Giuffrè, 2008; D. Sorace (a cura di), *Amministrazione pubblica dei contratti*, Napoli, Editoriale scientifica, 2013.

Capitolo 4

L'INTERVENTO DIRETTO ATTRAVERSO L'IMPRESA PUBBLICA

di *Leonardo Parona*

4.1. *La nozione di impresa pubblica*

Al fine di soddisfare i numerosi ed eterogenei bisogni della collettività, le istituzioni pubbliche non si limitano a regolare le attività economiche che si svolgono sul mercato, ma garantiscono anche che determinati beni e servizi siano prodotti in quantità sufficienti, rispettino standard qualitativi adeguati e siano disponibili a tariffe accessibili per i cittadini-utenti. A tale scopo le istituzioni pubbliche hanno svolto – e continuano a svolgere anche oggi, benché in termini differenti rispetto al passato – attività d'impresa, ricorrendo ad una molteplicità di soluzioni organizzative.

Come vedremo, i settori in cui in Italia si è affermato il c.d. **Stato imprenditore** – spesso assoggettati ad una riserva dell'esercizio di attività economiche in favore dello Stato, come prevede l'art. 43 Cost. – sono andati ampliandosi significativamente a partire dall'unificazione del Regno e sino alla prima metà del secolo scorso. Oltre all'esigenza di soddisfare alcuni bisogni essenziali della collettività tramite l'erogazione di servizi, sono infatti molteplici le ragioni che hanno indotto i pubblici poteri a intervenire direttamente nell'economia in qualità di imprenditori, svolgendo attività economiche di natura diversa. Ciò si è verificato, ad esempio, per assicurare la presenza pubblica in settori economici strategici o per effettuare, tramite la loro acquisizione totale o parziale, il salvataggio di società private versanti in condizioni di difficoltà. Quest'ultima osservazione consente di precisare sin d'ora che l'attività imprenditoriale pubblica – ossia l'impresa pubblica – non è mai stata circoscritta al solo ambito dei **servizi pubblici**.

Svolte tali considerazioni preliminari in merito all'intervento pubblico diretto nell'economia, è ora opportuno procedere a definire la nozione di **impresa pubblica**. A questo proposito occorre ricordare che, ai sensi dell'art. 2082 c.c., per **impresa** non s'intende un **soggetto** bensì un'**attività** economica che sia organizzata professionalmente al fine della produzione o dello scambio di beni o servizi.

Dal punto di vista del diritto positivo il quadro è completato da una pluralità di norme ulteriori. Limitandoci in questa sede a quelle che più direttamente attengono alla nozione di impresa pubblica, si ricorda in primo luogo che l'art. 2093 c.c. (imprese esercitate da enti pubblici) precisa che per quanto non disciplinato da leggi speciali, all'attività d'impresa esercitata da enti pubblici si applicano le norme del Libro quinto del Codice civile.
In secondo luogo, una definizione legislativa – di derivazione comunitaria – di impresa pubblica è rinvenibile nell'art. 3, lett. t) del c.d. Codice dei contratti pubblici (d.lgs. n. 50/2016), ai sensi del quale assume rilievo centrale il fatto che un'amministrazione pubblica (c.d. amministrazione aggiudicatrice) eserciti, direttamente o indirettamente, un'**influenza dominante** sull'impresa o perché essa ne sia proprietaria, o perché vi abbia una partecipazione finanziaria, o in virtù delle norme che disciplinano l'impresa in questione. Inoltre, quando l'impresa assuma la forma di una società di capitali, l'influenza dominante è presunta quando l'amministrazione, direttamente o indirettamente, detenga la maggioranza del capitale, controlli la maggioranza dei voti cui danno diritto le azioni emesse dalla società, o possa designare più della metà dei membri degli organi di amministrazione, direzione o vigilanza. Sul punto si tornerà più diffusamente *infra* nel paragrafo 4.2.3. dedicato alle società a partecipazione pubblica.

Nel nostro ordinamento giuridico, quindi, esiste una sola nozione di impresa, mentre l'espressione **impresa pubblica** assume una valenza **soggettiva**, in quanto il predicato "*pubblica*" non si riferisce all'attività svolta, bensì al soggetto gestore e, nel nostro caso, proprietario – ossia all'**imprenditore**.

Il fatto che, in via di principio, non vi siano distinzioni dal punto di vista del regime giuridico dell'attività d'impresa a seconda che quest'ultima sia esercitata da un soggetto pubblico o da un soggetto privato trova conferma anche nel **diritto dell'Unione europea**. Infatti, ai sensi dell'art. 106, par. 1, TFUE le imprese pubbliche non sono, in quanto tali, sottratte al rispetto delle regole poste a tutela della concorrenza, né possono essere beneficiarie di misure che si rivelino in contrasto con le norme dei trattati. Esse possono, tuttalpiù, godere di alcune deroghe alle norme in questione nella misura in cui siano incaricate della gestione di servizi di interesse economico generale (d'ora in poi SIEG), come previsto dal par. 2 del medesimo articolo. Tale trattamento, tuttavia, non è riservato esclusivamente alle imprese pubbliche, riguardando invero anche le imprese private cui sia affidata la gestione di un SIEG. Non è infatti la natura pubblica o privata del soggetto a giustificare un regime differenziato, bensì il fatto di svolgere nell'interesse pubblico una particolare attività di impresa, ossia un servizio economico di interesse generale.

Con particolare riferimento ai SIEG, l'art. 14 TFUE fa inoltre salva la competenza degli Stati membri di **fornire, fare eseguire o finanziare** tali servizi. Ai sensi di tale disposizione deve pertanto ritenersi legittima la scelta di un'amministrazione pubblica di optare per la gestione pubblica diretta di un SIEG – e quindi, anche, la scelta di erogare tale servizio tramite un'impresa pubblica. A questo proposito è doveroso ricordare che la Commissione europea può sindacare tale scelta solamente alla luce del principio di sussidiarietà e limitatamente alla sussistenza di un errore manifesto (T-289/03, punto 220. Sul tema, e sulla nozione di SIEG, v. cap. 6).
Tanto la gestione pubblica diretta di un SIEG, quanto, più in generale, l'attività svolta dalle imprese pubbliche, debbono inoltre rispettare alcune ulteriori norme previste dai trattati, in particolare agli artt. 101 e 107 TFUE. In primo luogo, a prescindere dalla natura pubblica o privata dell'operatore economico, quest'ultimo non può porre in essere condotte anticoncorrenziali che abbiano l'effetto di restringere o falsare il libero gioco della concorrenza nel mercato interno. In secondo luogo, e quale corollario di quanto appena osservato, gli Stati membri non devono favorire, direttamente o indirettamente, talune imprese – ancorché pubbliche – a scapito di altre (v. cap. 8).

Fermi tali principi, e a ulteriore conferma dell'indifferenza – in via di principio – del diritto dell'Unione europea rispetto alla natura pubblica o privata del titolare dell'attività d'impresa, deve infine volgersi l'attenzione all'art. 345 TFUE. Ai sensi di tale disposizione, infatti, i trattati lasciano impregiudicato il regime di proprietà esistente negli Stati membri, dovendosi intendere incluso in tale ampia formulazione – seppure con le precisazioni svolte poc'anzi – anche il regime proprietario dell'impresa. Del resto, anche ai sensi dell'art. 42, co. 1, Cost. la proprietà, inclusa quella dei c.d. beni economici, può essere pubblica o privata.

Come ci accingeremo a spiegare più puntualmente nei paragrafi seguenti in relazione ai diversi modelli organizzativi di impresa pubblica, ciò che, in via di estrema sintesi, differenzia il regime giuridico di quest'ultima rispetto a quello dell'impresa privata è la presenza di alcune norme che prevedono poteri speciali e – in alcuni casi – divieti in capo al titolare dell'impresa (lo Stato o un altro ente pubblico), dai quali discendono regole *ad hoc* in materia di organizzazione e attività d'impresa. Benché tali tratti di specialità siano divenuti recessivi con il passare del tempo, essi mantengono ancora un notevole rilievo pratico e teorico, giustificando il permanere, da un punto di vista sistematico, di una nozione di impresa pubblica distinta da quella di diritto comune.

4.2. *I diversi tipi di impresa pubblica*

Sotto il profilo organizzativo l'impresa pubblica può assumere – e storicamente ha assunto – una pluralità di forme, le quali differiscono tra loro in ragione di una molteplicità di fattori quali, ad esempio, la personalità giuridica, la natura pubblica o privata del rapporto di lavoro che viene ad instaurarsi con i soggetti impiegati nell'impresa, nonché il grado di autonomia o, specularmente, di dipendenza rispetto all'ente pubblico proprietario o chiamato ad esercitare un controllo su di esse.

A fini illustrativi, le forme assunte dall'impresa pubblica possono essere convenzionalmente ricondotte a tre modelli principali, quali: 1. impresa organo; 2. impresa ente; 3. società a partecipazione pubblica.

La forma societaria, manifestatasi per ultima nella prassi, è quella che, per una pluralità di ragioni che di seguito s'illustreranno, risulta essere al giorno d'oggi più diffusa; le prime due, invece, hanno acquisito un rilievo centrale soprattutto nel secolo scorso, sino all'avvento delle privatizzazioni che ne hanno determinato la trasformazione.

4.2.1. *L'impresa organo*

Secondo il modello dell'impresa organo, un'amministrazione statale – ad esempio un Ministero – o un altro **ente** pubblico – ad esempio, a livello locale, i Comuni – istituisce all'interno del proprio apparato amministrativo una struttura – un **organo** – che tipicamente prende il nome di **azienda** o **amministrazione autonoma**, allo scopo di affidarle la gestione di una determinata attività d'impresa.

Quest'ultima, che viene appunto denominata **impresa organo**, gode innanzitutto di un certo margine di **autonomia gestionale** che si traduce nella previsione di un proprio organo di amministrazione, il quale ha spesso composizione collegiale ed è tradizionalmente presieduto, per quel che riguarda le amministrazioni statali, dal Ministro competente per materia. L'impresa organo è provvista, in secondo luogo, di **autonomia patrimoniale**, ricevendo in affidamento un patrimonio di dotazione ed essendo titolare della facoltà di disporne autonomamente per il perseguimento dei compiti che le sono affidati. Essa, inoltre, ha **autonomia di bilancio**, in quanto il bilancio che annualmente redige è distinto da quello statale o da quello dell'ente pubblico all'interno del quale essa è istituita. Pur essendo **sprovvista di personalità giuridica** propria – in quanto organo – l'impresa organo è dotata della capacità di agire, che esplica principalmente – ma non esclusivamente – attraverso atti di diritto privato e può essere eccezionalmente provvista della capacità di stare in giudizio autonomamente in virtù di una speciale legittimazione di volta in volta conferitale dalla legge.

Pur godendo di tali rilevanti profili di autonomia rispetto all'ente di cui fa parte, l'impresa organo soggiace tuttavia ad alcuni **limiti**, quali ad esempio la permanenza del controllo successivo sulla sua attività da parte della Corte dei conti, la riserva di alcuni poteri decisionali e di controllo in capo al Ministro (o all'organo di vertice dell'ente in cui l'impresa organo è istituita), l'impossibilità di finanziarsi facendo ricorso al mercato e la previsione del regime pubblicistico per quel che riguarda il rapporto di lavoro dei suoi dipendenti.

In ragione di tali rigidità il modello si è progressivamente dimostrato inadeguato a soddisfare le esigenze di efficienza e flessibilità insite nello svolgimento di un'attività economica imposte da una società moderna e competitiva. Pertanto, dalla seconda metà del secolo scorso, e più marcatamente a partire dagli anni '80, si è assistito ad una fuga dal modello dell'azienda autonoma (e quindi dell'impresa organo), in favore dell'istituzione di enti pubblici economici (forma tipica dell'**impresa ente**) e di un successivo e progressivo ampliamento delle possibilità di ricorrere all'azionariato pubblico, ossia alla creazione di società a partecipazione pubblica.

A livello statale il modello dell'impresa organo è stato storicamente adottato, in una prima fase, per il trasporto ferroviario (amministrazione autonoma delle ferrovie dello Stato istituita originariamente con l. n. 259/1905 all'interno del Ministero dei Lavori Pubblici), per il servizio postale e per i telegrafi (amministrazione speciale istituita con r.d.l. n. 520/1925 all'interno del Ministero delle Comunicazioni), per i servizi telefonici (azienda speciale istituita con r.d.l. n. 884/1925 all'interno del Ministero delle Comunicazioni), e per i monopoli fiscali quali, originariamente, sale, tabacchi e chinino (amministrazione autonoma dei monopoli di Stato istituita con r.d.l. n. 2258/1927 all'interno del Ministero delle Finanze).

A livello locale, i Comuni hanno fatto ricorso all'impresa organo soprattutto nella forma delle **aziende municipalizzate**. Queste ultime sono state impiegate principalmente per la gestione dei servizi pubblici locali quali la raccolta dei rifiuti, il trasporto pubblico locale e la fornitura e distribuzione di luce, gas ed energia elettrica. Tali imprese organo sono state progressivamente trasformate in aziende speciali munite di personalità giuridica (ai sensi di quanto previsto dall'art. 22, l. n. 142/1990) e successivamente in società per azioni a partecipazione pubblica (in base a quanto previsto dall'art. 115 d.lgs.

n. 267/2000, come modificato dall'art. 35, co. 12, lett. d), l. n. 448/2001. Sul punto v. par. 6.3.1.).

4.2.2. *L'impresa ente*

In ragione dei limiti e delle rigidità che, come si è visto poc'anzi, caratterizzavano l'organizzazione e il funzionamento delle imprese organo, queste ultime sono state progressivamente trasformate in **enti pubblici economici**, i quali rappresentano la principale forma giuridica dell'**impresa ente**. Come vedremo, peraltro, l'istituzione di alcuni enti pubblici economici è coeva, se non antecedente, rispetto a quella di talune delle imprese organo considerate nel precedente paragrafo.

In base a questa seconda tipologia di impresa pubblica, l'attività imprenditoriale viene svolta da un ente pubblico, ossia da un soggetto istituito per legge e dotato di **personalità giuridica** propria, che si occupa in via esclusiva o prevalente – e spesso in una condizione di riserva o monopolio – di tale attività economica. L'impresa ente gode di profili di **autonomia** più ampi rispetto a quelli che già caratterizzavano l'impresa organo ed è dotata di un patrimonio e di personale propri. Il rapporto di lavoro dei soggetti che prestano la propria attività al servizio dell'impresa ente è disciplinato, differentemente da quanto accade per l'impresa organo, dalle norme di diritto privato. Inoltre, anche gli atti generali e organizzativi adottati da tali imprese in merito alla gestione del personale, come i regolamenti organici e le piante organiche, sono stati qualificati, a seguito di un acceso dibattito giurisprudenziale, come regolamenti d'impresa anziché come atti amministrativi. Infine, benché il suo regime giuridico sia quello previsto per l'impresa privata, ossia il Libro quinto del Codice civile, l'impresa ente non è assoggettata alla disciplina del fallimento di cui all'art. 2221 c.c.

Gli enti pubblici in questione, pur svolgendo attività d'impresa in una condizione di autonomia, rimangono connessi con la Pubblica amministrazione di riferimento nella misura in cui almeno una parte dei componenti dei loro organi di vertice è **nominata** – per quel che riguarda gli enti pubblici economici statali – **dai Ministri** competenti per materia. Questi ultimi, inoltre, pur non disponendo del controllo, né tantomeno della gestione diretta dell'impresa ente, rimangono titolari di un potere di **indirizzo** generale e di **vigilanza**.

Com'è previsto più in generale per tutti gli enti pubblici – a prescindere dal fatto che essi esercitino o meno un'attività d'impresa – la legge impone, inoltre, un **controllo parlamentare** sulle nomine governative (l. n. 14/1978). Più precisamente, quando la nomina riguardi il presidente o il vicepresidente di un ente pubblico statale, tale controllo prende le forme di un **parere** preventivo che deve essere obbligatoriamente richiesto alle commissioni parlamentari competenti

per materia. Diversamente, per la nomina degli amministratori diversi da presidente e vicepresidente è sufficiente una **comunicazione** alle camere.
Sussistono infine dei vincoli di natura finanziaria e contabile che derivano dal fatto che il finanziamento dell'impresa ente ha provenienza statale (ministeriale o da parte di un altro ente pubblico statale) e la gestione degli utili derivanti dall'attività d'impresa passa di norma attraverso il bilancio statale, anziché rientrare nell'autonoma disponibilità dell'ente.

Il modello organizzativo dell'impresa ente è stato impiegato, fra gli altri, nel settore delle assicurazioni sulla vita (Istituto nazionale per le assicurazioni – INA, istituito con r.d.l. n. 966/1923), dell'energia elettrica e degli idrocarburi (Ente nazionale per l'energia elettrica – ENEL, istituito con l. n. 1643/1962 e regolato dal d.p.r. n. 1670/1962, ed Ente nazionale idrocarburi – ENI, istituito con l. n. 136/1953), e ha rappresentato un modello organizzativo intermedio in molti settori di intervento pubblico nell'economia, come il trasporto ferroviario (Ferrovie dello Stato, trasformate in ente con l. n. 210/1985), i monopoli fiscali (Ente italiano tabacchi, istituito con d.lgs. 283/1998) e il credito (Cassa depositi e prestiti, trasformata in ente con l. n. 197/1983).

4.2.3. *Le società a partecipazione pubblica*

La terza tipologia di impresa pubblica è rappresentata dalla **società a partecipazione pubblica**, la quale altro non è che una società di capitali di cui lo Stato o un altro ente pubblico detengano una partecipazione azionaria. La partecipazione pubblica può essere totalitaria (come nel caso di Ferrovie dello Stato S.p.A., ANAS S.p.A., Fintecna S.p.A.), di maggioranza (come nel caso di Cassa depositi e prestiti S.p.A. e RAI S.p.A.) o comunque tale da assicurare il controllo pubblico sulla società (ai sensi dell'art. 2359 c.c.) o, ancora, di minoranza – trattandosi, in questi ultimi casi, di società miste. La partecipazione pubblica *statale* si definisce poi **diretta**, nel caso in cui proprietario delle azioni sia il Ministero dell'Economia e delle Finanze o il Ministero competente per il settore in cui opera la società, oppure **indiretta**, quando le quote societarie siano detenute da enti pubblici statali o, a loro volta, da società pubbliche a partecipazione statale diretta, come ad esempio Cassa depositi e prestiti S.p.A.

Pur essendo la forma di impresa pubblica attualmente predominante a livello statale e locale, il modello della società ad azionariato pubblico non rappresenta di per sé un fenomeno recente. Esso è stato infatti introdotto nel nostro Paese già dagli anni '30 e, a partire dal c.d. "piano Vanoni" degli anni '50, ha conosciuto rilevanti applicazioni in settori strategici e di base, quali ad esempio l'energia e la siderurgia. La proliferazione di società a partecipazione pubblica ha inoltre comportato l'istituzione di veri e propri **gruppi industriali pubblici** al cui vertice erano posti degli enti pubblici di gestione (come l'Istituto per la ricostruzione industriale – IRI, e l'Ente nazionale per gli idrocarburi – ENI), anch'essi trasformati, in un secondo momento, in società a partecipazione pubblica (c.d. *holding*).

La dimensione e la rilevanza economica via via assunta dalle partecipazioni statali ha successivamente indotto il legislatore ad istituire, nel 1956, il Ministero delle partecipazioni statali e ad affidarvi compiti di indirizzo, gestione e supervisione (l. n. 1589/1956). L'attività di quest'ultimo venne poi affiancata, nel decennio seguente, da quella di due comitati interministeriali chiamati ad emanare atti di indirizzo e coordinamento cui il Ministro era tenuto a conformarsi (si trattava in particolare del Comitato interministeriale per la programmazione economica – CIPE, e del Comitato interministeriale per il coordinamento della politica industriale – CIPI, successivamente soppresso dall'art. 1, co. 21, l. n. 537/1993).

È emblematica, a proposito della proliferazione delle partecipazioni statali, la costituzione della Società per le gestioni e partecipazioni industriali (GEPI, l. n. 184/1971), istituita nel contesto della crisi petrolifera degli anni '70 per acquisire partecipazioni nel capitale di società private in difficoltà e avviarle alla ristrutturazione economica attraverso interventi finanziari finalizzati alla successiva dismissione delle quote.

A partire dagli anni '90 tale assetto è andato incontro ad alcuni significativi mutamenti, a cominciare dalla soppressione con d.p.r. 5 giugno 1993, n. 174 del Ministero delle partecipazioni statali a seguito del referendum abrogativo del 18 aprile 1993. Proprio in tale periodo, inoltre – come già anticipato *supra* e come meglio chiariremo nel paragrafo seguente – una molteplicità di nuove società a partecipazione pubblica è stata costituita in seguito ai processi di privatizzazione che hanno interessato la maggior parte delle imprese pubbliche costituite in forma di organo o di ente pubblico economico.

Peraltro, diverse società pubbliche sono state costituite anche successivamente a tale periodo ed *ex novo*, non essendo queste ultime il frutto della trasformazione di imprese pubbliche preesistenti.

A questo proposito è tuttavia opportuno precisare sin d'ora che, in base al quadro normativo attualmente vigente, la facoltà di costituire nuove società a partecipazione pubblica incontra alcune limitazioni. Il Testo unico in materia di società a partecipazione pubblica (d.lgs. n. 175/2016, di seguito TUSP) circoscrive infatti la facoltà delle amministrazioni pubbliche di partecipare a imprese costituite in forma societaria alle sole società per azioni e a responsabilità limitata, anche consortili e in forma cooperativa (art. 3, co. 1, TUSP).

Il Testo unico, inoltre, impone l'osservanza di un **vincolo di scopo** nella costituzione di società a partecipazione pubblica, vietando alle amministrazioni pubbliche di costituire o acquisire partecipazioni, anche di minoranza, in società aventi per oggetto la produzione di beni e servizi **non strettamente necessari** per il perseguimento delle proprie finalità istituzionali (art. 4, co. 1, TUSP, che riprende l'art. 3, co. 27, l. n. 244/2007). Tale vincolo di inerenza all'interesse pubblico è rafforzato, da un lato, dalla previsione di un **onere di motivazione analitica** che incombe sulle amministrazioni che intendano costituire una società o acquisire una partecipazione (art. 5, co. 1, TUSP) e, dall'altro, dalla tipizzazione delle attività che tali società possono svolgere (art. 4, co. 2 e ss., TUSP). Queste ultime riguardano principalmente: la produzione di servizi di interesse generale, inclusa la realizzazione e la gestione delle reti e degli impianti funzionali ai servizi medesimi; la progettazione e la realizzazione di opere pubbliche sulla base di accordi di programma fra amministrazioni pubbliche o in partenariato con operatori privati; l'autoproduzione di beni o servizi strumentali agli enti pubblici partecipanti; i servizi di committenza. L'atto con cui viene deliberata la costituzione della società – o l'acquisizione di una partecipazione societaria – deve dare conto della compatibilità dell'operazione con le norme dei trattati europei e, in particolare, con la disciplina in materia di aiuti di Stato. Laddove l'operazione venga posta in essere da un ente locale, quest'ultimo è inoltre tenuto a sottoporre lo schema di atto deliberativo ad adeguate forme di consultazione pubblica. Tale atto, infine, dev'essere notificato – sia per le partecipazioni degli enti locali, sia per quelle statali – alla Corte dei conti e all'Autorità Garante per la Concorrenza e il Mercato (art. 5, co. 2-4, TUSP).
Tali norme costituiscono, nel complesso, evidenti limiti sostanziali e procedurali alla capacità di diritto privato delle amministrazioni pubbliche che intendano svolgere attività d'impresa ricorrendo alla forma societaria.

Il **regime giuridico** delle società a partecipazione pubblica trova, al di là del recente TUSP e delle norme speciali – spesso derogatorie – stabilite in relazione alle c.d. **società di diritto singolare** (istituite e regolate da leggi *ad hoc*), una disciplina piuttosto concisa nel Codice civile (artt. 2449-2451). L'esiguità di tale disciplina è coerente con la scelta compiuta in tempi recenti dal legislatore di assoggettare – in via di principio e salvo deroghe – le società a partecipazione pubblica al medesimo regime giuridico previsto per le società in mano privata – art. 1, co. 3, TUSP, che ricalca quanto già previsto dall'art. 14, d.l. n. 95/2012, c.d. *spending review*. Ciò rispecchia, in termini più ampi, l'idea che le società a partecipazione pubblica debbano operare su un piano di parità con gli altri soggetti dell'ordinamento, anche al fine di evitare distorsioni della dinamica concorrenziale. Questo aspetto rappresenta un elemento differenziale significativo, dal punto di vista dei modelli di impresa pubblica, tra il regime dell'impresa organo ed ente, da un lato, e quello delle società a partecipazione pubblica, dall'altro. Queste ultime sottostanno dunque alla medesima disciplina prevista per le società in mano privata per quel che riguarda una pluralità di aspetti, quali ad esempio i rapporti esterni ed interni dell'impresa, la sua organizzazione e le eventuali crisi d'impresa. L'art. 14 TUSP assoggetta infatti anche le società a partecipazione pubblica alla disciplina del fallimento e del concordato preventivo di cui all'art. 2221 c.c., nonché, ove ne ricorrano i presupposti, a quella in materia di amministrazione straordinaria delle grandi imprese in stato di insolvenza (d.lgs. n. 270/1999).

Il Testo unico prevede, peraltro, alcune norme derogatorie in relazione alla disciplina applicabile alle società a partecipazione pubblica che versino in condizioni di crisi o di dissesto economico. Esso stabilisce, in primo luogo, il divieto di interventi sul capitale, di trasferimenti straordinari e di aperture di credito (anche tramite il rilascio di garanzie) nei confronti di società a partecipazione pubblica che, per tre esercizi consecutivi, abbiano registrato perdite di esercizio o che abbiano utilizzato riserve disponibili per il ripianamento di perdite anche infrannuali (art. 14, co. 5, TUSP). In secondo luogo, allorché fallisca una società a controllo pubblico diretta affidataria di un servizio pubblico, il Testo unico preclude alle pubbliche amministrazioni controllanti – per il quinquennio successivo – di costituire, acquisire o mantenere partecipazioni in società che gestiscano i medesimi servizi di quella dichiarata fallita (art. 14, co. 6, TUSP).

Oltre a quelle da ultimo richiamate, residuano alcune significative **differenze** di portata più generale tra il regime giuridico riservato alle società a partecipazione pubblica e quello previsto per le società in mano privata, le quali acquisiscono maggior consistenza allorché la partecipazione pubblica sia maggioritaria o comunque tale da assicurare il *controllo pubblico* sulla società (ai sensi dell'art. 2359 c.c.).

È configurabile, innanzitutto, una **responsabilità** per danno erariale in capo agli amministratori, ai dipendenti e ai rappresentati degli enti pubblici partecipanti alle società pubbliche allorché essi abbiano, dolosamente o con colpa grave, pregiudicato il valore della partecipazione azionaria, arrecando di conseguenza un danno al socio pubblico (art. 12 TUSP). A tale responsabilità, in relazione alla quale vige la giurisdizione della **Corte dei conti**, si somma quella ordinariamente prevista per i componenti degli organi societari di amministrazione e controllo, disciplinata dal Codice civile e devoluta alla giurisdizione ordinaria. Alla Corte dei conti, inoltre, debbono essere comunicati a fini conoscitivi una pluralità di atti relativi alla costituzione, alla modificazione e all'attività posta in essere dalle società a partecipazione pubblica, rispetto alle quali la Corte mantiene anche alcuni poteri di controllo sulla gestione finanziaria (in applicazione dell'art. 100, co. 2, Cost.).

In secondo luogo, il reclutamento del **personale** dipendente avviene nelle società *a controllo* pubblico (non semplicemente *a partecipazione* pubblica) attraverso procedure selettive disciplinate di volta in volta da ciascuna società nel rispetto dei principi che regolano le assunzioni nelle pubbliche amministrazioni, tra cui in particolare quelli di trasparenza, pubblicità e imparzialità (art. 19, co. 2, TUSP). Una volta instaurato, il rapporto di lavoro rimane invece disciplinato – per tutte le società a partecipazione pubblica – dalle norme del Codice civile. Ogni controversia in materia, anche quelle concernenti le procedure di assunzione, è devoluta alla giurisdizione ordinaria (art. 19, co. 4, TUSP).

In terzo luogo, se è vero che – in linea di principio – le società a partecipazione pubblica possono liberamente acquistare beni e servizi sul mercato, esercitando l'autonomia negoziale di cui dispongono al pari delle società di diritto comune, è doveroso riconoscere come, di fatto, esse siano tenute nella quasi totalità dei casi ad osservare le **regole di evidenza pubblica** stabilite dal Codice dei contratti pubblici (d.lgs. n. 50/2016, v. *supra*, parr. 3.3.1 e 3.3.2).

Tale obbligo s'impone, in primo luogo, allorché le società a partecipazione pubblica operino nei c.d. **settori speciali** (gas ed energia termica, elettricità, acqua, servizi di trasporto, porti e aeroporti, servizi postali, attività estrattive di gas o petrolio e attività di prospezione o estrazione di carbone o altri combustibili solidi). L'obbligo in questione, peraltro, è previsto per tutte le imprese pubbliche operanti in tali settori, a prescindere dalla forma giuridica in cui siano costituite, giacché, per espressa previsione di legge, tali imprese sono considerate "enti aggiudicatori" (art. 3, co. 1, lett. e), n. 1), d.lgs. n. 50/2016). In secondo luogo, sono tenute all'osservanza delle regole di evidenza pubblica le c.d. **società *in house*** (art. 16, co. 7, TUSP), le quali, in virtù di una più stretta connessione con i soci pubblici controllanti, sono caratterizzate da un regime giuridico differenziato rispetto a quello previsto in via ordinaria per le società a partecipazione pubblica – e ulteriormente derogatorio rispetto al regime di diritto comune (sulla nozione di società *in house* v. cap. 6.). In terzo luogo, e in via residuale, sono tenute all'osservanza delle regole di evidenza pubblica le società a partecipazione pubblica qualificabili come **organismi di diritto pubblico** (art. 3, co. 1, lett. d), d.lgs. n. 50/2016).

Le società a partecipazione pubblica sono inoltre tenute a garantire il diritto di **accesso** ai documenti amministrativi che esse eventualmente detengano in relazione alle attività di pubblico interesse da esse svolte o ai servizi pubblici che queste ultime gestiscano (art. 22, co. 1, lett. e) e art. 23, l. n. 241/1990). Oltre a ciò, quando tali società svolgano anche **funzioni amministrative**, la legge, sulla scorta di quanto stabilito da tempo dalla giurisprudenza, ha espressamente esteso nei loro confronti l'applicazione delle norme pubblicistiche sul procedimento amministrativo (art. 29, l. n. 241/1990).

Occorre ricordare, infine, che anche in relazione a profili ulteriori, quali la retribuzione dei dirigenti e l'incompatibilità e inconferibilità degli incarichi, la disciplina stabilita per le società a partecipazione pubblica differisce da quella prevista per le società di diritto comune (art. 11 TUSP).

4.3. *Le privatizzazioni*

La trasformazione delle imprese organo ed ente in società a partecipazione pubblica avviata negli anni '90 del secolo scorso – alla quale si è fatto cenno nel precedente paragrafo – viene convenzionalmente definita **privatizzazione formale**. Tale processo ha inizialmente riguardato alcuni istituti di diritto pubblico operanti nel settore del credito (l. n. 218/1990) per poi estendersi, in via generalizzata, a tutti gli enti pubblici economici, alle aziende autonome e agli enti di gestione delle partecipazioni statali (d.l. n. 386/1991, conv. in l. n. 35/1992, e d.l. n. 333/1992 conv. in l. n. 359/1992). Fra gli altri sono stati trasformati in società per azioni a partecipazione pubblica ENEL, ENI, IMI, INA, IRI (con d.l. n. 118/1993) e, successivamente, Ferrovie dello Stato e Poste Italiane.

Essendo state costituite in virtù di un intervento legislativo, molte delle società per azioni risultanti dal processo di privatizzazione formale sono qualificabili come società di diritto singolare e sono convenzionalmente definite *società legali*, non trovando fonte, come accade invece usualmente per le società di diritto comune, in un atto negoziale stipulato tra i soci – il contratto di società di cui all'art. 2247 c.c.
Occorre tuttavia ricordare che in un secondo momento, in base a quanto previsto dalla l. n. 359/1992, la trasformazione in società per azioni di preesistenti aziende autonome ed enti pubblici economici è stata rimessa alle determinazioni del CIPE (Comitato Interministeriale per la Programmazione Economica) anziché, di volta in volta, a leggi *ad hoc*.

Le **ragioni** che hanno determinato l'avvio di tale processo sono molteplici ed eterogenee. In primo luogo, attraverso la privatizzazione delle imprese pubbliche si è inteso perseguire una maggiore produttività, nella convinzione che la forma societaria e il suo regime giuridico – maggiormente flessibile rispetto a quello delle più tradizionali aziende autonome e degli enti pubblici economici – potesse valorizzare al meglio le risorse umane ed economiche impegnate nell'attività imprenditoriale, in un'ottica di sviluppo economico complessivo. In secondo luogo, la trasformazione in società per azioni costituiva un passaggio necessario in vista della c.d. **privatizzazione sostanziale**, ossia dell'alienazione delle partecipazioni societarie a soggetti privati (d.l. n. 332/1994, conv. in l. n. 474/1994, mod. l. n. 350/2003). Quest'ultima doveva (e deve tuttora) avvenire secondo procedure trasparenti e non discriminatorie, al fine di diffondere l'azionariato tanto tra gli investitori istituzionali, quanto tra i risparmiatori privati. Inoltre, la privatizzazione sostanziale delle società a partecipazione pubblica operanti nei settori della difesa, dei trasporti, delle telecomunicazioni, dell'energia e, più in generale, dei servizi pubblici era subordinata all'istituzione – in tali settori – di organismi indipendenti di regolazione.

L'alienazione delle partecipazioni statali accompagnata dall'istituzione degli organismi di regolazione, nella forma delle autorità amministrative indipendenti (v. *supra*, par. 2.2.2), ha dunque segnato un'evoluzione del ruolo complessivamente svolto dallo Stato in economia, principalmente – benché non esclusivamente – nella direzione dello **Stato regolatore**.

La vendita di *assets* pubblici avrebbe inoltre dovuto generare entrate pubbliche di natura straordinaria, tali da consentire un risanamento delle finanze pubbliche e, quindi, un ripianamento – almeno parziale – del deficit pubblico. A questo proposito, i più recenti dati forniti dal Ministero dell'Economia e delle Finanze mostrano come le privatizzazioni abbiano complessivamente fruttato allo Stato circa 143 miliardi di euro dal 1994 al 2016 (si veda la *Relazione al Parlamento sulle operazioni di cessione delle partecipazioni in società controllate dallo Stato*, pubblicata nel novembre 2016 dalla Direzione Finanza e Privatizzazioni del Dipartimento del Tesoro).

Occorre infine ricordare che, oltre alle ragioni sin qui menzionate, le privatizzazioni sono state favorite dall'**impulso del diritto comunitario**, in quanto l'obiettivo di realizzare una concorrenza effettiva tra le imprese operanti nel mercato interno – stabilito in via generale dai trattati e declinato in maniera puntuale nei settori di maggior rilievo economico da diverse direttive – rischiava di essere eluso nella misura in cui le imprese pubbliche godevano, fra le molte prerogative di cui si è detto *supra*, di una capacità di indebitamento potenzialmente illimitata. In caso di insufficienza dei ricavi derivanti dalla propria attività imprenditoriale, infatti, esse venivano sostenute tramite il trasferimento di risorse finanziarie aggiuntive derivanti dall'imposizione fiscale o dal debito pubblico. Tale vantaggio competitivo consentiva, peraltro, di praticare prezzi all'utenza particolarmente vantaggiosi, i quali risultavano insostenibili per le imprese private operanti sul mercato – nei settori non coperti da riserva pubblica.

Il processo di privatizzazione formale riguardò le modalità di azione e l'organizzazione dell'attività d'impresa, ma non incise sui compiti assegnati alle imprese pubbliche in forma societaria né, in via di principio, sul rapporto sussistente tra queste ultime e le amministrazioni pubbliche proprietarie – almeno originariamente – della totalità delle quote sociali. Queste ultime, in quanto azioniste uniche, mantenevano infatti il controllo sulle società da esse partecipate, seppure nelle forme ed entro i limiti tipici dei poteri conferiti al socio. In questo modo si intendeva ottenere un isolamento dell'attività imprenditoriale dall'influenza della politica maggiore rispetto a quanto non accadesse in precedenza nel caso delle imprese organo ed ente; ciò, tuttavia, senza rinunciare alla funzionalizzazione dell'attività svolta da tali società rispetto all'interesse pubblico.

4.3.1. *La privatizzazione sostanziale e le misure di salvaguardia*

Come anticipato nel paragrafo precedente, la privatizzazione formale rappresenta il primo passo verso l'alienazione parziale o totale delle partecipazioni societarie in favore di soggetti privati (la quale costituisce la c.d. **privatizzazione sostanziale**). Tale disegno complessivo, già prefigurato dai primi interventi legislativi con i quali è stato avviato il processo di privatizzazione (cfr. d.l. n. 386/1991), non è stato tuttavia portato a compimento in relazione a tutte le società a partecipazione pubblica, anche perché il legislatore non aveva inteso apporvi alcun termine perentorio.

Privatizzazione formale e sostanziale possono dunque essere intese come due momenti costitutivi del processo di trasformazione dall'impresa pubblica a quella privata, sia per quel che riguarda la forma, sia per quel che riguarda la sostanza, ossia la **proprietà** dell'impresa. Infatti, una volta che quest'ultima abbia acquisito la forma societaria, la proprietà pubblica diviene negoziabile. Come si è detto, tuttavia, il passaggio dalla privatizzazione formale a quella anche sostanziale non è inevitabile e non sempre si è verificato.

La privatizzazione sostanziale comporta l'ingresso di **azionisti privati** nella compagine sociale. Dal punto di vista del controllo pubblico sull'attività imprenditoriale svolta dalla società, tale fenomeno può rivelarsi problematico quando la **maggioranza** delle azioni, o comunque una *quota di controllo*, passi in mano privata (c.d. **dismissione**). In tale ipotesi, nominando la maggior parte degli amministratori, i soci privati potrebbero ad esempio essere in grado di conformare a proprio vantaggio l'attività sociale o di distoglierla dal perseguimento di finalità di interesse pubblico.

A questo proposito, al fine di prevenire – o eventualmente mitigare – i potenziali effetti pregiudizievoli delle privatizzazioni sostanziali, sono state istituite alcune **misure di salvaguardia**.

In primo luogo, la legge ha previsto la necessità di una deliberazione delle Camere nel caso in cui l'alienazione di una partecipazione pubblica sia tale da

far venir meno la qualità di socio di controllo originariamente rivestita dallo Stato (art. 1, co. 9, d.l. n. 386/1991).
In secondo luogo, nel caso in cui le società costituende siano frutto della trasformazione di enti gestori di servizi pubblici (concessionari *ex lege*) e continuino ad essere affidatarie di questi ultimi in virtù di un atto del Governo, il controllo pubblico deve essere mantenuto sino a quando nei mercati di riferimento non siano assicurate condizioni di concorrenza tali da evitare il rischio di abusi da parte della società – di fatto – monopolista. Ai fini del corretto funzionamento del mercato, la legge subordinava infatti la dismissione di tali partecipazioni azionarie alla creazione di organismi indipendenti incaricati della regolazione delle tariffe e del controllo della qualità dei servizi di rilevante interesse pubblico (art. 1-*bis* del d.l. n. 332/1994. Si vedano sul punto i parr. 2.2.2 e 6.4, dedicati rispettivamente alle autorità indipendenti e alla liberalizzazione dei servizi pubblici).

Le più incisive e discusse misure di salvaguardia sono indubbiamente quelle che riservano al socio pubblico (e in particolare al Governo, per quel che riguarda le partecipazioni statali) dei **poteri speciali**, sproporzionati rispetto a quelli normalmente riconosciuti al socio in base alle azioni detenute o, addirittura, svincolati dalla partecipazione al capitale sociale.

Tali prerogative speciali hanno in una prima fase assunto la forma delle c.d. ***golden shares***, le quali riguardavano da un lato la nomina di una quota riservata di amministratori e componenti degli organi di controllo e vigilanza della società e, dall'altro, il potere di veto o gradimento rispetto a modifiche della compagine sociale e all'approvazione di delibere concernenti profili essenziali dell'attività sociale. Queste ultime sono state introdotte di volta in volta in base a disposizioni contenute nelle leggi di privatizzazione o negli statuti societari – sulla base di un'ambigua formulazione dell'art. 2449, co. 1, c.c. Tali previsioni, tuttavia, privilegiando il pacchetto azionario pubblico e svantaggiando – specularmente – i soci privati di tali società, sono state ritenuta incompatibili con il diritto comunitario, contrastando in particolare con la libertà di stabilimento e con il principio di libera circolazione dei capitali (ora artt. 49 e 63 TFUE, su cui v. *infra* par. 8.1.3).

La Corte di giustizia si è pronunciata sul punto nelle cause riunite C-463 e 464/04, stabilendo che allo Stato e agli enti pubblici che partecipino al capitale di una società per azioni non è consentito disporre di un potere – eventualmente di controllo – **sproporzionato** rispetto alla propria partecipazione azionaria. Il legislatore italiano si è adeguato a tale pronuncia modificando l'art. 2449 c.c. con l'art. 13, co. 1, l. n. 34/2008.
L'art. 2450 c.c. (in seguito abrogato dall'art. 3, co. 1, d.lgs. n. 10/2007) prevedeva, inoltre, una deroga ancor più incisiva al regime di diritto comune. Esso stabiliva, infatti, che la legge o lo statuto potessero riservare all'azionista pub-

blico poteri di nomina e revoca degli amministratori, dei sindaci e dei componenti del consiglio di sorveglianza anche **in assenza** di alcuna partecipazione al capitale sociale. In questo modo gli enti pubblici avrebbero potuto dirigere l'attività di un'impresa senza però assumerne il relativo rischio – determinato, quest'ultimo, dalla sottoscrizione di una quota del capitale sociale.

La giurisprudenza comunitaria (C-326/07) ha successivamente ribadito, in termini più generali, l'incompatibilità con le norme a tutela della concorrenza e della libera circolazione dei capitali del conferimento al socio pubblico di poteri di controllo eccessivamente discrezionali, sproporzionati e basati su presupposti generici. Ciò ha comportato il progressivo superamento del ricorso alle *golden shares* da parte del legislatore nazionale e l'adeguamento degli statuti societari al diritto comunitario.

Il legislatore italiano, tuttavia, ha ravvisato la necessità di mantenere in capo al Governo alcuni poteri speciali in relazione alle società – anche non nascenti da processi di privatizzazione – operanti in **settori strategici**, la cui attività incida su interessi preminenti dello Stato. Tali poteri, c.d. ***golden powers***, pur presentando alcuni tratti comuni rispetto alle prerogative speciali precedentemente considerate, ad esempio per quel che riguarda il potere di veto attribuito al Governo rispetto all'ingresso di nuovi soci nella compagine sociale, se ne differenziano sotto molteplici punti di vista.

In primo luogo, quanto all'ambito di applicazione, i poteri speciali possono essere impiegati, come anticipato, solo nell'ambito dei settori di interesse strategico tipizzati dal legislatore, quali – originariamente – quello della difesa, della sicurezza nazionale, dell'energia, dei trasporti e delle comunicazioni (d.l. n. 21/2012, conv. in l. n. 56/2012). Diversi interventi normativi hanno successivamente completato la disciplina sia sotto il profilo sostanziale, sia sotto quello procedurale, e hanno ampliato i settori interessati dai poteri speciali includendovi quelli ad alta intensità tecnologica, nonché le infrastrutture e tecnologie critiche, specificando l'inclusione delle reti di telecomunicazione elettronica a banda larga comportanti l'impiego della tecnologia 5G.

In secondo luogo, quanto al controllo pubblico e alla tipologia dei poteri esercitabili da parte del Governo, il legislatore ha imposto alle **imprese estere** che intendano acquisire partecipazioni nelle società italiane operanti nei settori citati l'obbligo di notificare tale intenzione alla Presidenza del Consiglio dei Ministri. Allorché, in base a valutazioni ampiamente discrezionali, il Governo ritenga che l'operazione in questione possa costituire una minaccia per l'interesse nazionale, questi potrà, a seconda dei casi, imporre specifiche condizioni o porre un veto.

Poiché disposizioni di tenore analogo a quelle adottate dal legislatore italiano erano state introdotte anche da altri Stati membri, l'Unione europea si è dotata, con il regolamento n. 2019/452, di una **disciplina comune in materia di controllo sugli investimenti esteri diretti**. Tale disciplina contempla una molteplicità di poteri statali di controllo, volti a valutare, autorizzare, sottoporre a condizioni, o eventualmente vietare per motivi di sicurezza o di ordine pubblico, gli investimenti esteri diretti. Il regolamento istituisce, inoltre, dei meccanismi di cooperazione tra gli Stati membri e la Commissione europea.

È infine intervenuta in materia, nel corso del 2020, una disciplina di origine emergenziale (d.l. n. 23/2020, c.d. decreto liquidità), la quale ha ulteriormente ampliato i settori interessati dal possibile esercizio dei *golden powers,* estendendo il novero degli atti e delle operazioni che debbono essere notificate alla Presidenza del Consiglio dei Ministri e prevedendo la possibilità di avviare d'ufficio le procedure di controllo.

L'evoluzione che ha interessato la disciplina dei poteri speciali mostra come questi ultimi si siano progressivamente allontanati dal contesto – quello delle privatizzazioni – nell'ambito del quale essi erano stati originariamente introdotti nel nostro ordinamento. I *golden powers,* infatti, rappresentano oggi un istituto funzionale al perseguimento di una pluralità di interessi e, in particolare, a contrastare alcuni aspetti negativi della globalizzazione economico-finanziaria (v. *supra*, par. 2.5). Vi è il rischio, tuttavia, che l'impiego di tali poteri possa essere strumentalizzato in chiave protezionistica.

4.3.2. *Alcuni esempi di privatizzazione*

Ora che abbiamo illustrato le trasformazioni che hanno riguardato l'impresa pubblica, soffermandoci sui tre principali modelli che possono caratterizzarne l'organizzazione, pare opportuno analizzare più dettagliatamente – rispetto a quanto, per esigenze espositive, non si sia potuto fare nei paragrafi precedenti – alcuni settori particolarmente significativi per l'economia del nostro Paese, i quali rappresentano degli osservatori privilegiati per comprendere le trasformazioni che storicamente hanno interessato le principali imprese pubbliche italiane.

Prendiamo innanzitutto in considerazione il settore del credito. Sin dal 1850, **Cassa depositi e prestiti** ha operato per la raccolta e la gestione del risparmio privato, prevalentemente postale, impiegandolo per finanziare la realizzazione di grandi opere pubbliche e infrastrutture strategiche. Istituita originariamente come un istituto bancario pubblico (una Cassa di risparmio centrale alla quale erano affiancate alcune succursali nelle principali città italiane ai sensi della l. n. 1270/1863), essa divenne un'impresa organo nel 1898, venendo qualificata come Direzione generale del Ministero del Tesoro. A distanza di circa un secolo, con la l. n. 197/1983, essa venne trasformata – pur con alcune ambiguità – in impresa ente, acquisendo personalità giuridica e un maggiore grado di autonomia (cfr. l. n. 68/1993). Tale assetto istituzionale è durato per circa un decennio, sino a quando, con d.l. n. 269/2003, Cassa depositi e prestiti è stata oggetto di privatizzazione formale, venendo trasformata in una società per azioni a controllo pubblico di diritto singolare. Successivamente, parte del capitale sociale è stato alienato a soggetti privati, con la conseguenza che, allo stato attuale, le azioni sono detenute circa all'80% dal Ministero dell'Economia e delle Finanze e per la restante parte da fondazioni bancarie, oltre ad una percentuale minima di azioni proprie. La trasformazione in società per azioni ha consentito a Cassa depositi e prestiti di continuare a svolgere, in **gestione separata**, una funzione d'interesse pubblicistico cruciale per l'economia italiana, erogando prestiti a tassi particolarmente vantaggiosi alle Pubbliche amministrazioni – in particolare agli enti locali – così da fornire loro il capitale necessario per la realizzazione di grandi opere pubbliche. Nell'erogazione di tali finanziamenti, Cassa depositi e prestiti è avvantaggiata rispetto agli istituti di credito privati in quanto, da un lato, la provvista finanziaria proviene dal risparmio postale ed è assistita dalla garanzia dello Stato e, dall'altro, le operazioni in questione sono esenti da imposte e tributi. Coerentemente con la missione di interesse generale assegnatale, Cassa depositi e prestiti acquisisce partecipazioni azionarie in imprese che abbiano un rilevante interesse nazionale e che versino in una condizione di equilibrio finanziario, patrimoniale ed economico tramite la sua controllata CDP Equity S.p.A. (già Fondo Strategico Italiano, istituito con d.l. n. 34/2011). Essa può inoltre disporre interventi patrimoniali o finanziari (sottoscrivendo aumenti di capitale o erogando prestiti) a favore di imprese che soffrano di temporanei squilibri, purché queste ultime godano di prospettive adeguate di redditività e crescita. In base ai compiti cui da ultimo si è fatto cenno, Cassa depositi e prestiti S.p.A. può dunque essere descritta – anche – come società *holding* delle partecipazioni statali. In questa veste essa è ad esempio azionista di maggioranza di ENI S.p.A., Terna S.p.A., Snam S.p.A. e Simest S.p.A., e possiede il 100% delle azioni di Fintecna S.p.A. e Sace S.p.A. (sulla base di un accordo raggiunto a marzo 2021, tuttavia, è stata prevista la futura cessione del 100% delle azioni di Sace S.p.A. al Ministero dell'Economia e delle Finanze). Tali circostanze spiegano, nel complesso, la permanenza di significativi poteri di indirizzo da parte del Ministro dell'Economia e delle Finanze, l'integrazione degli organi di amministrazione con rappresentanti del Ministero e degli enti locali, nonché la vigilanza da parte di un'apposita commissione parlamentare e della Corte dei conti. Accanto a tali attività e dei tratti di specialità che le caratterizzano, Cassa depositi e prestiti opera anche in un regime privatistico puro – c.d. **gestione ordinaria** – emettendo titoli e reperendo capitali sul mercato, al pari di qualsiasi altro istituto di credito. Cassa depositi e prestiti è infatti considerata *ex lege* un intermediario finanziario non bancario (iscritto nell'elenco speciale di cui all'art. 107, d.lgs. 385/1993, c.d. Testo Unico Bancario).

Un secondo ambito in cui l'intervento pubblico nell'economia è stato particolarmente significativo è rappresentato dal **trasporto ferroviario.** La gestione di tale servizio è stata affidata originariamente ad un'impresa organo istituita all'interno del Ministero dei Lavori Pubblici, ossia all'Amministrazione autonoma delle ferrovie dello Stato (l. n. 259/1905). Con l. n. 210/1985 quest'ultima è stata trasformata in impresa ente e Ferrovie dello Stato ha così acquisito personalità giuridica propria. Il servizio di trasporto ferroviario, in questo modo, veniva erogato agli utenti praticando delle tariffe tecnico-economiche che, pur essendo determinate secondo criteri di economicità, ricevevano un'integrazione da parte dello Stato in caso di divario tra queste ultime e quelle approvate dal Ministero dei Trasporti. A seguito di alcune successive trasformazioni istituzionali e, soprattutto, in ragione della necessità di recepire la direttiva comunitaria che prevedeva l'obbligo di scorporare la proprietà dell'infrastruttura a rete dalla gestione del servizio di trasporto (dir. 91/440/CEE), Ferrovie dello Stato venne trasformata nel 1992 in una società per azioni (con delibera del CIPE, sulla base di quanto previsto dalla l. n. 359/1992), la quale ultima, nel giro di un decennio, assunse la forma di una vera e propria *holding* – Ferrovie dello Stato Holding s.r.l. Quest'ultima è stata trasformata nel 2001 in Ferrovie dello Stato S.p.A. all'interno della quale sono state istituite Trenitalia S.p.A., cui è affidato il trasporto di merci e passeggeri, e Rete Ferroviaria Italiana S.p.A., incaricata della gestione della rete ferroviaria e delle stazioni.

Un ulteriore settore, al quale già si è fatto cenno nei precedenti paragrafi, è quello delle **assicurazioni sulla vita**. Con riferimento a quest'ultimo, la l. n. 305/1912 istituì un monopolio pubblico, poi abolito con r.d.l. n. 966/1923, con il quale venne parallelamente istituito l'Istituto nazionale per le assicurazioni (INA) che, oltre a svolgere attività assicurativa mediante la vendita di polizze garantite dallo Stato, svolse anche funzioni di regolazione del settore – il quale, come si è detto, non era più coperto da una riserva pubblica. Con d.p.r. n. 449/1959 (art. 15) l'INA è stato poi autorizzato a partecipare al capitale di società per azioni operanti nel settore, acquisendone le relative azioni. Per porre fine alla commistione tra il ruolo di operatore del mercato e di autorità di regolazione, con l. n. 576/1982 le funzioni di vigilanza e di regolazione del settore assicurativo sono state affidate ad un'autorità indipendente (l'ISVAP, ora IVASS). La piena liberalizzazione del settore assicurativo si deve invece alla direttiva 90/619/CEE. L'INA, infine, è stato trasformato in società per azioni con l. n. 352/1992 ed è entrato a far parte del Gruppo assicurazioni Generali, fondendosi successivamente con Assitalia e dando vita ad INA Assitalia S.p.A.

Infine, anche il settore dell'**energia** si rivela emblematico per l'analisi dell'evoluzione delle forme e della disciplina dell'impresa pubblica. A questo proposito, lo Stato italiano ha avvertito negli anni '60 del secolo scorso l'esigenza di nazionalizzare la produzione e la distribuzione dell'energia elettrica, disponendo con l. n. 1643/1962 l'esclusiva in favore dello Stato della gestione del settore e consentendo a quest'ultimo di ricorrere all'acquisizione e all'espropriazione delle imprese private che producevano, importavano, distribuivano e vendevano energia elettrica. L'ente pubblico economico istituito per gestire – in un regime di monopolio legale – tale settore, fu l'Ente nazionale per l'energia elettrica (ENEL), che andò ad affiancarsi all'Ente nazionale idrocarburi (ENI, istituito con l. n. 136/1953). Più precisamente, l'ENEL aveva il compito di assicurare una disponibilità di energia elettrica adeguata per quantità e prezzo alle esigenze di un equilibrato sviluppo del Paese (d.p.r. n. 1670/1962). Per perseguire più efficacemente tale missione, l'art. 34 della l. n. 9/1991 riconobbe all'ENEL la facoltà di costituire società o acquisire partecipazioni (in Italia e all'estero), purché si trattasse di società aventi ad oggetto il compimento di attività riconducibili ai fini propri dell'ente. In questo modo ENEL è andata evolvendosi secondo il modello della *holding* pubblica. La stessa legge, inoltre, innovava la disciplina di settore consentendo anche alle imprese private di produrre energia elettrica, ma solamente per uso proprio e previa autorizzazione del Ministro dell'industria, con l'ulteriore previsione che la produzione eccedente l'autoconsumo dovesse essere ceduta a ENEL. Anche ENEL, come si è anticipato nei precedenti paragrafi, è stata interessata dal processo di privatizzazione (d.l. n. 386/1991, conv. in l. n. 35/1992), divenendo oggi una società multinazionale il cui capitale è detenuto in maggioranza da investitori istituzionali privati, mentre il Ministero dell'Economia e delle Finanze detiene circa il 23% del capitale sociale.

Per approfondire

E. Barocci-F. Pierobon, *Le privatizzazioni in Italia*, Roma, Carocci, 2007; A. Caprara, *Impresa pubblica e società a partecipazione pubblica*, Napoli, Edizioni scientifiche italiane, 2017; E. Cardi, *Mercati e istituzioni in Italia. Diritto pubblico dell'economia*, IV ed., Torino, Giappichelli, 2018; S. Cassese (a cura di), *La nuova costituzione economica*, Roma-Bari, Laterza, 6ª ed., 2021; V. Cerulli Irelli, *L'amministrazione "costituzionalizzata" e il diritto pubblico della proprietà e dell'impresa,* Torino, Giappichelli, 2019; V. Cerulli Irelli-M. Libertini (a cura di), *Iniziativa economica pubblica e società partecipate,* Milano, Egea, 2019; M. Clarich, *Società di mercato e quasi-amministrazioni,* in *Diritto amministrativo,* 2009, 253; G. Clerico, *Mercato e Stato. Modi d'essere dell'intervento pubblico nell'economia*, Milano, Giuffrè, 2012; G. della Cananea, *La società per azioni Cassa Depositi e Prestiti,* in *Giornale di diritto amministrativo,* 2004, 366; Id., *Privatizzazioni senza autorità di regolazione?,* in *Giornale di diritto amministrativo,* 1997, 487; G. della Cananea, L. Fiorentino (a cura di), *I "poteri speciali" del Governo nei settori strategici,* Napoli, Editoriale Scientifica, 2020; F. Goisis, *Contributo allo studio delle società in mano pubblica come persone giuridiche*, Milano, Giuffrè, 2004; C. Ibba, *Le società legali*, Torino, Giappichelli, 1992; N. Irti, *L'ordine giuridico del mercato,* V ed., Roma-Bari, Laterza, 2004; M. Mazza, *Le privatizzazioni: dal regime pubblicistico a quello di diritto privato*, in G.F. Ferrari (a cura di), *Diritto pubblico dell'economia*, 3^ ed., Milano, Egea, 2019, 443 ss.; G. Napolitano (a cura di), *Il controllo sugli investimenti esteri diretti,* Bologna, Il Mulino, 2019; M. Renna, *Le società per azioni in mano pubblica. Il caso delle S.p.A. derivanti dalla trasformazione di enti pubblici economici ed aziende autonome statali*, Torino, Giappichelli, 1997.

Capitolo 5

I BENI PUBBLICI

di *Eugenio Caliceti*

Sommario: 5.1. La nozione di bene in senso giuridico. – 5.2. La nozione di bene pubblico: premessa. – 5.3. La nozione giuridica di bene pubblico. – 5.4. I beni del demanio dello Stato. – 5.4.1. La tipizzazione dei beni demaniali ai sensi dell'art. 822 c.c. – 5.4.2. Il regime giuridico e la funzione dei beni demaniali. – 5.4.3. L'acquisto e la perdita della demanialità. – 5.5. I beni del patrimonio. – 5.5.1. I beni del patrimonio indisponibile. – 5.5.1.1. La tipizzazione dei beni del patrimonio indisponibile. – 5.5.1.2. Il regime giuridico e la funzione del patrimonio indisponibile. – 5.5.1.3. L'acquisto e la perdita dell'indisponibilità. – 5.5.2. I beni del patrimonio disponibile. – 5.6. La crisi paradigmatica della nozione di bene pubblico in senso soggettivo: le prospettive per il suo superamento. – 5.6.1. Le criticità della nozione tradizionale di bene pubblico. – 5.6.2. La nozione di bene privato di interesse pubblico: il caso delle reti infrastrutturali. – 5.6.3. I beni comuni.

5.1. *La nozione di bene in senso giuridico*

La necessità di operare una discriminazione tra le "cose" che costituiscono e popolano un territorio è rilevabile, antropologicamente, in un ampissimo spettro di culture e società presenti e passate. Risponde a tale esigenza la distinzione tra le cose che possono essere oggetto di un'appropriazione e quelle, invece, per le quali ciò risulta impossibile. Nell'ordinamento italiano questa discriminazione è contenuta nell'art. 810 c.c., per il quale "**sono beni le cose che possono formare oggetto di diritti**".

La norma pone delle questioni problematiche che possono essere sintetizzate in tre domande: vi sono cose che non possono essere qualificate, in termini giuridici, come beni? Per altro verso, vi sono beni, in senso giuridico, che non sono cose? Infine, qual è la natura dei diritti che trasformano una cosa in bene?

Dovendo rispondere alla prima domanda, si può desumere dalla formulazione dell'articolo che **non tutte le "cose" sono beni in senso giuridico** in quanto occorre che esse possano divenire oggetto di un diritto, e l'integrazione di questa condizione può essere impedita da diversi fattori (la loro natura o la presenza di una regola che preclude un gesto appropriativo).

Quanto alla seconda domanda posta, si deve notare che l'uso del termine "cose" rimanda, per senso comune, ad una entità che si sostanzia nella **materialità dell'oggetto**. Il fatto che vi siano **beni giuridici immateriali** è ormai un dato acquisito nell'esperienza comune (si pensi ai prodotti che conseguono ad una attività intellettuale e che prescindono dai beni corporali nei quali essi al più possono essere incorporati).

Con riferimento, infine, all'ultima domanda, riguardante la natura dei diritti riconosciuti dall'art. 810 c.c., si deve osservare come alla tesi tradizionale, secondo cui sono beni **le cose che possono formare oggetto di un diritto di proprietà**, se ne contrappone una seconda, più recente, che considera beni, in senso giuridico, non le sole cose che possono divenire oggetto di diritti esclusivi e trasferibili (quindi tendenzialmente proprietari), ma **tutte le entità, pur se insuscettibili di appropriazione, capaci di soddisfare però un interesse ritenuto meritevole di protezione dall'ordinamento** (esemplificative in tal senso appaiono le vicende relative alla qualificazione giuridica dell'ambiente, riconosciuto dalla Corte costituzionale, con la sentenza n. 641/1987, un "bene giuridico immateriale" seppur insuscettibile di divenire "oggetto di una situazione soggettiva di tipo appropriativo").

Queste due tesi esprimono diverse posture associate a differenti epoche storiche. A separarle vi è stato il sostanziale incremento, dovuto anche alla progressiva implementazione della Costituzione Repubblicana, del novero dei diritti riconosciuti e garantiti dall'ordinamento e, di conseguenza, del numero di cose suscettibili di divenire beni in senso giuridico. Si pensi al riconoscimento di un diritto fondamentale alla salute e al percorso che ha portato alla risarcibilità dei danni conseguenti alla violazione dei diritti della personalità. Alla luce di tale evoluzione pare corretto, attualmente, individuare nel termine diritti, menzionato nell'art. 810 c.c., ogni situazione giuridica individuale e collettiva, proprietaria e non, che l'ordinamento riconosce come titolo per godere delle utilità offerte da una determinata cosa che, in ragione di ciò, diviene un bene giuridico. Si ritiene, inoltre, che l'indice da cui desumere un anche implicito riconoscimento di una situazione soggettiva capace di trasformare una cosa, materiale o immateriale, in bene, è ravvisabile nella risarcibilità del danno scaturito dalla sua lesione.

In estrema sintesi, e a titolo conclusivo, il commento sull'art. 810 c.c. può essere sintetizzato nelle seguenti considerazioni. Una cosa, come entità corporale o immateriale, diviene un bene alla luce di precondizioni giuridicamente poste che costitutivamente rendono quella cosa suscettibile di divenire oggetto di una posizione giuridica attiva protetta dall'ordinamento con strumenti rimediali.

5.2. *La nozione di bene pubblico: premessa*

La nozione di **bene pubblico** deve essere concepita come sottocategoria del più ampio concetto di bene in senso giuridico. A tale riguardo di deve però notare come l'estremo radicamento della tradizione che si è consolidata sul tema dei beni pubblici ha reso tendenzialmente immuni le disposizioni codicistiche non solo da operazioni di riforma organica, ma anche dai paradigmi elaborati dalle **scienze economiche**. Gli economisti hanno formulato una teoria dei beni rilevando quali siano i criteri che devono essere assunti per operare una loro differenziazione.

Nella teoria economica i beni si distinguono, in prima battuta, in ragione della loro natura. Infatti le utilità offerte da alcuni beni possono, per proprio carattere intrinseco, soddisfare contemporaneamente plurimi e concorrenti interessi di più soggetti **senza che il godimento di uno incida sul godimento degli altri**. In altre parole la fruizione delle utilità generate dal bene non determina un consumo della risorsa o una diminuzione della capacità che essa ha di soddisfare in modo concorrente più bisogni. In tal caso i beni vengono definiti a **consumo non rivale**.

Si pensi alla capacità che un paesaggio di particolare valore estetico ha di soddisfare, simultaneamente, l'interesse, condiviso da un indeterminato numero di persone, all'appagamento di un bisogno: avere accesso all'esperienza di ciò che viene reputato bello. Il soddisfacimento dell'interesse del singolo non inibisce quello di altri soggetti che, simultaneamente, possono trovare in quel bene fonte di pari e di analoga soddisfazione. Si pensi alla capacità che i contenuti di un programma televisivo, o una informazione quale bene immateriale, hanno di soddisfare contemporaneamente un bisogno avvertito da diversi soggetti. Tale ontologica qualità trova un limite in una capacità naturale del bene di corrispondere materialmente al numero di interessi che concretamente si palesano. Il numero di accessi ad una zona di particolare valore estetico-naturalistico può inibire la stessa capacità del bene di offrire le utilità ricercate. Solo il superamento di tale soglia quantitativa lo rende scarso, e quindi a consumo rivale.

I beni si distinguono, in seconda battuta, sulla base di un fattore che non attiene tanto alla natura del bene in sé, ma a fattori che incidono sulla **possibilità tecnica, economica, giuridica** di **escludere dal godimento delle utilità** offerte dal bene chi non concorre a sostenere i costi associati alla loro produzione o conservazione.

Risulta utile distinguere tra le utilità che sono direttamente offerte da un bene presente in natura e quelle, invece, che sono offerte da beni creati artificialmente

dall'uomo. Nel primo caso possiamo pensare non escludibile l'ossigeno che è presente nell'atmosfera. Si potrebbe desumere da tale esempio che il fattore che determina la non escludibilità riposi nella natura stessa del bene. Ciò non è corretto, in quanto l'impossibilità di escludere alcuno dal godere di un determinato bene dipende, in verità, non solo dall'avanzamento tecnologico che permette realizzare dispositivi escludenti, ma anche dall'anti-economicità che caratterizzerebbe l'attività posta in essere per rendere, in concreto, escludibile il godimento di un bene in vista dei benefici economici che il soggetto ne potrebbe conseguire. L'alto costo associato al recintare i pascoli rende le utilità date da un bene naturale, che per propria natura sarebbero escludibili, di fatto non escludibili.
Vi sono al contempo utilità che sono offerte non da beni naturali, ma da beni creati artificialmente dall'uomo. Si pensi al miglioramento del patrimonio genetico di una varietà vegetale. Attraverso tecniche tradizionali e moderne di manipolazione genetica l'innovatore modifica la combinazione dei tratti genetici da cui derivano particolari utilità (e.g. resistenza a malattie, tempi di maturazione più rapidi, conformazione strutturale che rende possibile la meccanizzazione di un processo). La semente così ottenuta si presenta come un bene materiale escludibile, in quanto oggetto di un diritto di proprietà, che però può essere per propria natura riprodotto. La moltiplicabilità della semente quale bene materiale comporta l'impossibilità, in capo all'innovatore, di mantenere il controllo sul patrimonio genetico frutto di attività inventiva. Ma anche in questo caso l'escludibilità non deriva dalla sola natura del bene. Essa dipende da fattori tecnici, economici e sociali tra i quali rientra, a pieno titolo, anche il diritto sotto un duplice profilo: permettendo la costituzione di un diritto esclusivo su beni che per loro natura sarebbe non escludibili; inibendo la costituzione di diritti esclusivi su beni, che sarebbero, invece, per loro natura escludibili.

Una norma può, in primo luogo, riconoscere artificialmente il diritto, in capo ad un soggetto, di escludere chi non ha acquisito un giusto titolo dal beneficiare delle utilità garantite da un bene che per propria natura sarebbe liberamente accessibile in ragione della sua riproducibilità.

Con riferimento alle sementi geneticamente migliorate, l'innovatore non poteva, in origine, impedire a terzi di godere delle utilità offerte della semente migliorata a partire dal momento in cui egli, con la prima vendita, avesse perso il controllo esclusivo sulla singola semente. Il primo acquisto faceva sì che l'acquirente avesse la possibilità di moltiplicarla, venderla, trasferirla a terzi. L'oggetto del trasferimento non era la semente in sé, ma il patrimonio genetico creato dall'innovatore e a cui soggetti terzi volevano accedere per beneficiare delle utilità che esso forniva (resistenza, conformazione morfologica della pianta, diminuzione dei tempi di maturazione). Ciò non toglie che una norma, per incentivare l'innovazione, permetta attualmente di costituire un nuovo bene giuridico, il patrimonio genetico migliorato, che diviene l'oggetto di un diritto di proprietà intellettuale imputato all'innovatore. Tale diritto è quello che gli garantisce il dominio su tale nuovo bene anche nei casi in cui egli abbia perso, con la prima immissione in commercio, il controllo sul materiale che lo incorpora: ossia la semente.

Una norma può, in secondo luogo, inibire la possibilità di costituire, su determinate categorie di beni che potrebbero essere escludibili sotto un profilo tecnico ed economico, diritti esclusivi, garantendone quindi l'accessibilità.

Si pensi ad una rete infrastrutturale (linee di trasmissione dell'elettricità) necessaria per permettere ad un operatore di esercitare attività economica (fornitura di energia elettrica). Il fine di promuovere il principio della concorrenza nel mercato di riferimento sottende una norma che garantisce, a chi lo richieda, l'uso del bene, impedendo al proprietario dell'infrastruttura di vantare su di essa diritti esclusivi e di inibire agli operatori economici l'accesso alle utilità che essa offre. Un bene per propria natura escludibile diviene, in ragione dell'ordinamento, non escludibile.

I criteri individuati dalle discipline economiche per discriminare i beni sono quindi due: **la rivalità o non rivalità** che dipende dalla natura ontologica del bene di corrispondere contemporaneamente e simultaneamente a una pluralità di bisogni, nei limiti della sua capacità naturale; **l'escludibilità o la non escludibilità**, che è determinata da una serie di fattori tecnici, economici, giuridici. Tali due criteri agiscono su piani differenti e possono essere articolati congiuntamente. Vi possono essere quindi: a) **beni a consumo rivale ed escludibili**; b) **beni a consumo rivale e non escludibili**; c) **beni a consumo non rivale ed escludibili**; d) **beni a consumo non rivale e non escludibili**.

Sono beni a **consumo rivale** e **escludibili**, ad esempio, tutti i beni materiali di consumo quali cibo e vestiti. Il soddisfacimento dell'interesse di un singolo esaurisce le utilità del bene. Questi beni sono considerati, per questa ragione, privati.

Sono beni a **consumo rivale** e **non escludibili** i frutti spontanei che possono essere liberamente raccolti o le risorse ittiche o quelle faunistiche che possono essere prelevate dall'ambiente. Il fatto che alcune di queste attività possano essere esercitate solo in ragione di un titolo autorizzatorio non fa venir meno, in termini concettuali, la loro accessibilità, considerando che l'autorizzazione non costituisce un diritto ma rimuove semplicemente un limite posto dalle norme all'esercizio di una libertà già imputata potenzialmente ad ogni soggetto dell'ordinamento e che non è concretamente esercitabile se non in ragione di provvedimento amministrativo. Tali beni sono qualificati, nelle discipline economiche, come **comuni**.

È un bene a **consumo non rivale** ed **escludibile** una strada che, in ragione della realizzazione di una barriera all'ingresso, risulti accessibile solo a fronte del pagamento di una tariffa o di un pedaggio. Sono di natura analoga i contenuti audiovisuali resi accessibili solo in seguito al pagamento di un prezzo. Essi potrebbero soddisfare, in una logica di non rivalità, una indeterminata molteplicità di bisogni ma, essendo escludibili, risultano riservati al godimento di un numero determinato o determinabile di individui. Tali beni vengono rubricati come di **club**.

Sono beni a **consumo non rivale** e **non escludibili** la luce di un faro e una strada che risulti liberamente accessibile in ragione dell'impossibilità tecnica o dell'anti-economicità di introdurre barriere all'ingresso. Tali sono i beni che nella teoria economica vengono classificati come **beni pubblici**.

Tale tipizzazione risulta utile, nell'economia del presente lavoro, perché rappresenta un parametro di riferimento per ragionare sulla ripartizione tassonomica invece prevista dal diritto positivo. Per altro verso non è irrilevante notare quale sia la funzione assunta da una teoria dei beni nelle discipline economiche: individuare sulla base di un parametro tecnico gli ambiti dove è giustificato un intervento pubblico nelle dinamiche di produzione e di consumo. Ciò dovrebbe avvenire solo con riferimento ai beni pubblici, che, a fronte di un fallimento del mercato, non verrebbero altrimenti ad essere prodotti in quantità ottimale. L'individuazione degli ambiti in cui si giustifica un intervento pubblico definisce, a contrario, quelli nei quali la produzione di beni, la loro allocazione e la determinazione dei rispettivi prezzi debbano essere preferibilmente riservati al mercato, quale contesto istituzionale nel quale la libera interazione di soggetti (produttori e consumatori) definisce un efficiente equilibrio economico e sociale, raggiunto prescindendo da ogni ingerenza politica. La questione riposta nella teoria economica dei beni ha a che vedere, in definitiva, con il conflittuale rapporto tra un governo politico della società e l'autorganizzazione sociale invece determinata, nel mercato, dalle leggi naturali dell'economia.

Come abbiamo visto il diritto è una delle variabili che incidono sulla qualificazione, anche in senso economico, dei beni. Si pensi all'art. 34 della Costituzione, per il quale la "scuola è aperta a tutti. L'istruzione inferiore, impartita per almeno otto anni, è obbligatoria e gratuita". Una norma, la Costituzione, impone allo Stato di erogare un servizio che deve essere gratuito e universalmente usufruibile: l'accesso al sistema formativo risulta quindi un bene non escludibile e a consumo non rivale. I beni prodotti con un **intervento pubblico** finalizzato a garantire che essi possano essere consumati in uno schema di **non rivalità** e di **piena accessibilità** sono chiamati **beni meritori**. Tale intervento si giustifica alla luce della rilevanza sociale assunta da tali beni, che quindi sono prodotti direttamente dallo Stato. Quest'ultimo, per altro verso, può, in qualità di regolatore, imporre a soggetti privati di erogare servizi che siano usufruibili su base universale, pur a fronte del pagamento di una tariffa che di-

verge dal prezzo per come esso verrebbe determinato dalle libere dinamiche di mercato.
L'accesso ad un servizio di istruzione, ove mancasse una norma come quella contenuta nell'art. 34 della Costituzione, potrebbe essere fornito da soggetti privati che, nell'esercizio di attività economica, produrrebbero un bene escludibile e a consumo rivale.

5.3. *La nozione giuridica di bene pubblico*

La nozione di bene pubblico non viene specificamente definita dall'ordinamento. Tale concetto viene utilizzato senza che sia possibile desumere, in maniera chiara, il criterio assunto dal legislatore nel qualificare, caso per caso, come pubblici alcuni beni o categorie di beni. Vi sono, in **termini teorici**, **tre modi per operare tale distinzione**: un primo assume, come discriminante, un fattore di ordine sostanziale, per il quale la pubblicità di un bene è determinata **dalla sua natura** o meglio da una qualità ontologica che accomuna un insieme di beni omogenei; un secondo, di ordine **funzionale**, per cui sono pubblici quei **singoli beni** che svolgono **una specifica funzione nel perseguimento di un interesse o nell'esercizio di una attività** che sono di rilevanza pubblica; un terzo per il quale sono pubblici tutti i beni **che appartengono a un ente pubblico**. Questi tre criteri sono tutti rilevabili nella stratificazione normativa che si è consolidata, nel corso di decenni, con riferimento al diritto dei beni pubblici.

La complessità che caratterizza tale disciplina può essere rappresentata menzionando alcune disposizioni attualmente in vigore. Ai sensi dell'art. 1, r.d. 18 novembre 1923, n. 2440, Nuove disposizioni sull'amministrazione del patrimonio e sulla contabilità generale dello Stato, i "beni immobili dello Stato, tanto pubblici quanto posseduti a titolo di privata proprietà, sono amministrati a cura del Ministero delle finanze". Da questa norma possiamo desumere che non tutti i beni in proprietà dello Stato sono pubblici, in quanto questi debbono essere distinti da quelli che lo Stato stesso possiede a titolo di proprietà privata. Vi sono quindi beni in proprietà di soggetto pubblico che non sono pubblici. Dalla formulazione letterale della norma possiamo quindi desumere che il legislatore abbia assunto un criterio funzionale (non sono pubblici quei beni che essendo posseduti a titolo di proprietà privata, non sono destinati all'esercizio di nessuna funzione pubblica).
Ai sensi dell'art. 42, co. 1, della Costituzione, la "proprietà è pubblica o privata". Si potrebbe desumere che se il baricentro ordinatore consiste in differenti forme di proprietà, quella privata e quella pubblica, i beni pubblici devono essere distinti da quelli privati in ragione della natura pubblica o privata del soggetto che ne è il titolare. Allo stesso modo la parte del codice civile che

tratta i beni pubblici è rubricato "dei beni appartenenti allo Stato" e "agli enti pubblici". Il capo non è quindi dedicato espressamente ai beni pubblici, ma a quei beni che appartengono a enti pubblici. La pubblicità discende dalla natura del soggetto proprietario. Sono quindi pubblici i beni in proprietà di soggetto pubblico.

Le disorganicità rilevabili nell'ordinamento sono il frutto della storia. L'assenza di un criterio ordinatore univoco che presiede alla definizione della nozione giuridica di bene pubblico è stata spesso evidenziata da quella dottrina che ha avanzato proposte di riforma organica mai giunte a compimento. Tale dottrina è quella che ha con maggior forza sottolineato la necessità di distinguere i beni pubblici che sono tali in ragione di una mera appartenenza pubblica dai beni pubblici "in senso stretto" (beni demaniali e beni del patrimonio indisponibile), ossia quelli che, oltre ad essere in proprietà pubblica, sono intrinsecamente, per propria natura, o funzionalmente, per destinazione impressa, asserviti al perseguimento di finalità pubblicistiche.

Nonostante le ragioni di una riforma siano condivisibili, non rimane che rifarsi al diritto positivo, e all'analisi degli articoli del codice civile che elencano differenti tipi di beni appartenenti allo Stato e ad altri enti pubblici. Tali macro-tipologie sono due: da un lato vi sono **i beni del demanio pubblico**, dall'altro **i beni del patrimonio**. Questi ultimi sono a loro volta suddivisi in beni del patrimonio **indisponibile** e beni del patrimonio **disponibile**.

5.4. *I beni del demanio dello Stato*

5.4.1. *La tipizzazione dei beni demaniali ai sensi dell'art. 822 c.c.*

L'art. 822 elenca i beni che fanno parte del demanio pubblico, suddividendoli in due sottocategorie: quelli che appartengono **necessariamente** allo Stato e fanno parte del demanio (co. 1) e quelli che appartengono al demanio **se in proprietà** dello Stato o di altri enti pubblici (co. 2). Nel primo caso siamo di fronte al **demanio necessario**, nel secondo al **demanio eventuale**.

Formano parte del **demanio necessario** il "il lido del mare, la spiaggia, le rade e i porti [denominato il demanio marittimo]; i fiumi, i torrenti, i laghi e le altre acque definite pubbliche dalle leggi in materia [il cosiddetto demanio idrico]; le opere destinate alla difesa nazionale [il demanio militare]". La funzione del co.1, art. 822, consiste in questo caso non solo nel dichiarare la natura demaniale di alcuni beni, ma anche e soprattutto nell'affermare una **appartenenza necessaria allo Stato** di intere **categorie di beni**. La norma prescrive che i beni appartenenti a una classe omogenea, ad esempio i lidi, prima che essere demaniali, e quindi assoggettati al relativo regime giuridico, siano riservati allo Stato e solo ad esso. La norma sancisce che qualsiasi soggetto diverso dallo Stato è privo della legittimazione alla titolarità di un diritto di proprietà su tali beni, quale categoria omogenea individuata in base a un criterio ontologico.

Chiunque avesse vantato, prima dell'emanazione della norma, un diritto di proprietà su un bene riconducibile alla nozione di lido, avrebbe perso tale diritto in conseguenza non di un trasferimento del titolo dal privato all'ente statale, come avviene nel caso in cui esso fosse espropriato per motivi di pubblica utilità e salvo indennizzo. L'istituzione di una "riserva" a favore dello Stato fa venir meno il presupposto su cui si fondava, precedentemente, quel diritto proprietario: la capacità appropriativa che l'ordinamento attribuisce ai soggetti e che si può manifestare sui beni, e solo su quelli, che le norme considerano come suscettibili di appropriazione. Il venir meno di tale presupposto, in ragione dell'istituzione di una riserva, fa caducare automaticamente i diritti proprietari che ne erano la logica conseguenza pur in assenza di un provvedimento amministrativo espresso.
Nel disegno impresso nel codice civile lo Stato assumeva un ruolo preponderante nell'allocazione della proprietà sui beni pubblici. Tale centralità è venuta in parte scemando alla luce di differenti interventi normativi. In seguito all'istituzione delle Regioni, infatti, sono state trasferite rispettivamente al demanio e al patrimonio indisponibile regionale diverse classi di beni prima in proprietà dello Stato. Ai sensi della l. n. 281/1970 appartengono alle Regioni gli acquedotti di interesse regionale in proprietà statale, i porti lacuali, le foreste prima appartenenti allo Stato, le cave e le torbiere ove sottratte alla disponibilità del proprietario, le acque minerali e termali (ricomprese prima innominatamente nei beni minerari). Con il d.lgs. n. 85/2010 sono invece stati trasferiti alle Regioni, *ex lege*, gli aeroporti di interesse regionale e i beni del demanio marittimo, con l'esclusione di quelli direttamente utilizzati dalle amministrazioni statali, del demanio idrico, ad eccezione dei corsi e dei laghi di natura sovra-regionale, del demanio minerario.

Nella casistica contenuta dall'articolo possiamo rilevare differenti criteri che sottendono la natura pubblica dei beni qualificati come demaniali: i beni possono essere individuati alla luce di un profilo ontologicamente sostanziale (i lidi, le spiagge) o di un profilo funzionale (le opere destinate alla difesa). Nel dichiarare la demanialità necessaria delle acque, il codice civile rendeva prevalente un profilo funzionale, considerando che le leggi coeve al codice definivano pubbliche le sole acque suscettibili di pubblici usi. L'uso pubblico, e quindi il soddisfacimento funzionale di un bisogno, determinava la pubblicità delle acque prescindendo da un criterio ontologico e sostanziale. Tale approccio è stato superato con la dichiarazione della demanialità di tutte le acque, contenuta nell'art. 144, d.lgs. n. 152/2006, c.d. codice dell'ambiente.

Le vicende relative alla qualificazione delle risorse idriche merita un approfondimento. Ai sensi del r.d. 11 dicembre 1933, n. 1775, Testo unico delle disposizioni di legge sulle acque e impianti elettrici, erano pubbliche le acque che avessero acquisito "attitudine ad usi di pubblico generale interesse". La pubblica amministrazione (p.a.) redigeva degli speciali elenchi nei quali erano inseriti, per mezzo di provvedimento dichiarativo, quei corsi d'acqua e quelle fonti ritenuti di rilevanza pubblica. A partire dalla legge Galli, l. 5 gennaio 1994, n. 36, tutte "le acque superficiali e sotterranee, ancorché non estratte dal sottosuolo, sono pubbliche e costituiscono una risorsa che è salvaguardata ed utilizzata secondo criteri di solidarietà". La norma venne impugnata davanti alla Corte costituzionale sulla base della seguente argomentazione: l'estinzione, conseguente alla generale dichiarazione di pubblicità, dei diritti di proprietà privati vantati su quelle fonti che non erano state inserite negli elenchi delle acque pubbliche costituiva una violazione dell'art. 42 Cost. Tale articolo è quello che tutela la proprietà privata, imponendo che essa possa essere trasferita al soggetto pubblico espropriante solo per motivi di pubblico interesse e salvo indennizzo. L'aver pubblicizzato beni in proprietà privata senza prevedere la corresponsione di un indennizzo avrebbe determinato la violazione della protezione offerta dalla Costituzione alla proprietà. La Corte, nel sancire la legittimità costituzionale della norma con sentenza 19 luglio 1996, n. 259, adotta una argomentazione significativa. La pubblicizzazione, avvenuta senza indennizzo, non rappresenta una violazione della protezione costituzionale della proprietà in quanto la legge "ha accentuato lo spostamento del baricentro del sistema delle acque pubbliche verso il regime di utilizzo, piuttosto che sul regime di proprietà". La pubblicizzazione, in altri termini, non attrarrebbe alla proprietà pubblica tutte le acque, ma legittimerebbe un intervento pubblico regolativo (concessioni, autorizzazioni) anche su quelle acque in proprietà privata. La vicenda appare interessante perché evidenzia differenti concetti di bene pubblico: da un lato la pubblicità di un bene presuppone l'appartenenza ad un ente pubblico (nel caso specifico lo Stato, a titolo di demanio); dall'altro lato la pubblicità prescinde dalla appartenenza ad un ente pubblico, prefigurando un controllo della pubblica amministrazione che si attua attraverso atti di pianificazione, provvedimenti amministrativi, esercizio di poteri di polizia. Le disposizioni del codice civile rappresentano la prima ipotesi: la pubblicità di un bene presuppone l'appartenenza ad un ente pubblico e non vi possono essere beni pubblici in mano a soggetti non pubblici. L'interpretazione data alla nozione di pubblicità dei beni nella giurisprudenza più recente (cui ascrivere anche la sentenza della Corte costituzionale citata) prescinde dall'appartenenza concentrando l'attenzione sul riconoscimento legale di una funzione svolta dal bene, sia esso in proprietà pubblica o privata, cui si associano poteri regolativi e conformativi. A ben vedere cambiano gli strumenti, non mutano le finalità: la rilevanza sociale di un bene giustifica un controllo pubblico. Tale controllo poteva, un tempo, venir esercitato solo in ragione del diritto di proprietà che lo Stato vantava sui beni in suo dominio. Il medesimo potere viene oggi esercitato in virtù di un potere sovrano di natura regolativa. La vicenda relativa alla natura pubblica di tutte le acque è stata infine superata con l'art. 144 del d.lgs. n. 152/2006, il c.d. codice dell'ambiente, che le dichiara come beni demaniali (ricollocando al centro della questione l'appartenenza in capo allo Stato).

Accanto al demanio necessario vi è il **demanio eventuale**. Sono beni demaniali, se appartengono allo Stato, "le strade, le autostrade [il demanio stradale] e le strade ferrate [il demanio ferroviario]; gli aerodromi [il demanio aereonautico]; gli acquedotti; gli immobili riconosciuti d'interesse storico, archeologico e artistico a norma delle leggi in materia; le raccolte dei musei, delle pinacoteche, degli archivi, delle biblioteche". La funzione svolta da tale comma differisce da quella assunta dal co. 1 in quanto non attribuisce una posizione dominicale; essa qualifica quei beni che storicamente già appartengono allo Stato, considerando che da tale qualificazione deriva uno specifico regime giuridico di cui si dirà a breve. Il criterio che accomuna tali tipologie di beni è da indentificare in **una specifica funzione** che tali beni, anche in quanto appartenenti allo Stato, svolgono. **Non** è possibile rilevarvi **un criterio sostanziale** in quanto ciò, ove esso fosse contemplato, determinerebbe la demanialità di tutte le strade ferrate, di tutte le strade, di tutti gli immobili riconosciuti di interesse storico. Tali categorie di beni, invece, sono suscettibili di divenire l'oggetto della capacità appropriativa riconosciuta dall'ordinamento ai soggetti privati. Vi possono essere strade ferrate in proprietà di privati, come pure la rilevanza storica di un immobile non preclude che esso possa essere oggetto di un diritto di proprietà imputato a soggetto non pubblico. Non vi sono preclusioni neanche rispetto all'ipotesi in cui il soggetto pubblico proprietario sia diverso dallo Stato. In tal senso l'art. 824 c.c. dispone l'assoggettamento al regime demaniale di quei beni in proprietà di Comuni o Province (e attualmente anche delle Regioni, non ancora costituite nel momento in cui il codice civile venne promulgato) che sono riconducibili alle classi menzionate nel demanio eventuale dello Stato (art. 822, co. 2). Qualora quindi un Comune fosse il proprietario di un acquedotto, tale bene, pur non facendo parte del demanio dello Stato, è assoggettato al regime demaniale.

Fanno parte, infine, del demanio statale tutti quei beni **qualificati come tali dalla legge**. Sono quindi demaniali, in ragione dell'art. 28, r.d. 30 marzo 1942, n. 327, Codice della navigazione, anche "le lagune, le foci dei fiumi che sboccano in mare, i bacini di acqua salsa o salmastra che almeno durante una parte dell'anno comunicano liberamente col mare" ed i "canali utilizzabili ad uso pubblico". Tali classi di beni integrano e completano il cosiddetto demanio marittimo.

5.4.2. *Il regime giuridico e la funzione dei beni demaniali*

La demanialità si accompagna ad uno specifico regime, prescritto dall'art. 823 c.c., che è fondato su **tre cardini**.

Il primo prevede **l'inalienabilità**. I beni demaniali quindi non possono essere oggetto di atti di disposizione per mezzo dei quali il proprietario, ossia lo Stato o gli enti pubblici territoriali, trasferisce la titolarità del diritto di proprietà a soggetti terzi. Il divieto di cedere, per mezzo di un negozio di vendita, i beni demaniali preclude che essi possano divenire l'oggetto di esecuzione forzata. Essi non possono quindi essere aggrediti da chi vanta dei crediti patrimoniali nei confronti dello Stato affinché tali pretese creditorie possano essere soddisfatte con quanto ricavato dalla vendita di suddetti beni. L'incommerciabilità inibisce anche la costituzione sui beni demaniali di diritti reali, come l'ipoteca, che garantiscono una obbligazione assunta da chi ne è proprietario. L'incommerciabilità impedisce inoltre che sui beni demaniali possa esercitarsi quel possesso che permette, con riferimento ai beni non demaniali, l'acquisizione a titolo originario della proprietà per usucapione. Ai sensi dell'art. 1145 c.c., infatti, il "possesso delle cose di cui non si può acquistare la proprietà è senza effetto". I beni demaniali, infine, non possono essere espropriati, divieto stabilito dall'art. 4 del d.p.r. n. 327/2001.

Il secondo contempla la possibilità che sui beni demaniali **possano essere costituiti diritti a favore di terzi** solo **nei limiti e nei modi prescritti dalle leggi settoriali** che li riguardano. È la legge, quindi, che definisce i procedimenti volti all'emanazione di un provvedimento di concessione che crea, in capo ad un soggetto, diritti esclusivi sul bene demaniale.

Il terzo prescrive il principio dell'**autotutela amministrativa**. I beni demaniali possono essere protetti dalla p.a. sia attraverso i rimedi ordinari che l'ordinamento riconosce ai proprietari per la tutela della proprietà e del possesso, sia in via amministrativa. In via ordinaria la tutela di un diritto può essere dispensata solo da un giudice su istanza dell'interessato. Ove vi siano però atti che ledono il bene demaniale o le utilità da esso generate la p.a., in base ai procedimenti tipici previsti nelle leggi di settore che riguardano le singole classi di beni, può ingiungere, in prima battuta, a chi abbia alterato lo stato delle cose l'adozione di misure volte alla riduzione in pristino del bene demaniale, potendo, in seconda battuta e a fronte di un comportamento inadempiente, effettuare tali interventi a spese del soggetto intimato.

Poniamo ad esempio che il bene demaniale venga ad essere abusivamente occupato da un soggetto. In via ordinaria il proprietario, ossia lo Stato, potrà adire un giudice per ottenere una sentenza che lo reintegri nel possesso. Il fatto che il bene sia un bene demaniale permette però alla p.a. di raggiungere il medesimo risultato per mezzo di uno strumento differente. La p.a. potrà infatti emanare un provvedimento, in seguito a debita istruttoria e senza aver adito un giudice, con il quale ingiungere coercitivamente il rilascio dell'immobile e l'esecuzione di opere di riduzione in pristino.

Ogni istituto giuridico è chiamato a svolgere nell'ordinamento una specifica funzione. **Due sono le funzioni svolte dalla proprietà demaniale**.

Da un lato la proprietà riservata allo Stato di alcuni beni si giustifica, sotto un profilo funzionale, dall'esigenza di garantire, attraverso strumenti proprietari, un **controllo pubblico sull'uso e sulla destinazione di beni** di particolare **valore sociale ed economico**. La proprietà demaniale esprime una appartenenza necessaria di un bene allo Stato, che esercita i poteri dispositivi attribuiti ad ogni proprietario privato, con la sola esclusione della facoltà di trasferire il bene a causa dell'incommerciabilità disposta per legge. Ciò non toglie che tali poteri dispositivi siano esercitati, alla luce del principio di legalità, per perseguire, pur nell'ambito di una discrezionalità, interessi pubblici rilevanti individuati nelle leggi settoriali di riferimento.

Dall'altro lato una proprietà pubblica riservata allo Stato di alcuni beni rappresenta il **presupposto per garantire l'esercizio di diritti e di libertà individuali** che potrebbero essere inibiti ove quei beni divenissero oggetto di proprietà privata. In questo caso non siamo di fronte ad una vera e propria proprietà dello Stato sui beni demaniali, ma ad una sorta di non-proprietà, essendo i beni demaniali destinati a veicolare l'esercizio dei diritti e delle libertà riconosciuti ai soggetti dell'ordinamento. Lo Stato non eserciterebbe quindi alcuna discrezionalità nella gestione del bene demaniale, essendo quest'ultima costitutivamente funzionalizzata rispetto a un fine già predeterminato e che lo Stato persegue in una logica non proprietaria, ma di servizio.

È possibile individuare nelle ragioni storiche che hanno determinato la demanialità delle singole classi di beni menzionate nell'art. 822 c.c. una certa prevalenza ora dell'uno, ora dell'altro profilo funzionale.
Risulta intuitivamente evidente che la demanialità dei beni menzionati nel codice della navigazione sia stata storicamente determinata dall'esigenza di garantire un diritto e una libertà di navigazione. In tal senso la demanialità assunse la funzione di escludere la proprietà privata di classi di beni che, in ragione di una appartenenza pubblica necessaria elisa di qualsiasi facoltà dispositiva, divenivano liberamente usufruibili.
Risulta del pari evidente che la demanializzazione sia stata dichiarata, in altri casi, per garantire allo Stato ora un uso riservato, ora un controllo pubblico su determinati beni. Assicura un uso riservato allo Stato la demanializzazione dei beni del demanio militare. Garantisce un controllo pubblico dei processi economici che interessano beni di particolare valore economico e sociale la

demanializzazione delle risorse idriche. In quest'ultimo caso la demanialità risponde non tanto all'esigenza di garantire un diritto fondamentale di accesso ad un bene necessario alla vita, ma piuttosto alla necessità di ordinare e governare, secondo logiche politiche, i conflitti generati dall'uso concorrente di una risorsa divenuta via via sempre più scarsa, selezionando quegli interessi ritenuti prevalenti in una politica di intervento diretto dello Stato nei processi economici. Si pensi all'importanza avuta dallo sfruttamento a fini idroelettrici delle risorse idriche nel processo di industrializzazione della Nazione avviato nel corso dei primi decenni del ventesimo secolo. L'interesse all'incremento della capacità produttiva del Paese ha orientato l'esercizio dei poteri che lo Stato, in qualità di proprietario, possedeva sulle risorse idriche in modo tale da privilegiare gli usi idroelettrici rispetto ad altri utilizzi concorrenti, come quelli agricoli.

Quale sia la funzione attualmente svolta dalla proprietà demaniale, prescindendo dalle ragioni storiche che hanno causato la demanializzazione di alcuni beni o di una classe di beni, è un dato desumibile dai limiti posti, dalle singole leggi di settore, ai poteri con cui la p.a. può disporre dei diritti di uso pubblico esistenti sui beni demaniali.

L'ordinamento può garantirli inibendo alla p.a. la costituzione di diritti esclusivi imputati a terzi per l'esercizio di attività economica. In questo caso la funzione della demanialità è tuttora legata alla garanzia dei diritti di uso pubblico.

Per altro verso l'ordinamento può garantire un contenuto minimo dell'uso pubblico, comprimendolo al fine di renderlo compatibile con i diritti esclusivi costituiti in capo a terzi sul bene demaniale.

Infine l'ordinamento può permettere alla p.a. di costituire sul bene demaniale diritti esclusivi incompatibili con la conservazione dell'uso pubblico, determinandone l'estinzione. In questo caso la demanialità è funzionalmente legata a un controllo pubblico su beni di particolare valore sociale ed economico.

Particolarmente significativo è il caso del demanio marittimo. Nella giurisprudenza del Consiglio di Stato (ordinanza n. 2543/2015), esso è stato ritenuto "direttamente ed inscindibilmente connesso con il carattere pubblico della sua fruizione collettiva, cui è naturalmente destinato". La destinazione pubblica deriva dall'art. 1, co. 251, lett. e), l. 27 dicembre 2006, n. 296, che obbliga chi abbia ottenuto in concessione il bene demaniale spiaggia a "consentire il libero e gratuito transito, per il raggiungimento della battigia antistante l'area ricompresa nella concessione, anche al fine di balneazione". È possibile agevolmente desumere che, se un uso pubblico generale è stato garantito da una norma che definisce le facoltà esercitabili dal concessionario, esso non viene ad essere autonomamente garantito dalla sola sottoposizione di quel bene al regime demaniale. In altre parole la demanialità non implica, di per sé, un asservimento del bene alla fruizione diretta e collettiva da parte della generalità dei cittadini. La fruizione diretta può essere prevista nel regime legale predisposto settorialmente per singole classi di beni, ma non è elemento strutturalmente necessario della proprietà demaniale. Anche ove tale destinazione sia riconosciuta dall'ordinamento, essa è costituita in ragione di una specifica norma.

È molto importante osservare che **le finalità storicamente perseguite attraverso la demanializzazione** di singoli beni o di classi di beni viene oggi perseguita attraverso strumenti differenti. Tanto un intervento pubblico finalizzato a orientare l'uso e la destinazione di beni di particolare rilevanza sociale ed economica, quanto la garanzia di diritti e libertà riconosciuti dall'ordinamento **vengono oggi perseguiti attraverso interventi di pianificazione e di regolazione**. Si pensi alle attività di pianificazione urbanistica, con cui vengono definite le possibili destinazioni d'uso dei beni in proprietà privata alla luce del principio della funzione sociale della proprietà, costituzionalizzata nell'art. 42, co. 2, Cost. Tali poteri possono essere esercitati ora dalla p.a. prescindendo da un titolo proprietario sul "bene giuridico" – che in materia urbanistica potrebbe essere individuato nel bene "territorio", gestito al fine di garantirne un assetto razionale – potenzialmente leso dall'esercizio privato dell'attività edilizia. Per altro verso quei diritti e quelle libertà un tempo garantite attraverso un uso pubblico diretto e immediato dei beni demaniali sono oggi tutelati attraverso la regolazione delle relazioni inter-private. L'intervento regolatore ha ad oggetto principalmente la predeterminazione delle condizioni che obbligano chi detiene diritti esclusivi su di un bene di particolare valore sociale ed economico a garantirne l'accessibilità e dei criteri da assumere per la determinazione della tariffa cui è subordinato l'accesso, questioni che vengono quindi sottratte alla libera contrattazione tra le parti. Ciò non toglie che l'orizzonte nel quale si collocano tali rapporti è quello del diritto privato, seppur opportunamente regolato da autorità pubblica. L'ampio ricorso a strumenti di regolazione ha in parte fatto venir meno la funzione originariamente svolta dalla demanialità e giustifica la progressiva sdemanializzazione di beni un tempo pubblici.

5.4.3. *L'acquisto e la perdita della demanialità*

Un bene diventa demaniale in ragione di differenti dinamiche. Tale qualificazione giuridica può dipendere: **a) da un fatto che ha rilevanza giuridica**; **b) da un provvedimento espresso della p.a.**

Nel primo caso la demanialità di un bene è determinata da un fatto naturale o da un comportamento tenuto dalla p.a. Acquistano la demanialità in ragione del riconoscimento giuridico della rilevanza di un **fatto naturale** i beni del demanio idrico e quelli del patrimonio marittimo, che in ragione di ciò vengono nominati come beni del demanio naturale. È la legge che fa derivare la qualificazione giuridica da un fatto, consistente nel possesso delle caratteristiche individuate dalla legge stessa. È un accadimento naturale ciò che rende demaniale il suolo sottostante ad un corpo idrico superficiale nato a fronte dell'affioramento, per cause naturali o antropiche, di acque prima sotterranee. Acquistano la demanialità in ragione di un **comportamento concludente** della p.a. quei beni in proprietà pubblica materialmente destinati ad un uso pubblico. Ciò può avvenire nel caso del demanio stradale. Affinché una strada appartenente allo Stato divenga bene del demanio eventuale occorre che sia possibile desumere da una serie di circostanze di fatto la concreta volontà di aprirla all'uso pubblico. Tale destinazione non deve essere quindi formalizzata espressamente in un provvedimento amministrativo. Essa può derivare da comportamenti taciti e concludenti che realizzano la destinazione pubblica del bene. Una porzione di suolo appartenente allo Stato diviene quindi parte del demanio stradale nel momento in cui vengono realizzati quegli interventi che permettono la circolazione veicolare.

Nel secondo caso vi è un espresso **provvedimento costitutivo** con cui la p.a. attribuisce ai beni la demanialità. Ciò avviene nel caso del demanio militare. Tale provvedimento risulta necessario al fine di distinguere questi beni da quelli, invece, che appartengono al patrimonio indisponibile dello Stato ("le caserme, gli armamenti, gli aeromobili militari [...] e le navi da guerra"). In questo caso è per mezzo di un provvedimento che la p.a. competente destina alla difesa nazionale una base missilistica che, in sua assenza, apparterrebbe al patrimonio indisponibile.

Il meccanismo che opera ai fini dell'acquisto della demanialità da parte di un bene risulta parzialmente indicativo delle **modalità** con cui **tale qualificazione giuridica viene a cessare**.

Ciò può avvenire a fronte: **a)** di un **fatto giuridicamente rilevante**; **b)** di una **manifestazione espressa** da parte del legislatore o della p.a.

I **fatti estintivi** che sono ritenuti capaci, dall'ordinamento, di determinare **la perdita della demanialità** sono a loro volta suddivisibili in **due categorie**: i **fatti naturali** che determinano il venir meno dell'elemento causativo, ai sensi della legge, della demanialità stessa dei beni; **il comportamento posto in essere dalla p.a.** dal quale è possibile desumere la sottrazione del bene alla destinazione pubblica che originariamente gli era stata impressa e che aveva determinato la demanialità.

Sotto il **primo profilo** appare evidente un principio: se il venir in essere di alcune caratteristiche ritenute dalla legge determinanti ai fini dell'acquisto della demanialità produce, automaticamente, il passaggio del bene al demanio, il venir meno delle medesime caratteristiche normativamente richieste dovrebbe determinare, di per sé, la perdita di tale qualificazione giuridica.

L'esistenza di una piena simmetria nelle dinamiche che comportano l'acquisito e la perdita della demanialità risulta però dubbia. Le disposizioni settoriali tendono a ricondurre ad una espressa manifestazione della volontà della p.a. la sdemanializzazione anche di quei beni che sono demaniali in ragione di un fattore naturalistico. Ciò attualmente vale tanto per i beni del demanio idrico quanto per quelli del demanio marittimo.

Sotto il **secondo profilo**, il fatto da cui può dipendere la **sdemanializzazione** di un bene consiste in un **comportamento** della p.a. da cui è possibile desumere, in maniera chiara e inequivocabile, la sottrazione del bene alla destinazione pubblica che gli era stata originariamente data. Tale meccanismo rappresenta simmetricamente quello che l'ordinamento prevede nel processo di acquisizione della demanialità. La giurisprudenza si è premurata di circoscrivere la portata applicativa di tale principio dichiarando che non costituiscono elementi indiziari della volontà della p.a. di far decadere la destinazione pubblica del bene il disuso da tempo immemorabile, o l'inerzia e l'incuria di cui la p.a. si rendesse colpevole. Affinché sia accertabile una sdemanializzazione tacita di un bene demaniale occorre che sussistano ulteriori circostanze di una certa significatività (come ad esempio atti di assenso o provvedimenti di abilitazione all'esercizio di una attività incompatibile con il mantenimento della destinazione pubblica). La perdita della demanialità, in questo senso, avviene in ragione di un comportamento concludente della p.a. che risulta legittimo solo nella misura in cui le leggi di settore non richiedano l'emanazione di un provvedimento costitutivo.

La **sdemanializzazione** di un bene può dipendere invece non tanto da un fatto, ma da una **manifestazione di volontà** che si può esprimere **attraverso legge** o **attraverso un provvedimento amministrativo**.

Nel **primo caso** è la legge che dispone la sdemanializzazione di una delle classi di beni menzionate nell'art. 822. Le disposizioni del codice, che hanno valore di legge, vengono tacitamente abrogate in quanto incompatibili con un successivo atto normativo di pari rango. Tale fenomeno è avvenuto con riferimento ai beni ferroviari, beni del demanio eventuale che sono stati trasferiti con legge nel 1985 all'ente pubblico economico Ferrovie dello Stato.

Nel **secondo caso** siamo di fronte ad un provvedimento della p.a. emanato in applicazione delle leggi che regolano settorialmente le singole categorie di beni demaniali. Ai sensi dell'art. 55 del Codice dei beni culturali e del paesaggio, d.lgs. n. 42/2004, alcuni beni appartenenti al demanio storico-artistico possono essere venduti previa autorizzazione ministeriale, che determina la sdemanializzazione a condizione che sia assicurato una destinazione d'uso compatibile con la protezione del valore storico-artistico del bene. Un bene appartenente al demanio militare invece perde tale qualificazione giuridica nel momento in cui vi sia un provvedimento della p.a. che costitutivamente disponga il venir meno della destinazione alla difesa nazionale. Tali procedimenti sono in tutto simili a quelli attualmente previsti per procedere alla sdemanializzazione dei beni del demanio idrico e marittimo, non essendo più sufficiente, anche per queste categorie di beni, il mero verificarsi di un fatto estintivo.

Se originariamente erano le singole leggi di settore a determinare, per ogni classe di beni, i procedimenti all'uopo necessari per procedere all'estinzione della demanialità, è stato introdotto nel 2001 un procedimento applicabile trasversalmente a qualsiasi bene immobile, quindi anche demaniale, appartenente allo Stato. La l. n. 351/2001 ha introdotto infatti un procedimento volto a valorizzare e privatizzare il patrimonio immobiliare dello Stato. Per mezzo di decreto non regolamentare il Ministero dell'Economia e delle Finanze può trasferire a società di diritto privato, costituite dallo stesso Ministero, singoli beni immobili individuati dall'Agenzia del Demanio nell'esercizio di una attività ricognitiva del patrimonio immobiliare pubblico. Il decreto con cui si trasferisce il bene immobile determina il passaggio del bene al patrimonio disponibile, facendo venir meno qualsiasi precedente qualificazione giuridica.

5.5. *I beni del patrimonio*

I beni in proprietà degli enti pubblici territoriali (Stato, Regioni, Province, Comuni) che non sono demaniali (o non sono soggetti al regime demaniale, per quel che concerne i beni in proprietà di enti pubblici territoriali differenti dallo Stato) costituiscono, ai sensi dell'art. 826, il patrimonio. **I beni patrimoniali** sono a loro volta suddivisi in **disponibili** e in **indisponibili**.

5.5.1. *I beni del patrimonio indisponibile*

5.5.1.1. *La tipizzazione dei beni del patrimonio indisponibile*

Ai sensi dell'art. 826, co. 2, fanno parte del **patrimonio indisponibile dello Stato** "le foreste che a norma delle leggi in materia costituiscono il demanio forestale dello Stato, le miniere, le cave e torbiere quando la disponibilità ne è sottratta al proprietario del fondo, le cose d'interesse storico, archeologico, paleontologico e artistico, da chiunque e in qualunque modo ritrovate nel sottosuolo, i beni costituenti la dotazione della presidenza della Repubblica, le caserme, gli armamenti, gli aeromobili militari e le navi da guerra". Appartengono inoltre **al patrimonio indisponibile dell'ente pubblico territo-**

riale (Stato, Regione, Provincia, Comune) che ne è proprietario "gli edifici destinati a sede di uffici pubblici, con i loro arredi, e gli altri beni destinati a un pubblico servizio". Vi sono poi ulteriori norme settoriali che hanno incrementato il novero dei beni del patrimonio indisponibile dello Stato, nei quali attualmente rientra, ai sensi della l. n. 157/1992, la fauna selvatica.

Si può facilmente intuire come l'art. 826 presenti un elenco disorganico che non trova un minimo comune denominatore.

Nel patrimonio indisponibile sono ricomprese: a) **categorie di beni** che appartengono necessariamente allo Stato in ragione di una qualità ontologica, b) **singoli beni** appartenenti allo Stato o ad altri enti pubblici territoriali che sono destinati all'esercizio di una **funzione pubblica**, allo svolgimento di attività produttive di rilievo strategico nazionale o all'erogazione di un **pubblico servizio**.

Rientrano nella prima categorie le miniere, la fauna selvatica, le cose mobili di interesse storico ritrovate nel sottosuolo e, ai sensi del codice dei beni culturali e paesaggistici, sul fondale marino. L'art. 826 è quindi al contempo attributivo dell'appartenenza da un lato e qualificante, dall'altro lato. Tali beni divengono parte del demanio indisponibile dello Stato in ragione di un elemento ontologico che, analogamente ai beni del demanio idrico e marittimo, è sufficiente, una volta rilevato, a determinarne l'appartenenza allo Stato.

Così la dichiarazione del sussistere di un interesse culturale sui beni mobili ritrovati, provvedimento che è di natura dichiarativa, accerta la loro acquisizione al patrimonio indisponibile dello Stato salvo il diritto, previsto dall'art. 92, d.lgs. n. 42/2004, di chi ha effettuato il ritrovamento a vedersi corrisposto un premio pari ad un quarto del valore della cosa lecitamente ritrovata. Analogamente la scoperta di un bene minerario comporta una appartenenza necessaria pubblica, in capo allo Stato, di un bene che è autonomo e disgiunto rispetto al fondo. Ove la coltivazione della miniera incida sul libero godimento del suolo da parte del proprietario, tale esternalità verrà ad essere economicamente risarcita, senza che vi sia nessuna interferenza concettuale tra i due beni giuridici: il suolo da un lato in proprietà privata; la miniera, dall'altro, necessariamente oggetto di un diritto di proprietà titolato in capo allo Stato.

Il regime dei beni minerari risulta particolarmente interessante. Il r.d. n. 1443/1927, comunemente conosciuto come legge mineraria, è in verità rubricata "Norme di carattere legislativo per disciplinare la ricerca e la coltivazione delle miniere nel Regno". Pur essendo considerato l'atto normativo di riferimento per i beni minerari, esso non contiene nessuna disposizione che definisce la proprietà del bene in sé. Tutta la disciplina verte su di un regime concessorio che ha ad oggetto non tanto un bene pubblico, ma l'esercizio di una attività che la legge riserva allo Stato e che può essere svolta da un privato solo in ragione di un provvedimento amministrativo costitutivo. La vicenda risulta interessante per due ragioni. Essa testimonia, in primo luogo, la duplice funzione svolta dall'istituto della concessione: con riferimento ai beni esso costituisce un diritto esclusivo in capo al destinatario; rispetto alle attività esso ne permette un esercizio in via esclusiva. La legge mineraria dimostra, inoltre, che un controllo pubblico sull'uso e sulla destinazione di beni di rilevante interesse economico e sociale poteva essere efficacemente attuato prescindendo dal ricorso a quegli strumenti proprietari invece contemplati dal codice civile. L'approccio adottato nella legge mineraria verrà ripreso dalla Costituzione nel momento in cui, con l'art. 43, ha previsto la possibilità di istituire una riserva pubblica su determinate attività, pur rimanendo silente sull'individuazione di beni riservati ad un'appartenenza pubblica.

Per altro verso appartengono al patrimonio indisponibile i singoli beni, tra quelli menzionati nell'art. 826, che sono di proprietà o vengono acquisiti da un ente pubblico territoriale e a cui viene impressa **una destinazione pubblica**. In tale categoria ricadono non solo i beni immobili e mobili oggettivamente destinati all'esercizio di una funzione pubblica o all'erogazione di un pubblico servizio, ma anche le cave sottratte alla disponibilità del proprietario del fondo (e destinate ad una produzione ritenuta di interesse strategico nazionale), i beni assegnati alla presidenza della Repubblica, i beni immobili destinati a caserme e le dotazioni date all'esercito.

5.5.1.2. *Il regime giuridico e la funzione del patrimonio indisponibile*

Il **regime dei beni del patrimonio indisponibile** è centrato sulla **conservazione della destinazione** cui il bene è asservito. Ai sensi dell'art. 828, co. 2, i "beni che fanno parte del patrimonio indisponibile non possono essere sottratti alla loro destinazione, se non nei modi stabiliti dalle leggi che li riguardano".

Da un lato vengono **inibiti atti di autonomia privata**, attuati dalla p.a., che siano **incompatibili con il mantenimento della destinazione**. I beni del patrimonio indisponibile quindi non possono formare oggetto di negozi giuridici con cui la p.a., nell'esercizio di una propria autonomia privata, costituisce in capo a terzi diritti che inibiscono la concretizzazione della destinazione pubblica impressa al bene. In tal senso l'amministrazione proprietaria non potrà concludere un contratto finalizzato a locare un immobile se esso viene concretamente utilizzato come sede di un ufficio pubblico. Per altro verso la p.a. può costituire diritti parziari in capo a terzi o disporre anche il trasferimento del bene ove ciò non interferisca con la destinazione pubblica cui il bene è asservito. Un immobile appartenente al patrimonio indisponibile di un ente pubblico territoriale può quindi essere trasferito ad un ente pubblico economico posto alle sue dipendenze con il mantenimento del vincolo di destinazione.

Dall'altro lato la sottrazione dei beni del patrimonio indisponibile alle regole di diritto privato fa sì che essi **non possano essere aggrediti dai creditori dell'amministrazione**. La permanenza di una destinazione pubblica rende quindi immuni i beni del patrimonio indisponibile da procedure esecutive volte a soddisfare crediti vantati nei confronti della p.a. Consolidata giurisprudenza afferma che i beni del patrimonio indisponibile, inoltre, non possono essere oggetto di usucapione, analogamente a quanto avviene rispetto ai beni del demanio.

L'esigenza di conservare il patrimonio degli enti pubblici destinato all'esercizio di una funzione pubblica **preclude anche che esso sia soggetto a espropriazione**, salvo nei casi in cui, ai sensi dell'art. 4, d.p.r. n. 327/2001, non sussista un interesse pubblico prevalente. In tal caso, ad esempio, lo Stato, quale ente pubblico, potrà espropriare, con debita motivazione rispetto alla prevalenza dell'interesse perseguito, un immobile del patrimonio indisponibile di un diverso ente pubblico territoriale.

Per prassi, avallata dalla giurisprudenza, sui beni del patrimonio indisponibile, infine, la p.a. esercita quei **poteri di autotutela** che il codice, in verità, menzionerebbe solo rispetto ai beni demaniali.

Dall'elenco dei beni menzionati nell'art. 826 c.c. possiamo desumere che **il vincolo di destinazione** in cui si sostanzia l'indisponibilità persegue finalità disomogenee tra loro: una prima **conservativa** e volta a tutelare la consistenza dei beni mobili e immobili strumentalmente destinati al perseguimento di interessi pubblici; una seconda **"produttivista"** e volta a garantire il rispetto della vocazione economica di beni di particolare rilevanza. Il movente economico non è infatti sempre sufficiente a determinare nel proprietario la volontà di procedere allo sfruttamento del bene o ad un suo utilizzo razionale. Un intervento pubblico diretto nei processi economici si giustifica anche nel prevenire e nell'evitare un uso anti-sociale dei poteri che l'ordinamento riconosce a chi è titolare di un diritto di proprietà su beni di particolare valore.

Assumono una rilevanza pubblica in quanto beni produttivi le miniere e le cave. La loro importanza è tale da giustificare una appartenenza necessaria pubblica allo stesso tempo funzionalizzata a scopi produttivi (miniere) o una appartenenza eventuale allo Stato ove, come si vedrà, il proprietario venga meno ad un implicito obbligo di coltivazione (cave). Rilevano sempre ai fini della produzione i boschi del demanio forestale. La destinazione pubblica viene ad essere impressa dalla legge e consiste nell'asservire tali beni alle esigenze produttive dell'economia nazionale. Certamente la venatura "produtti-

vista" che originariamente colorava la norma è stata oggi sostituita da colorazioni di natura ambientale.
Ai sensi dell'art. 106, r.d. n. 3267/1923 (legge forestale), appartengono al demanio forestale: le foreste demaniali già dichiarate inalienabili; le foreste demaniali già amministrate dal Ministero delle Finanze; le foreste demaniali delle nuove Province del Regno; i terreni di patrimonio dello Stato ritenuti economicamente suscettibili della sola coltura forestale; i terreni boscati o suscettibili di coltura forestale che in qualsiasi entrino nel patrimonio dello Stato. Il regime impresso dalla legge forestale imponeva l'inalienabilità di tali beni, seppur con provvedimento potesse essere in via derogatoria autorizzato il trasferimento di quei beni divenuti incapaci di corrispondere alla finalità pubblica perseguita: garantire una riserva di legname da destinare allo sviluppo economico del Paese. Il vincolo di inalienabilità è decaduto a fronte dell'emanazione del codice civile.

Tra le due funzioni svolte dal vincolo di destinazione prescritto dal regime dei beni del patrimonio indisponibile quella che risulta attualmente prevalente è certamente la prima. L'apposizione di un vincolo di destinazione a scopo "produttivista", è espressione di un periodo storico ormai superato, nel quale lo Stato promuoveva dirigisticamente ed in prima persona l'industrializzazione e il progresso economico della Nazione. Tale ruolo risulta oggi marginale a fronte dello sviluppo di un'economia di mercato inserita in un quadro giuridico-istituzionale liberal-democratico.

5.5.1.3. *L'acquisto e la perdita dell'indisponibilità*

L'inserimento di un bene nel patrimonio indisponibile dello Stato è determinato da diversi fattori: dalla **rilevanza giuridica di un fatto**; dalla **legge**; da un **provvedimento amministrativo** di natura costitutiva della p.a. riferito ad un singolo mobile.

Nel **primo caso** tale fatto può consistere nell'integrazione delle qualità ontologiche prescritte dalla legge ai fini dell'acquisizione al patrimonio indisponibile. È la **natura del bene** che diviene giuridicamente rilevante e determina non solo una appartenenza pubblica necessaria, ma anche l'applicabilità del regime prescritto per i beni del patrimonio indisponibile. Similarmente a quel che accade con riferimento ai beni del demanio idrico e marittimo, il ritrovamento di un bene mobile di rilevanza storico-artistica come la scoperta di un bene minerario determina automaticamente l'acquisizione del bene al patrimonio indisponibile dello Stato. A volte il fatto che determina il passaggio al patrimonio indisponibile è un **comportamento della p.a.** che concretamente rende strumentale un bene del proprio patrimonio disponibile all'esercizio di una funzione pubblica. È adibendo a sede di un pubblico ufficio un immobile che la p.a. – anche in assenza di una estrinsecazione di tale volontà in un provvedimento amministrativo che, se emanato, avrebbe natura dichiarativa – imprime una destinazione pubblica, da cui deriva il passaggio dal patrimonio disponibile a quello indisponibile dell'Ente.

L'applicazione del regime giuridico che sottende l'indisponibilità può avvenire in secondo luogo in ragione della **legge** stessa, come avviene nel caso delle **risorse forestali** in proprietà pubblica.

L'acquisizione al patrimonio indisponibile di un ente pubblico territoriale, infine, può avvenire in seguito ad un **provvedimento amministrativo** di natura **costitutiva**.

Si pensi all'ipotesi in cui la p.a. decida di acquisire un immobile in proprietà privata in quanto ritenuto necessario per l'esercizio di una funzione pubblica o di un pubblico servizio. Essa potrà acquisirlo in ragione di un provvedimento di esproprio che renderà conto obbligatoriamente dell'interesse pubblico perseguito. L'acquisizione dell'immobile, previo pagamento di un indennizzo al proprietario, avverrà con un provvedimento amministrativo che non solo determinerà l'appartenenza al patrimonio dell'Ente, ma imprimerà anche quella destinazione pubblicistica dalla quale il bene, in quanto indisponibile, non potrà essere sottratto. Discorso analogo deve essere svolto per le cave, che, differentemente da quel che avviene per i beni minerari, non devono essere necessariamente in proprietà pubblica. L'art. 45 della legge mineraria dichiara infatti che esse permangono nella piena disponibilità del proprietario, anche privato, del suolo. Solo nel momento in cui il proprietario non sviluppi o non coltivi la cava, essa transita, con provvedimento costitutivo, nel patrimonio indisponibile dell'ente pubblico affinché si concretizzi, con una concessione a terzi, la destinazione del bene alla sua vocazione produttiva.

Per altro verso il **passaggio** di un bene dal patrimonio **indisponibile** a quello **disponibile** avviene alla luce di un principio di parziale simmetria. Salvo che la legge non disponga specifiche procedure per la declassificazione, il passaggio dal patrimonio indisponibile a quello disponibile avviene in ragione di fatti o in virtù di atti di rango pari a quelli che hanno impresso la destinazione pubblica.

Da un lato vi è la **perdita delle qualità** che la legge pone quale presupposto della appartenenza, a titolo di patrimoni indisponibile, del bene in capo allo Stato. Si pensi al progressivo esaurimento di una miniera che fa decadere l'interesse pubblico alla sua coltivazione.

Dall'altro lato vi è una **determinazione della p.a.** con cui viene meno la destinazione pubblica originariamente impressa al bene. La giurisprudenza ha negato la possibilità che la declassificazione, e il conseguente passaggio dal patrimonio indisponibile a quello disponibile, possa avvenire in forma tacita, essendo sempre necessario che la volontà dell'ente pubblico sia formalizzata in un provvedimento amministrativo. In tal senso se un comportamento concludente determina l'indisponibilità, esso non può determinare, sulla base del richiamato principio giurisprudenziale, la caducazione del vincolo di destinazione.

5.5.2. *I beni del patrimonio disponibile*

I beni del **patrimonio disponibile** sono quelli in proprietà di enti pubblici che non appartengono né al demanio, né al patrimonio indisponibile. Tale concetto raccoglie, quindi, **in via residuale** tutti i beni in appartenenza pubblica che non possono essere qualificati altrimenti.

Se ci si interrogasse sulla effettiva natura pubblica di tali beni, si potrebbero avanzare risposte di segno contrario facendo leva su aporie e incongruenze evidenziate nell'introdurre la nozione di bene pubblico. Basti citare l'art. 1., r.d. 18 novembre 1923, n. 2440, Nuove disposizioni sull'amministrazione del patrimonio e sulla contabilità generale dello Stato, che distingue i beni immobili dello Stato che sono pubblici da quelli che lo Stato possiede a titolo di proprietà privata. Tale formulazione porterebbe a ritenere che i beni posseduti dallo Stato a titolo di proprietà privata non siano pubblici in senso stretto. Dall'altro lato il criterio di individuazione dei beni pubblici contenuto nel codice civile risiede nell'appartenenza a soggetto pubblico. Se i beni sono pubblici in quanto in proprietà pubblica, tali sono anche i beni del patrimonio disponibile.

La funzione svolta dai beni del **patrimonio disponibile** consiste nell'assicurare allo Stato, in qualità di proprietario, un'**utilità economica**. Possono essere materiali (immobili non destinati ad una funzione o a un servizio pubblico) o immateriali (diritti reali su cose altrui, come un diritto reale di uso, o diritti di credito, come i canoni che derivano da concessione di bene pubblico) e sono sottoposti al regime proprio dei beni privati. Essi quindi sono **suscettibili di usucapione**, possono essere **assoggettati a procedure di esecuzione forzata** per il soddisfacimento dei creditori dell'ente pubblico, possono essere alienati.

L'applicazione ai beni del patrimonio disponibile delle norme di diritto privato non impedisce che disposizioni di carattere pubblicistico governino l'esercizio dell'autonomia privata con cui la p.a. li gestisce. Così il rispetto del principio di imparzialità, esplicitamente menzionato nell'art. 97 della Costituzione, impone che il trasferimento di un immobile, quale frutto dell'esercizio di autonomia privata della p.a., sia possibile ricorrendo a procedure ad evidenza pubblica.

La **tutela** dei beni del patrimonio disponibile avviene per mezzo degli **or-**

dinari strumenti di diritto privato previsti dall'ordinamento. Non sono quindi esercitabili quei poteri di autotutela che invece sussistono per i beni del demanio e del patrimonio indisponibile.

5.6. *La crisi paradigmatica della nozione di bene pubblico in senso soggettivo: le prospettive per il suo superamento*

5.6.1. *Le criticità della nozione tradizionale di bene pubblico*

L'analisi degli articoli del codice civile dedicati ai beni pubblici evidenziano due criticità.

Il **quadro giuridico si presenta, in primo luogo, disorganico e irragionevole**. Il peso assunto dalla tradizione giuridica rispetto a tale tema ha impedito una razionalizzazione auspicata e auspicabile ma che non è mai stata compiuta.

Il punto di partenza da cui muovere è il seguente: alla luce del codice civile sono pubblici i beni che appartengono ad enti pubblici. Tale requisito determina la pubblicità di un bene. I beni che devono essere qualificati come pubblici ai sensi di tale postulato rispondono poi a funzioni particolarmente diversificate, dove la funzione non è strettamente connessa al regime giuridico determinato dalla qualificazione giuridica.

Vi sono beni che devono necessariamente essere in proprietà pubblica per la loro rilevanza sociale ed economica: si pensi alle risorse idriche e ai beni minerari, demaniali le prime e quindi inalienabili, ascrivibili al patrimonio indisponibile i secondi e dunque sottoposti ad un vincolo di destinazione. Il regime giuridico applicabile è differente, in ragione della diversa qualificazione giuridica, pur se la natura e la funzione dei beni sono le medesime.

Vi sono beni che possono essere in proprietà pubblica o privata, ma che se in proprietà pubblica sono per legge strumentalmente funzionalizzati rispetto all'erogazione di un servizio. Si pensi agli acquedotti e ai beni che sono sedi di un ufficio pubblico, appartenenti al demanio eventuale i primi, al patrimonio indisponibile i secondi. La funzione è analoga, differente il regime.

La tipizzazione dei beni riconducibili ora al demanio, ora al patrimonio indisponibile si presenta così irragionevole da aver indotto la dottrina e la giurisprudenza a unificare, per alcuni aspetti, il regime pubblicistico che risulterebbe, ai sensi del codice civile, differenziato.

Così la possibilità di ricorrere a poteri di autotutela amministrativa, poteri previsti dal codice rispetto ai soli beni demaniali, è stata riconosciuta alla p.a. anche rispetto ai beni del patrimonio indisponibile. Discorso analogo per l'inusucapibilità.

Si presti attenzione: l'inusucapibilità non è determinata dall'art. 823 (Condizione giuridica del demanio) ma è desumibile dall'art. 1145 c.c., per il quale è senza effetto il possesso delle cose di cui non si può acquistare la proprietà. Ciò, a rigor di logica, dovrebbe determinare l'inusucapibilità dei beni riservati alla proprietà pubblica (demanio marittimo, idrico, beni minerari, beni mobili di rilevante interesse storico ritrovati nel sottosuolo), in quanto nessuna norma vieta che un bene di natura analoga a quelli che fanno parte del demanio eventuale possa divenire oggetto di un diritto di proprietà privata (si pensi alle strade, che possono essere anche private). Nell'interpretare tali norme è emerso un orientamento giurisprudenziale consolidato che però considera insuscettibili di usucapione anche i beni del demanio eventuale, alla luce di una destinazione pubblica impressa dalla legge stessa nel qualificare tali beni come demaniali. Tale orientamento si è spinto ancora un po' più in là nel momento in cui ha negato che possano essere suscettibili di usucapione anche i beni del patrimonio indisponibile.

Le disposizioni del codice, in secondo luogo, **riposano su di un modello oramai superato dal mutato contesto istituzionale, economico, sociale**.

Esse si fondavano su di un presupposto: l'appartenenza ad ente pubblico di alcuni beni veniva considerata da un lato la precondizioni necessaria affinché potesse svolgersi un controllo pubblico su processi economici di particolare rilevanza sociale (si pensi al controllo pubblico sugli usi alternativi e concorrenti delle risorse idriche, o al valore che hanno le risorse minerarie nello sviluppo industriale dell'economia nazionale); dall'altro lato la medesima appartenenza veniva considerata necessaria per garantire l'esercizio di diritti e libertà che poteva avvenire in via diretta (attraverso l'uso del bene, si pensi ai beni del demanio marittimo) o in via mediata (beneficiando dei servizi pubblici erogati direttamente dallo Stato, in una relazione pubblicistica tra p.a. e cittadino, attraverso l'uso dei beni pubblici da parte dell'amministrazione).

Rispetto al periodo storico nel quale tale modello si è affermato vi sono stati rilevanti cambiamenti non solo nel campo sociale ed economico, ma soprattutto istituzionale.

La Costituzione repubblicana entrata in vigore nel 1948 ha, in primo luogo, costituzionalizzato nell'art. 42, co. 2, il principio della funzione sociale della proprietà. Tale principio ha accresciuto qualitativamente e quantitativamente le possibilità di attuare una conformazione dei poteri esercitati dai privati, in qualità di proprietari, su beni di rilevante interesse economico e sociale. A fronte di tale principio la proprietà pubblica sarebbe risultata superflua in quanto quegli stessi interessi pubblici, prima raggiunti per mezzo di strumenti proprietari, potevano essere perseguiti ora grazie a interventi regolativi o conformativi.

5.6.2. *La nozione di bene privato di interesse pubblico: il caso delle reti infrastrutturali*

L'esercizio di un potere conformativo ha portato all'emersione della nozione di bene privato di interesse pubblico, ossia un bene che pur essendo in proprietà privata è al contempo asservito al **perseguimento di un prevalente interesse della collettività**. Si pensi ai beni immobili di particolare valore culturale in proprietà privata. Rispetto a tali beni – formalmente privati ma che potrebbero essere qualificati come pubblici ove il criterio di discriminazione risiedesse nella capacità che quei beni hanno di corrispondere al perseguimento di un interesse collettivo – la p.a. esercita attività di conformazione prescindendo dalla titolarità di un diritto di proprietà.

Il fatto che un bene in proprietà privata possa essere asservito al perseguimento di un interesse pubblico attraverso la conformazione dei poteri dei privati ha reso concettualmente anacronistico il modello inscritto nel codice civile. Viene a cadere l'unica ragione che giustificava l'appartenenza allo Stato dei beni del demanio (o di alcuni di loro) e quelli del patrimonio indisponibile. Questo è stato uno dei presupposti sui quali si sono basati, concettualmente, i processi di privatizzazione, inaugurati a partire dagli anni '90, e con i quali si sono trasferiti a soggetti privati beni prima in proprietà di enti pubblici. Proprio il principio della funzione sociale della proprietà legittima una scissione tra appartenenza e destinazione (che può rimanere pubblica anche a fronte del passaggio in mano privata del bene prima titolato in capo a ente pubblico).

Il processo di privatizzazione degli enti pubblici economici cui lo Stato aveva inizialmente trasferito parte del demanio statale ha interessato anche **le reti infrastrutturali**, come ad esempio la rete ferroviaria.

L'art. 1 della l. n. 210/1985 ha istituito l'ente Ferrovie dello Stato, ente di diritto pubblico dotato di propria personalità giuridica. Il comma 3 del medesimo articolo ha trasferito il patrimonio di Azienda autonoma delle ferrovie dello Stato, articolazione dello Stato priva di personalità giuridica, al nuovo ente, con la conseguente titolarità, quindi, dei beni prima appartenenti al demanio eventuale. Con questo trasferimento lo Stato perde la titolarità della proprietà della rete ferrata. Il regime cui tali beni vengono assoggettati si desume dall'art. 15 della medesima legge, il quale dichiara che, sui beni mobili e immobili trasferiti all'ente per l'esercizio delle linee ferrate, Ferrovie dello Stato ha la piena disponibilità secondo "il regime civilistico della proprietà privata". Se tale trasferimento comportò la sdemanializzazione dei beni prima appartenenti al demanio ferroviario, esso non ne determinò la privatizzazione, in quanto essi appartenevano ancora ad un ente pubblico. Il vincolo di destinazione era inoltre garantito da due fattori: ai sensi dell'art. 830 c.c. i beni degli enti pubblici non territoriali asserviti a servizio pubblico sono soggetti a tale vincolo di destinazione; l'attività di trasporto ferroviario è, ai sensi dell'art. 1, co. 2, l. n. 146/1990, un servizio pubblico essenziale. È importante notare che la destinazione pubblica non venne quindi impressa dalla legge che ha trasferito all'Ente pubblico FS la rete ferroviaria. Questa si limitò a disporre che i "beni destinati a pubblico servizio non [potessero] essere sottratti alla loro destinazione senza il consenso dell'ente". Si inibiva, in definitiva, un trasferimento di beni attuato per mezzo di comportamenti concludenti (vietandosi meccanismi simili a quelli esposti con riferimento alla sdemanializzazione tacita). Un ulteriore passaggio si ebbe con la trasformazione dell'ente pubblico Ferrovie dello Stato in società per azioni di diritto privato, seppur a capitale interamente pubblico, avvenuta nel 1992 in applicazione dell'art. 18 del d.l. n. 333/1992.

Ai sensi del codice tali beni non potrebbero essere più qualificati come pubblici, venendo a mancare la pubblicità del soggetto proprietario.

Essi sono attualmente beni privati di interesse pubblico. In questo caso l'interesse pubblico perseguito consiste nel garantire le condizioni necessarie per configurare un assetto concorrenziale del relativo mercato. In tal caso la p.a. non solo conforma le facoltà esercitabili dal proprietario privato sull'infrastruttura al fine di garantirne la funzionalità e la conservazione, ma regola anche le relazioni inter-soggettive che gravitano su quel bene predeterminando le condizioni contrattuali cui è subordinato un accesso garantito su base paritaria e non discriminatoria. Qualificare le reti infrastrutturali come beni privati di interesse pubblico pone un problema: risulta dubbio il sussistere su quei medesimi beni di un diritto di proprietà privata alla luce della loro completa funzionalizzazione. Tale questione rimane di ordine concettuale in quanto il trasferimento a soggetto privato di beni di particolare rilevanza economica e sociale, come le reti infrastrutturali, è stato attuato per lo più nell'ambito di una privatizzazione solo formale, ove il soggetto privato, generalmente una società per azioni, è rimasto a capitale interamente pubblico, come è avvenuto per Ferrovie dello Stato spa, proprietaria di quel che fu il demanio ferroviario.

L'appartenenza pubblica delle azioni degli enti di diritto privato che sono proprietari delle reti infrastrutturali rende certamente più agevole ricondurre tali beni ad una nozione sostanziale di bene pubblico, pur nelle dissonanze che tale affermazione genera rispetto ai principi statuiti nel codice.

5.6.3. *I beni comuni*

La transizione che sta avvenendo da una nozione soggettiva di bene pubblico (basata sull'appartenenza pubblica) ad una oggettiva (alla luce della funzione svolta dal bene nel perseguimento di interessi pubblici) non è ancora compiuta e pone dei problemi.

In che misura, infatti, la completa funzionalizzazione del bene rispetto al perseguimento di interessi pubblici preclude la possibilità di ritenere che quei beni siano effettivamente l'oggetto di un vero diritto di proprietà privata? La proprietà dovrebbe essere tale nella misura in cui, pur se oggetto di conformazione, permetta al proprietario l'esercizio di un pur ristretto margine di autonomia che viene negata ove la funzionalizzazione del bene superi una determinata soglia quantitativa e al contempo qualitativa. La dismissione della proprietà pubblica mette in crisi l'istituto stesso della proprietà privata. La privatizzazione dei beni pubblici, in altre parole, mette in discussione la nozione di bene privato.

Le criticità evidenziate hanno dato impulso ad un dibattito sulle categorie tradizionali. La riflessione che ne è scaturita ha portato all'emersione di una nuova nozione, quella di "bene comune", che risulta funzionalmente utile nel porre rimedio al "disordine" oggi rilevabile da chiunque si avvicini al tema dei beni pubblici.

La nozione di "bene comune" è stata delineata nel progetto di riforma, elaborato dalla Commissione Rodotà nel 2008 e mai giunto a compimento, degli art. 822 e ss. del codice civile. In tale progetto erano definite comuni le "cose che esprimono utilità funzionali all'esercizio dei diritti fondamentali nonché al libero sviluppo della persona". Esse possono essere in proprietà privata o pubblica, anche se deve "esser[n]e garantita la loro fruizione collettiva, nei limiti e secondo le modalità fissati dalla legge".

Tale concetto ha assunto una rilevanza giuridica nel momento in cui è stato ripreso dalla Corte di Cassazione, sentenza delle Sezioni unite 14 febbraio 2011, n. 3665, nel determinare se un tratto lagunare fosse o meno un bene pubblico. La questione, che non risultava particolarmente complessa alla luce dell'appartenenza necessaria delle lagune al demanio marittimo, ha permesso però alla Corte di introdurre la nozione di "bene comune". Tali sono quei "beni che, per loro intrinseca natura, o sono caratterizzati da un godimento collettivo o, indipendentemente dal titolo di proprietà pubblico o privato, risultano funzionali ad interessi della stessa collettività". In altre parole ciò che rende comuni i beni è "loro destinazione alla realizzazione dello Stato sociale" e la loro funzionalità rispetto al "principio della tutela della personalità umana" in "applicazione diretta degli artt. 2, 9 e 42 Cost.". La Corte, in definitiva, raccoglie, sulla base di un criterio ontologico sostanziale, tanto i beni oggi pubblici a destinazione pubblica quanto quelli privati di interesse pubblico in una unica categoria concettuale, quella di bene comune, posta a cavallo tra la proprietà pubblica e la proprietà privata.

La sentenza merita attenzione anche per un secondo aspetto in quanto afferma che la demanialità "esprime una duplice appartenenza alla collettività ed al suo ente esponenziale, dove la seconda (titolarità del bene in senso stretto) si presenta, per così dire, come appartenenza di servizio che è necessaria, perché è questo ente che può e deve assicurare il mantenimento delle specifiche rilevanti caratteristiche del bene e la loro fruizione". Il rapporto che viene a configurarsi tra i soggetti fruitori della cosa demaniale e l'Ente pubblico che ne è materialmente il proprietario ricalca un diritto di uso pubblico costituzionalmente protetto in quanto associato al principio della tutela della personalità umana e alla realizzazione dello Stato sociale. Quali gli elementi di discontinuità? Rispetto al modello tradizionale si costituzionalizzano tanto quei diritti di uso pubblico quanto quella fruizione pubblica che prima erano costituiti dalla legge o dalla p.a. per mezzo di provvedimento puntuale. Esiste un parametro costituzionale che delimita una discrezionalità che prima era liberamente esercitabile.

Peraltro, il modello delineato nella sentenza ora citata sarebbe particolarmente utile per inquadrare la natura giuridica delle reti infrastrutturali di cui si è detto al precedente sottoparagrafo: beni materiali che, prescindendo dalla titolarità pubblica o privata, rispondono ad un interesse pubblico e che, in ragione di ciò, devono poter essere usufruiti da tutti gli operatori economici su base paritaria e non discriminatoria.

Per approfondire

C.M. Cascione, *Beni pubblici e privatizzazioni*, in *Digesto delle discipline privatistiche – sez. civile*, Aggiornamento VII, Torino, Utet, 2013, 107 ss.; S. Cassese, *I beni pubblici: circolazione e tutela*, Milano, Giuffrè, 1969; V. Caputi Jambrenghi, *Beni pubblici (uso dei)*, in *Digesto discipline pubblicistiche*, II, Torino, Utet, 1987, 294 ss.; V. Cerulli Irelli, *I beni pubblici*, in *Digesto discipline pubblicistiche*, II, Torino, Utet, 1987, 273 ss.; Id., *Proprietà pubblica e diritti collettivi*, Padova, Cedam, 1983; M.S. Giannini, *I beni pubblici*, Roma, Bulzoni, 1963; A. Lalli, *I beni pubblici, imperativi di mercato e diritti della collettività*, Napoli, Jovene, 2015; A. Lucarelli, *Beni comuni*, in *Digesto delle discipline pubblicistiche*, VIII Aggiornamento, Torino, Utet, 2021, 21 ss.; P. Maddalena, *La rivoluzione costituzionale: alla riconquista della proprietà pubblica*, Santarcangelo di Romagna (RN), Diarkos, 2020; M. Renna, *La regolazione amministrativa dei beni a destinazione pubblica*, Milano, Giuffrè, 2004; A.M. Sandulli, *Beni pubblici*, in *Enciclopedia del diritto*, V, Milano, Giuffrè, 1959, 277 ss.; B. Tonoletti, *Beni pubblici e concessioni*, Padova, Cedam, 2008; V. Zeno-Zencovich, *Cosa*, in *Digesto delle discipline privatistiche – sez. civile*, IV, Torino, Utet,1989, 458 ss.

Capitolo 6

I SERVIZI PUBBLICI: DALL'INTERVENTO DIRETTO ALLA REGOLAZIONE

di *Silvia Pellizzari*

6.1. *La nozione di servizio pubblico*

Definire cosa sia un servizio pubblico in un dato ordinamento è un'operazione piuttosto difficile e articolata.

Sul piano giuridico, infatti, la definizione del **concetto di servizio pubblico** è soggetta al variare del tempo in quanto si collega ai **bisogni della collettività di cui lo Stato decide di farsi carico in modo doveroso.** In questo modo la soddisfazione di quei bisogni finisce per coincidere con il perseguimento di finalità di interesse pubblico generale.

Per fare alcuni esempi si pensi al servizio di trasporto ferroviario che, fino agli anni '90 del secolo scorso, veniva gestito in Italia da un unico soggetto in condizione di monopolio, vale a dire l'ente pubblico economico Ferrovie dello Stato trasformato poi, progressivamente, in una impresa holding.
Attraverso questo organismo, costituito con la l. 22 aprile 1905, n. 137 come Azienda autonoma posta sotto la direzione del Ministero dei Lavori Pubblici, lo Stato italiano assunse la proprietà e l'esercizio della quasi totalità delle linee ferroviarie nazionali che, fino a quel momento, erano gestite da imprese private.
Solo pochi anni prima, l'attenzione dei nuovi apparati pubblici si era posta

anche sui sistemi di beneficienza pubblica, fino ad allora concepita come attività meramente privatistica e lasciata essenzialmente all'autonomia delle organizzazioni sociali ed etico-religiose che la realizzavano attraverso Enti ed Istituzioni (le c.d. Opere pie) con cui si gestivano ospedali, orfanotrofi, ricoveri, mense popolari, asili notturni e strutture per donne povere, giovani madri e vedove. Nel 1890 tali enti vennero pubblicizzati dando inizio ad una forma primordiale di assistenza pubblica, oggi riconosciuta come compito fondamentale dello Stato dall'art. 38 Cost. Chiaramente i contenuti e gli obiettivi delle prestazioni allora erogare erano molto diversi da quelli di cui si fanno carico oggi i c.d. servizi sociali. Al centro non vi era il recupero della persona e della sua dignità, ma l'esigenza di limitare gli effetti dannosi che la povertà e l'indigenza provocavano sul gruppo sociale in termini di pericoli per la sicurezza e l'incolumità pubblica.
Più in generale, poi, è stata la l. 29 marzo 1903, n. 103 a introdurre la prima disciplina relativa all'assunzione diretta dei pubblici servizi a livello locale da parte dei comuni o municipi. Dalla relazione parlamentare che accompagnava l'atto normativo si evince che l'intervento rispondeva alla necessità di "perseguire, mediante la municipalizzazione dei pubblici servizi, una risposta efficace alla crescente intensificazione della vita urbana, legata non solo al progressivo ingrandimento della città, ma alla moltiplicazione dei bisogni collettivi a cui occorreva dare riscontro con mezzi sociali".
I casi appena citati richiamano attività che ancora oggi rispondono a esigenze collettive (es. viaggiare per lunghe percorrenze pur in mancanza di un mezzo privato o essere assistiti a fronte di vulnerabilità e disabilità che impediscono una partecipazione piena alla vita sociale). Tuttavia, si possono fare esempi di servizi pubblici ormai non più percepiti come necessari o, al contrario, divenuti tali solo in epoca recente. Nel primo caso possiamo ricordare il servizio telegrafico, in cui la trasmissione delle comunicazioni e delle notizie avveniva attraverso il telegrafo gestito da appositi uffici distribuiti sul territorio. Sempre per rimanere in tema di comunicazioni, tra i nuovi servizi possono essere richiamati i mezzi elettronici di ultima generazione e, in particolare, la posta elettronica certificata.

Per semplificare, da un punto di vista schematico, si può dire che **i servizi pubblici** corrispondono ad **attività di produzione di beni o utilità** che siano **volte a finalità di interesse pubblico**.

Data questa premessa, la dottrina ha espresso due indirizzi per declinare ulteriormente il concetto di servizio pubblico.

Secondo una **prima teoria**, definita **soggettiva**, un servizio può definirsi pubblico se sussistono due condizioni: esso deve essere reso al pubblico per la soddisfazione di un bisogno comune e, per questa ragione, deve essere assunto come doveroso dal **soggetto pubblico** che ne diventa **titolare attraverso un atto formale, solitamente una legge** (statale o regionale).

In questa prospettiva i servizi pubblici sono organizzati e garantiti dallo Stato e dagli enti pubblici che li possono gestire anche indirettamente, ma che, in ogni caso, se ne assumono la responsabilità per soddisfare in modo continuativo le esigenze dei cittadini.

A tale concezione si è contrapposta la **teoria oggettiva**, divenuta poi prevalente, per la quale, a prescindere dalla titolarità del servizio, è sufficiente che sussista la prima delle due condizioni sopra richiamate, ovvero la sostanziale corrispondenza della attività a un interesse generale. Per questa ragione un servizio rimarrebbe pubblico anche se svolto, autonomamente, da soggetti privati soprattutto a fronte di una regolazione pubblicistica dell'attività che imponga specifici obblighi in vista dell'attuazione dell'interesse pubblico sotteso alla erogazione delle prestazioni (Pototschnig).

Come si vedrà nei successivi paragrafi, la concezione oggettiva del servizio pubblico è anche quella maggiormente in linea anche con il diritto dell'Unione europea.

Inoltre, la stessa Costituzione Repubblicana, all'art. 43 prevede che "a fini di utilità generale, la legge può riservare originariamente o trasferire, mediante espropriazione e salvo indennizzo, allo Stato, ad enti pubblici o a comunità di lavoratori e di utenti determinate imprese o categorie di imprese che si riferiscano a servizi pubblici essenziali o a fonti di energia o a situazioni di monopolio ed abbiano carattere di interesse generale". La previsione della riserva o del trasferimento come esiti meramente facoltativi ha fatto ritenere ammissibile anche la titolarità privata dell'attività.

6.2. *Le diverse categorie di servizi pubblici*

Una volta inquadrato il problema della difficile definizione del concetto di servizio pubblico dal punto di vista teorico generale, occorre dar conto delle **diverse categorie di servizi pubblici** che sono state di volta in volta individuate per chiarire alcune differenze relative al **regime giuridico applicabile** alle attività svolte.

Con riferimento alla **natura delle prestazioni**, si è soliti distinguere i **servizi pubblici economici** da i **servizi pubblici non economici**.

Solo nel primo caso le prestazioni sono **suscettibili di sfruttamento da parte del mercato** essendo soggette a una valutazione economico – monetaria che vale quale controprestazione/corrispettivo rispetto all'erogazione dei servizi.

Nel secondo caso, invece, si esula da questa logica di scambio e il servizio viene **organizzato ed erogato senza che** alle singole prestazioni venga dato **un valore economico a titolo di corrispettivo**. Le ipotesi che rientrano in questa seconda categoria sono ormai residuali e si riferiscono essenzialmente alle funzioni fondamentali dello Stato tra cui, per esempio, l'organizzazione delle forze armate e delle forze di pubblica sicurezza o, salvo alcune eccezioni presenti in Paesi a tradizione giuridica molto diversa da quella italiana, la gestione dei sistemi di reclusione carceraria.

Come vedremo, tale classificazione è influenzata dall'**ordinamento dell'Unione europea** che ha progressivamente individuato la nozione di **servizio di interesse economico generale (c.d. SIEG)** al fine di sottoporre molte delle attività in parola alla **disciplina europea in materia di concorrenza** nei limiti di quanto previsto dall'art. 116 del Trattato sul funzionamento dell'Unione europea (TFUE). L'approccio europeo ha assunto portata talmente pervasiva da trovare applicazione anche nel caso di servizi sociali intesi come servizi rivolti alla persona a fini di prevenzione e coesione sociale secondo un approccio inclusivo e individualizzato in grado di garantire il godimento dei diritti fondamentali.

Tradizionalmente, al concetto di servizio pubblico economico si accompagnava quello di **servizio pubblico industriale,** nella misura in cui vi fossero **prestazioni standardizzate**, suscettibili di essere prodotte con tecniche industriali in quando dirette a soddisfare esigenze omogenee.

Ciò non toglie, però, che vi possano essere **servizi economici non industriali** come nel caso dei servizi sociali, assistenziali o sanitari (ad esempio il servizio odontoiatrico).

Allo stesso tempo possono darsi servizi standardizzabili, ma non suscettibili di sfruttamento economici perché, per esempio, sottratti al mercato e gestiti direttamente dagli apparati pubblici per esigenze di certezza e imparzialità. Si pensi all'ipotesi di un cittadino che necessiti di un certificato per svolgere una determinata attività. Si parla in questi casi di **servizi burocratici**.

Un'ultima categoria di servizi si concentra sulla **posizione giuridica degli utenti** in capo ai quali può sorgere, a determinate condizioni, un interesse giuridicamente rilevante e tutelabile (come nel caso del diritto alla salute rispetto alle prestazioni sanitarie o dell'utilizzo dei mezzi pubblici alle tariffe prestabilite).

In questo caso il **servizio è** considerato **"a fruizione individuale"** rispetto al quale vanno distinti i **servizi "a fruizione collettiva"** resi alla popolazione nel suo complesso come nel caso della difesa o della protezione civile. In queste ultime ipotesi l'interesse individuale a beneficiare dei servizi in questione non è tutelato direttamente sul piano giuridico, ma può essere fatto valere essenzialmente attraverso i canali di partecipazione politica.

6.3. *La disciplina dei servizi pubblici in Italia: inquadramento storico ed evoluzione*

Nel nostro ordinamento la modalità di gestione dei servizi pubblici hanno subito numerose modifiche dovute in particolare all'esigenza di armonizzare l'approccio nazionale con i principi e la disciplina fissati dall'Unione europea.

Fino alle politiche di liberalizzazione, introdotte a partire dagli anni '90 del secolo scorso, si è prediletta **l'assunzione diretta da parte dello Stato o degli altri enti pubblici** della maggior parte dei servizi pubblici di rilevanza nazionale e locale.

La gestione soggettivamente pubblica del servizio in **condizioni di riserva** e in un contesto diverso da quello del mercato era giustificata dalla necessità di garantire le esigenze della collettività in termini di accessibilità dei servizi e di attuazione delle politiche di sviluppo economico dirette dallo Stato.

L'erogazione delle prestazioni avveniva tendenzialmente attraverso imprese organo o enti pubblici economici.

Il ruolo di soggetti privati in qualità di gestori rimaneva del tutto marginale ed era affidato allo **strumento delle concessioni**, ovvero provvedimenti amministrativi per effetto dei quali l'operatore economico si vedeva riconosciuto il diritto di svolgere una attività che gli sarebbe stata altrimenti preclusa, perché esercitabile in via esclusiva dallo Stato (si veda cap. 3).

Il modello era riprodotto in modo sostanzialmente analogo anche per i **servizi pubblici locali** i quali potevano essere organizzati in regime di **gestione diretta** o attraverso la **concessione a privati**.

In particolare, la gestione diretta poteva essere realizzata **"in economia"**, se si trattava di servizi di tenue entità o di natura non industriale, oppure, più frequentemente, mediante la costituzione di **aziende speciali**.

Alle aziende speciali municipali si applicava un regime analogo a quello delle aziende autonome statali. Esse erano originariamente prive della personalità giuridica e considerate parte dell'organizzazione del Comune, nonostante venisse loro riconosciuta una significativa autonomia amministrativa. La mancanza di personalità giuridica comportava, tuttavia, la responsabilità dell'ente locale per eventuali passività.

In questo quadro è intervenuta inizialmente la **l. 8 giugno 1990, n. 142** che ha introdotto la prima disciplina generale sull'ordinamento degli enti locali, ispirando alla **valorizzazione dell'autonomia degli enti territoriali** anche le regole in materia di servizi pubblici locali.

Si disponeva che i servizi pubblici potessero essere amministrati e gestiti con le seguenti modalità: i) in economia o ii) a mezzo di aziende speciali e istituzioni. A fronte di particolari ragioni di opportunità si poteva altresì procedere con iii) la concessione del servizio a terzi o iv) mediante la costituzione di società per azioni a prevalente capitale pubblico.

Le forme di gestione dei servizi pubblici locali sono state poi ridefinite **nel 2000** quando la legge del 1990 è stata assorbita nel vigente **T.U. degli enti locali** (d.lgs. n. 267 del 10 agosto 2000).

L'art. 112, co. 1, precisa che gli enti locali, nell'ambito delle rispettive competenze, provvedono alla gestione dei servizi pubblici aventi ad oggetto la "produzione di beni ed attività rivolti a realizzare fini sociali ed a promuovere lo sviluppo economico e civile delle comunità locali".

Le **forme di gestione** hanno trovato una prima riscrittura nel successivo **art. 113** che aveva ripreso l'elenco di cui alla l. n. 142/1990, introducendo, tuttavia, una importante novità relativa alla possibilità di costituire **società per azioni** a fronte di una **proprietà pubblica** anche **minoritaria**.

La norma ha dato origine a diverse questioni che sono state per lungo tempo motivo di dibattito in dottrina e in giurisprudenza. In particolare, negli anni si sono succeduti alcuni interventi normativi aventi l'obiettivo di garantire un **crescente grado di concorrenza** nel settore dei servizi pubblici locale.

A questo proposito va ricordato soprattutto l'art. 23-*bis* del d.l. 25 giugno 2008, n. 112 che aveva introdotto una sorta di criterio di prevalenza del ricorso al mercato nella gestione dei servizi pubblici locali. La disposizione individuava infatti due modalità ordinarie (e quindi prevalenti) per l'organizzazione dei servizi locali di rilevanza economica. La prima si riferiva all'affidamento mediante procedure competitive ad evidenza pubblica a favore di soggetti privati e, quindi, di imprenditori o società "in qualunque forma costituite". La seconda tipologica di affidamento era data dalle società miste pubblico-private.

Come è noto, tali previsioni sono venute meno in seguito a una consultazione referendaria svoltasi nel 2011 il cui esito è stato formalizzato con il d.p.r. 18 luglio 2011, n. 113. Con tale iniziativa popolare è prevalso l'intento di "escludere l'applicazione delle norme, contenute nell'art. 23-*bis*, che limita[va]no [...] le ipotesi di affidamento diretto" o, comunque, non pienamente rivolte al mercato. Nonostante la campagna referendaria si si fosse concentrata sul tema della "privatizzazione dell'acqua" (o, meglio, sul rischio dell'affidamento prioritario a soggetti privati del servizio idrico locale), gli esiti del *referendum* hanno avuto portata ben più ampia e sono stati applicati a tutti i servizi pubblici locali dotati di rilevanza economica.

6.3.1. *La disciplina attualmente applicabile ai servizi pubblici locali*

Dopo l'esito referendario del 2011 la **disciplina oggi applicabile** per l'organizzazione e la gestione dei servizi pubblici locali è contenuta solo in parte nel **d.lgs. n. 267/2000** le cui disposizioni (in particolare gli artt. 113, 114 e 115) vanno coordinate con **leggi di settore** e, soprattutto, con i principi e le norme di **diritto dell'Unione europea**.

Data la rilevanza economica del servizio, infatti, l'art. 113, co. 1, d.lgs. n. 267/2000 precisa che "le modalità di gestione ed affidamento dei servizi pubblici locali concernono la tutela della concorrenza e sono inderogabili ed integrative delle discipline di settore".

Fatta salva la possibilità di ricorrere al modello delle **aziende speciali** e delle **istituzioni**, disciplinate dall'art. 114 del d.lgs. n. 267/2000, il richiamo alla concorrenza porta a riconoscere applicazione diretta ai principi espressi dal diritto europeo che consentono di **affidare i servizi pubblici locali a soggetti privati secondo tre modalità.**

La prima impone il rispetto delle **procedure ad evidenza pubblica** per la selezione del soggetto gestore. Si tratta delle procedure di cui al Codice del codice dei contratti pubblici (d.lgs. n. 50/2016) che ha trasposto nell'ordinamento europeo le direttive nn. 23, 24 e 25 del 2014 relative alla disciplina dei contratti di appalto e concessione (v. cap. 3).

La seconda modalità richiama il modello della **società mista con gara a doppio oggetto** che deve riguardare tanto la **selezione del soggetto privato in qualità di socio**, quanto la **gestione del servizio**. Questa operazione è ammissibile nella misura in cui la società pubblico-privata venga costituita per una specifica missione di servizio pubblico in base a una gara che ha a oggetto tanto la scelta del socio, quanto l'affidamento del servizio. Non sarebbe invece possibile affidare direttamente ulteriori servizi a una società mista già costituita.

La questione della gestione del servizio a mezzo di società miste si era già posta durante la vigenza della l. n. 142/1990 e sin da subito aveva posto due problemi risolti, poi, con il meccanismo della gara a doppio oggetto, vale a dire: i) le modalità di scelta – concorrenziale o meno – del socio privato e ii) una volta individuato il socio e costituita la società, la necessità o meno di predisporre una seconda selezione per l'affidamento vero e proprio del servizio.
Quanto al primo problema, la legge del 1990 prevedeva la possibilità di costituire società a partecipazione maggioritaria pubblica, ma non precisava il sistema di scelta del socio di minoranza. Tuttavia, una legge successiva (la n. 498/1992) aveva delegato il governo ad adottare un decreto legislativo per disciplinare l'entità e la misura minima della partecipazione dell'ente locale al capitale sociale e i criteri di scelta dei possibili soci mediante procedimento di confronto concorrenziale in coerenza con quanto previsto a livello europeo.

Quanto al secondo problema, invece, era prevalsa la posizione per cui la società, una volta costituita, potesse ottenere la gestione del servizio indipendentemente (e anche a prescindere) da una gara selettiva. Tale tesi era confermata dalla formulazione originaria dell'art. 113 del d.lgs. n. 267/2000, che poneva come alternative la modalità di affidamento del servizio a un privato tramite procedura concorsuale e quella attuata attraverso la costituzione di una società per azione a partecipazione pubblica (anche minoritaria) per la quale l'unica gara prevista era quella rivolta alla ricerca del socio.
La disciplina che risultava da questa interpretazione dei testi normativi è stata, però, ritenuta incompatibile con il diritto UE dalla Commissione europea che ha avviato un procedimento di infrazione comunitaria a carico della Repubblica italiana per violazione della disciplina in materia di contratti pubblici.
A quel punto, per evitare la prosecuzione del procedimento di infrazione, il governo italiano ha provveduto a emanare una circolare della Presidenza del Consiglio dei Ministri con cui si affermava che la gestione del servizio a mezzo di una società per azioni mista doveva rispettare la procedura ad evidenza pubblica sia per la scelta dei soci privati, necessaria ai fini della costituzione della società, sia per l'affidamento del servizio.
Si è diffusa allora la pratica della "gara a doppio oggetto" (avvallata anche dalla Corte di Giustizia CE con la sentenza del 15 ottobre 2009, nel procedimento C-196/08, *Acoset spa*) per cui è possibile evitare l'ulteriore affidamento del servizio in gara a una società a capitale misto, pubblico e privato, quando questa sia stata costituita specificamente per la fornitura di detto servizio, con un oggetto sociale esclusivo e a patto che il socio privato sia stato scelto mediante procedura ad evidenza pubblica, previa verifica dei requisiti finanziari, tecnici, operativi e di gestione relativamente al servizio che deve essere erogato, nonché delle caratteristiche della sua offerta in considerazione delle prestazioni da fornire.

La terza modalità di gestione del servizio mediante un soggetto formalmente privato e conforme ai principi di diritto europeo è rappresentata dal **modello dell'*in house providing*** che permette di **affidare il servizio** a favore di società **in deroga alla procedura di evidenza pubblica** in quanto identifica una sorta di fenomeno di autoproduzione di beni e servizi da parte della pubblica amministrazione, consentito dal diritto dell'Unione europea a determinate condizioni.

La prima definizione di società *in house* risale alla nota sentenza *Teckal* decisa dalla Corte di giustizia CE il 19 novembre 1999 (C-107/98). In quella occasione, il giudice comunitario ha precisato che l'unica eccezione rispetto all'applicazione delle procedure di aggiudicazione di un servizio secondo le regole di evidenza pubblica previste dalle direttive in materia di contratti pubblici sussiste quando **non vi è distinzione e autonomia** sul piano formale e decisionale **tra l'amministrazione affidante e il soggetto gestore**. In questo modo non vi sarebbe, infatti, un vero e proprio rapporto contrattuale tra i due soggetti, quanto piuttosto una sorta di relazione interorganica, in cui il servizio è affidato a un organismo sostanzialmente interno o *in house*.

Sono stati dunque individuati gli elementi necessari e imprescindibili che consentono l'affidamento diretto del servizio alla società *in house* ovvero: i) il controllo che l'amministrazione (o le amministrazioni) affidante(i) devono svolgere nei confronti del soggetto affidatario. Tale controllo deve essere analogo a quello che quelle stesse amministrazioni eserciterebbero sui propri apparati interni (c.d. **criterio del controllo analogo**); ii) lo svolgimento della **maggior parte dei servizi affidati a favore dell'ente** o degli enti pubblici di **appartenenza**. A questi due requisiti se ne aggiunge un terzo dato dalla iii) **partecipazione pubblica totalitaria** nonostante il diritto dell'Unione europea abbia previsto, da ultimo, una possibile e limitata eccezione.

Occorre ricordare, infatti, che il ricorso all'*in house providing* non è limitato all'affidamento dei servizi pubblici, ma può trovare applicazione per ogni altra tipologia di servizi e forniture (es. servizi di pulizia, riscaldamento etc.). In ognuno di questi casi, esso rimane una eccezione al ricorso al mercato e quindi costituisce una deroga al rispetto della disciplina di evidenza pubblica necessaria per la conclusione di contratti pubblici di appalto e concessione. Recentemente l'ordinamento europeo ha introdotto una disciplina specifica dell'istituto contenuta nella direttiva 2014/24/UE dove si prevede che i contratti pubblici di appalto aggiudicati a persone giuridiche controllate possono non essere soggetti all'applicazione delle procedure previste dalla direttiva stessa.

Perché ciò sia possibile, l'amministrazione aggiudicatrice deve esercitare sul soggetto un controllo analogo a quello esercitato sui propri servizi. Il soggetto controllato deve, inoltre, svolgere più dell'80% delle proprie attività a favore dell'amministrazione controllante.

Con riferimento alla questione della proprietà del capitale, il legislatore europeo ha ribadito che il regime eccezione non si estende alle situazioni in cui vi sia la partecipazione diretta di un operatore economico privato al capitale della persona giuridica controllata. In questo caso, infatti, l'aggiudicazione di un contratto di appalto in deroga alle procedure competitive garantirebbe all'operatore economico privato che partecipa al capitale del soggetto controllato un indebito vantaggio rispetto ai suoi concorrenti. Tuttavia, si è prevista una minima apertura nell'ipotesi in cui la partecipazione di determinati operatori economici privati al capitale della persona giuridica controllata (*in house*) sia imposta da una disposizione legislativa nazionale, non comporti forme di controllo o potere di veto e non conferisca un'influenza determinante sulle decisioni dell'ente controllato.

L'art. 113, co. 11, d.lgs. n. 267/2000 prevede che "i rapporti degli enti locali con le società di erogazione del servizio [...] sono regolati da **contratti di servizio**, allegati ai capitolati di gara, che dovranno prevedere i livelli dei servizi da garantire e adeguati strumenti di verifica del rispetto dei livelli previsti".

Con il **contratto di servizio (pubblico)** la pubblica amministrazione conferisce al soggetto privato lo svolgimento del servizio insieme all'eventuale previsione di pubbliche funzioni e poteri. Nello stesso atto vengono precisati i c.d. **obblighi di servizio pubblico**, vale a dire quelli obblighi che il soggetto probabilmente non perseguirebbe secondo la propria autonomia o, comunque, se seguisse esclusivamente il proprio interesse economico, imprenditoriale e commerciale. Nel caso di affidamento del servizio tramite gara e conclusione di un contratto pubblico di appalto o concessione, il contratto di servizio è accessorio rispetto a quest'ultimo.

Accanto alle tre forme di gestione appena ricordate (affidamento a un privato secondo le regole dell'evidenza pubblica; costituzione di una società mista con gara a doppio oggetto; modello dell'*in house providing*) rimane possibile il ricorso agli **enti strumentali degli enti locali** disciplinati dall'art. 114 del d.lgs. n. 267/2000, ovvero le **aziende speciali** e le **istituzioni**.

L'azienda speciale è un ente strumentale **dotato di personalità giuridica, di autonomia imprenditoriale e di un proprio statuto**, approvato dal consiglio comunale.

L'istituzione è un organismo strumentale, **privo di personalità giuridica**, adatto alla erogazione di servizi sociali e dotato di autonomia gestionale.

Gli organi dell'azienda e dell'istituzione sono il consiglio di amministrazione, il presidente e il direttore, al quale compete la responsabilità gestionale. Le modalità di nomina e revoca degli amministratori sono stabilite dallo statuto dell'ente locale.

Nell'ambito e nel rispetto della legge, l'ordinamento ed il funzionamento delle aziende speciali sono disciplinati dal proprio statuto e dai propri regolamenti, mentre quelli delle istituzioni sono disciplinati dallo statuto e dai regolamenti dell'ente locale da cui dipendono.

L'art. 115 del d.lgs. n. 267/2000 contempla per gli enti locali la facoltà di trasformare unilateralmente le aziende speciali in società di capitali, di cui le pubbliche amministrazioni possono restare azionisti unici per un periodo non superiore a due anni dalla trasformazione. Il capitale iniziale di tali società è determinato dalla deliberazione di trasformazione in misura non inferiore al fondo di dotazione delle aziende speciali risultante dall'ultimo bilancio di esercizio approvato e, in ogni caso, non deve essere inferiore all'importo minimo richiesto per la costituzione delle società medesime.

6.3.2. *La rilevanza del diritto dell'Unione europea nella disciplina dei servizi pubblici nazionali*

Come anticipato nei paragrafi introduttivi, l'ordinamento dell'Unione europea ha accolto e promosso una nozione oggettiva di servizio pubblico che prescinde dalla natura, pubblica o privata, del gestore e si concentra sulla rilevanza, economica o meno, dell'attività.

Da ciò deriva, anche sul piano della disciplina delle attività in concreto esercitate, un approccio funzionalista che consente deroghe dal regime comune e concorrenziale delle attività economiche a patto che ciò sia giustificato dalla necessità di perseguire gli specifici obblighi assegnati ai gestori per il perseguimento dell'interesse pubblico.

Questa impostazione trova il suo fulcro nell'**art. 106 TFUE** che, per un verso, prevede la generale sottoposizione al diritto europeo **delle imprese pubbliche e di quelle** a cui gli Stati nazionali riconoscono **diritti speciali o esclusivi**, ma, per altro verso, consente **una attuazione e una deroga ai principi concorrenziali e di mercato se** ciò è **necessario per l'esercizio di servizi di interesse economico generale** e, in particolare, per il **perseguimento della specifica missione** affidata ai gestori.

Un chiaro esempio di questo approccio è stato applicato con riferimento all'*in house providing* in quanto esso rappresenta un modello derogatorio rispetto alle norme di evidenza pubblica nella scelta del contraente.

Sul piano più generale, si deve ricordare che i Trattati non impongono agli Stati un particolare modello di gestione dei servizi pubblici. I Paesi membri sono, quindi, teoricamente liberi di organizzare i propri servizi di interesse generale nel modo che ritengano più opportuno dato il loro contesto costituzionale.

Tuttavia, come visto, quella che può sembrare un'ampia discrezionalità nelle scelte organizzative incontra dei **limiti sul piano operativo,** soprattutto **nel caso in cui ai servizi debba essere data qualificazione economica**.

Tale qualificazione dipende da alcuni indici comuni stabiliti dallo stesso ordinamento europeo.

È sufficiente infatti che un servizio pubblico o, nella terminologia europea, un "servizio di interesse generale" (SIG) abbia natura di **"servizio di interesse economico generale" (SIEG)** per attrarre, in via di principio, la **disciplina europea in materia di concorrenza e di mercato interno**, inteso quale spazio economico e giuridico in cui garantire le fondamentali libertà di prestazione dei servizi e il diritto di stabilimento (artt. 49, 51, 52, 56, 57, 62 TFUE).

Per chiarire al meglio i concetti appena espressi, si può dire che si è in presenza di un SIG quando le autorità pubbliche nazionali (a livello statale, regionale o locale) subordinano la prestazione di una attività, ritenuta necessaria per assicurare la soddisfazione dei bisogni della comunità, a specifici obblighi di servizio pubblico e ad adempimenti che mirano ad assicurare diritti fondamentali (costituzionalmente) garantiti.

Rispetto a questa prima definizione si ha, invece, **un SIEG quando l'obbligo di servizio pubblico** sia imposto rispetto **a un'attività** che avrebbe anche **una sua propria rilevanza economica**, in quanto è (o sarebbe) erogata dietro un corrispettivo su un determinato mercato, secondo le logiche tipiche dell'autonomia imprenditoriale.

Per chiarire la distinzione tra **attività economiche e non economiche** – e quindi, di conseguenza tra **servizi economici (SIEG)** e **servizi non economici (SIG)** – l'ordinamento europeo ricorre tradizionalmente al c.d. ***Market participation test*** in base al quale, indipendentemente dalla chiusura o meno di un determinato mercato alla concorrenza, è sufficiente che **altri operatori** siano (o anche solo sarebbero) **disposti a fornire il servizio nel mercato interessato**. È il caso dei trasporti, dell'energia elettrica, delle poste etc.

Ecco, quindi, che, nel caso vi sia un SIEG, **l'imposizione degli obblighi di servizio pubblico** da parte dell'amministrazione pubblica **è** oltremodo **necessaria per raggiungere gli obiettivi di interesse generale**, vale a dire la soddisfazione dei bisogni della comunità, considerato che questi ultimi potrebbero **non essere realizzati dal mercato senza l'intervento pubblico** o lo sarebbero **a condizioni differenti e non accettabili**.

Ciò vale ormai anche per i servizi di natura sociale considerato che la Commissione europea ha cristallizzato il principio per cui essi possono essere qualificati come SIEG nella misura in cui la natura sociale, previdenziale e sanitaria degli interessi perseguiti non è una condizione sufficiente per escludere la rilevanza economica delle prestazioni erogate. Sia quest'ultima anche solo potenziale.

> Per la giurisprudenza europea, le eccezioni rispetto al riconoscimento di una rilevanza economica dell'attività o del servizio sono piuttosto circoscritte e riguardano principalmente le funzioni poste in essere dallo Stato nell'esercizio dei suoi poteri di imperio, in quanto ritenute essenziali per l'esistenza dell'ordinamento.
> Inoltre, la natura economica è altresì esclusa quando un servizio sia organizzato a livello nazionale secondo il c.d. principio di solidarietà. In questo modo il servizio rimane un SIG ed è soggetto alla sola disciplina nazionale. Occorre osservare che in questa seconda ipotesi, elaborata dalla Corte di giustizia, il principio di solidarietà riguarda il modo in cui il servizio è organizzato e strutturato dal legislatore. Il principio è stato applicato ad alcuni regimi di previdenza sociale, sanità e welfare nazionali che presentavano le seguenti caratteristiche: una iscrizione obbligatoria al servizio; un fine esclusivamente sociale; l'assenza di uno scopo di lucro complessivo; l'autonomia delle presta-

zioni erogate rispetto agli eventuali contributi versati dagli utenti e, da ultimo, l'ampio controllo dello Stato sul funzionamento del servizio (si pensi al caso del sistema pensionistico italiano gestito dall'INPS).
Altre ipotesi sono state individuate caso per caso dalla Commissione europea e dalla giurisprudenza sovranazionale.

La rilevanza del diritto dell'Unione europea nel settore dei servizi pubblici nazionali ha quindi comportato un progressivo cambio di prospettiva nelle discipline nazionali dal momento che tanto il Trattato, quanto il legislatore europeo prevedono l'applicabilità delle regole comuni in materia di concorrenza e mercato interno, salvo le deroghe consentite e strettamente necessarie per realizzare gli scopi di interesse pubblico che gli Stati membri si prefiggono.

Questo significa, per esempio, non solo che un servizio pubblico può essere gestito anche attraverso l'affidamento a un privato selezionato sulla base di un confronto concorrenziale (c.d. **concorrenza per il mercato**), ma anche che più operatori economici privati possano erogare prestazioni riconducibili al servizio pubblico in senso oggettivo (c.d. **concorrenza nel mercato**).

In questo secondo caso si verifica il fenomeno della c.d. **liberalizzazione dei servizi pubblici** di cui si parlerà nel paragrafo successivo e che contempla un intervento regolatore da parte dello Stato stesso.

Non si dimentichi, inoltre, che i soggetti incaricati di gestire un SIEG possono ricevere aiuti da parte dello Stato a titolo di compensazione degli obblighi imposti nell'interesse generale in deroga alla disciplina generale in materia di aiuti di Stato contenuta negli artt. 107, 108 e 109 TFUE (si veda cap. 8).

Sul punto occorre ricordare che l'ordinamento dell'Unione europea attribuisce due significati alla nozione di concorrenza. Si parla, infatti, di "concorrenza nel mercato" e di "concorrenza per il mercato".
Il concetto di "concorrenza nel mercato" rinvia a una serie di misure di regolazione economica tra loro eterogenee, che possono riguardare l'accesso a mercati dotati di particolari caratteristiche strutturali, ma anche alcuni aspetti dell'organizzazione e dell'attività delle imprese che su quei mercati intendono operare. Come si vedrà, si parla non a caso di regolazione proconcorrenziale.
Con il concetto di "concorrenza per il mercato", si indicano invece quelle regole a rilevanza pubblica che mirano a tutelare i valori di concorrenzialità e libera circolazione dei fattori produttivi all'interno del mercato unico europeo, garantendo la massima partecipazione degli operatori economici alle procedure di evidenza pubblica in materia di contratti pubblici.
Entrambe le definizioni richiamate si riferiscono a determinati obiettivi che le

istituzioni devono perseguire affinché un dato sistema economico risponda ai canoni dell'economia di mercato e ai benefici in termini di efficienza riconducibili a tale assetto.

In questo senso, queste due accezioni vanno distinte dalla tutela della concorrenza regolata dal "diritto antitrust" il quale si riferisce alle relazioni tra una pluralità di soggetti attivi su un determinato mercato. In quest'ultimo caso, si fa infatti riferimento alla c.d. legislazione antimonopolistica di cui il nostro ordinamento si è dotato con la l. 10 ottobre 1990, n. 287, nel rispetto degli artt. 101 e 102 TFUE, e che prevede le tre classiche fattispecie su cui si concentrano le discipline antitrust: intese anticoncorrenziali, abuso di posizione dominante e controllo preventivo delle concentrazioni (v. cap. 8).

6.4. *La liberalizzazione dei servizi pubblici*

La liberalizzazione dei servizi e, più in generale, dei mercati è un fenomeno avviato dall'ordinamento dell'Unione europea negli Stati membri soprattutto a partire dagli inizi degli anni '90 del secolo scorso.

Per comprenderlo appieno occorre distinguerlo da interventi nell'assetto delle economie nazionali ad esso contemporanei e complementari ma non esattamente coincidenti, come nel caso delle privatizzazioni e della deregolamentazione.

Con la **liberalizzazione** si intende perseguire **l'apertura di un determinato mercato** attraverso la progressiva **riduzione delle barriere e dei vincoli al suo funzionamento** imposti tradizionalmente dallo Stato.

Ciò ha avuto ripercussioni significative non solo per i servizi pubblici, ma anche per altri importanti settori economici ritenuti strategici per l'economia europea. Si pensi agli istituti di credito, alle compagnie assicurative, ai servizi professionali e all'industria farmaceutica.

In questi ultimi mercati si è provveduto a introdurre misure che eliminassero, progressivamente, barriere legali all'entrata in modo da garantire la libertà di prestazione partendo dal presupposto che la possibilità di ingresso nel mercato da parte di possibili concorrenti porta le imprese a comportarsi in modo competitivo, con un conseguente vantaggio anche per i clienti e i destinatari finali delle attività.

La liberalizzazione dei servizi pubblici ha inteso aprire **molti dei mercati monopolistici** creati da **leggi statali** e sottoposti a un **regime di riserva**.

Da questo punto di vista vi è stata spesso una **forte interazione tra gli interventi di liberalizzazione e quelli di privatizzazione** (anche solo formale) degli organismi e degli enti ex monopolisti, progressivamente esposti al confronto con nuovi concorrenti entranti (v. cap. 8).

È importante, però, non confondere la liberalizzazione con la **deregola-**

mentazione dal momento che la realizzazione di mercati concorrenziali nel settore dei servizi pubblici ha comportato certamente una modificazione delle regole applicabili, ma **non ha fatto venire meno il ruolo dei soggetti pubblici** che, spesso attraverso la costituzione di autorità amministrative indipendenti, si sono fatti garanti degli interventi di **regolazione proconcorrenziale** e del bilanciamento tra interessi economici e interessi sensibili.

6.4.1. *Le esperienze più significative in Italia*

In Italia le più significative esperienze di progressiva liberalizzazione dei servizi pubblici su spinta dell'ordinamento europeo sono avvenute nel settore ferroviario, dell'energia elettrica, delle poste e delle telecomunicazioni.

Per quanto riguarda il **trasporto ferroviario**, il processo di liberalizzazione è stato avviato come in tutta Europa a partire dalla direttiva n. 440/1991, recepita in Italia con il d.lgs. n. 146/1999. Si è trattato di un processo lento e, per alcuni aspetti, ancora in evoluzione che ha richiesto ulteriori interventi da parte del legislatore europeo.

Ad oggi la disciplina di riferimento è contenuta nel d.lgs. n. 188/2003 che ha attuato le direttive europee 2001/12/CE, 2001/13/CE e 2001/14/CE. Trattandosi, al pari del servizio di distribuzione dell'energia elettrica, di un servizio pubblico c.d. a rete, dove quest'ultima non è facilmente duplicabile a costi sostenibili per un operatore economico entrante (nel caso di specie si tratta dei binari esistenti), la liberalizzazione del trasporto ha avuto come snodo fondamentale la **separazione** (prima contabile e poi soggettiva) **tra la gestione dell'infrastruttura e la gestione dei servizi di trasporto.**

Come già rilevato (v. cap. 4) ciò ha comportato una ristrutturazione e separazione dei vari rami di attività di competenza di Ferrovie dello Stato (FS), in qualità di operatore ex monopolista. La gestione del servizio di trasposto dei passeggeri è, infatti, stata assegnata a Trenitalia S.p.A., mentre la gestione delle linee ferroviarie è stata attribuita a un gestore dell'infrastruttura, Rete Ferroviaria Italiana S.p.A. (RFI S.p.A.). Solo quest'ultimo soggetto opera in un regime di sostanziale monopolio per cui ha il compito di curare la manutenzione della rete, di gestire la circolazione dei vettori, di assegnare alle imprese di trasporto concorrenti la c.d. capacità ferroviaria in termini di tratte e slot orari. Provvede, inoltre, alla riscossione dei diritti di circolazione e agli opportuni controlli della sicurezza.

Quanto detto vale per il servizio ferroviario nazionale. Per quanto riguarda i servizi di trasposto locale organizzati a livello regionale, ma operati sulla rete gestita da RFI S.p.A., essi possono essere affidati dalle regioni a imprese ferroviarie sulla base di contratti pluriennali a durata limitata. In molte regioni il servizio è ancora affidato direttamente a Trenitalia S.p.A.

Il mercato energetico ha avuto una storia in parte analoga a quella del servizio ferroviario.

Nel 1962, quando il settore era in mano a produttori privati in regime di oligopolio e quasi 700.000 case erano prive di elettricità, il legislatore italiano decideva di procedere a nazionalizzare il servizio, espropriando le imprese private del settore e istituendo **l'Ente nazionale per l'energia elettrica (ENEL),** ente pubblico economico, a cui venivano **affidate in regime di riserva tutte le fasi della filiera produttiva e distributiva del servizio**, ovvero la produzione, il trasporto, la distribuzione e la vendita dell'energia elettrica.

La liberalizzazione del mercato è stata avviata con il c.d. Decreto Bersani del 1999 (d.lgs. 16 marzo 1999, n. 79) che ha recepito quanto contenuto nella direttiva comunitaria 96/92/CE, con cui l'ordinamento europeo aveva introdotto norme di armonizzazione per la costituzione di un mercato dell'energia elettrica comune tra gli Stati membri.

Tale riforma intendeva **aprire alla concorrenza** le attività **di produzione, acquisto e vendita dell'energia, mentre riservava allo Stato**, e quindi all'ex monopolista, quelle **di trasmissione e distribuzione**.

Al fine di favorire una maggiore concorrenza, alcune direttive successive hanno imposto **la separazione tra le attività connesse all'uso della rete, ovvero la trasmissione, e quelle di produzione e fornitura**.

L'ordinamento nazionale ha scelto, quindi, di riservare allo Stato la fase di trasmissione dell'energia concedendo la gestione del sistema a Terna S.p.A. In quanto gestore della rete, quest'ultimo soggetto non può esercitare, né direttamente né indirettamente, servizi di produzione o fornitura di energia in quanto deve porsi come soggetto indipendente da qualsiasi altro interesse economico privato. Inizialmente i primi utenti in grado di beneficiare del mercato libero sono stati i grossi consumatori di energia. A partire dal 2007, anche le utenze domestiche hanno iniziato a poter scegliere l'offerta energetica più conveniente. Tuttavia, sino all'epoca più recente, i due gruppi di consumatori, definiti rispettivamente "mercato libero" e "mercato tutelato", sono rimasti distinti in quanto i clienti domestici hanno avuto accesso all'energia alle condizioni economiche e contrattuali fissate dall'autorità per l'energia e non oggetto, quindi, di una libera negoziazione.

Tanto per il settore ferroviario, quanto per quello energetico si parla di **servizi a rete** caratterizzato da una particolare struttura in quanto, prima degli interventi di liberalizzazione, si trattava di ***monopoli legali e naturali***.

Anche in virtù di quanto consentito dall'art. 43 Cost., i pubblici poteri avevano sottratto le attività in parola all'iniziativa privata stante la condizione di *monopolio di fatto* dei settori in parola, dovuta alle caratteristiche delle rispet-

tive infrastrutture. Quest'ultime infatti sono spesso non duplicabili per ragioni materiali e fisiche o, meglio, lo sarebbero a prezzi molto elevanti, che impedirebbero l'accesso dei nuovi operatori.
In questi casi, la creazione di monopoli legali è stata per molti Stati la soluzione ottimale prescelta per evitare la creazione di monopoli privati, a danno dei cittadini/utenti.
Sulla scia degli interventi adottati nel sistema statunitense, dove in questi casi si parla di *public utilities* (traducibile con l'espressione "servizi di pubblica utilità"), la progressiva liberalizzazione dei mercati ha, invece, prospettato la possibilità di prevedere misure di regolazione economica accompagnate, come visto, dalla separazione tra gestione delle infrastrutture e gestione dei servizi che impone di garantire l'accessibilità delle prime per gli operatori economici che intendano fornire i secondi.
La questione del rapporto tra gestione delle reti e gestione del servizio vale anche per i servizi pubblici locali. Per semplificare occorre distinguere il tema della proprietà e titolarità delle reti da quello della loro gestione.
L'analisi del regime proprietario delle reti e della loro titolarità ha rappresentato nel nostro ordinamento un tema alquanto problematico soprattutto se analizzato alla luce del dibattito che si è sviluppato a livello statale e che ha interessato, da ultimo e in più occasioni, anche la Corte costituzionale. Il legislatore statale, con la nota l. n. 449/2001, aveva riformulato l'art. 113 del d.lgs. n. 267/2000 e previsto l'impossibilità per gli enti locali di cedere la proprietà degli impianti, delle reti e delle altre dotazioni destinate all'esercizio dei servizi pubblici (v. cap. 5).
Tale previsione è oggi contenuta nel co. 2 dell'art. 113 secondo cui "Gli enti locali non possono cedere la proprietà di impianti, delle reti e delle altre dotazioni destinati all'esercizio dei servizi pubblici".
L'unica eccezione è prevista dal successivo co. 13 dell'art. 113 secondo cui "gli enti locali, anche in forma associata, nei casi in cui non sia vietato dalle normative di settore, possono conferire la proprietà delle reti, degli impianti, e delle altre dotazioni patrimoniali a società a capitale interamente pubblico, che è incedibile. Tali società pongono le reti, gli impianti e le altre dotazioni patrimoniali a disposizione dei gestori incaricati della gestione del servizio o, ove prevista la gestione separata della rete, dei gestori di quest'ultima, a fronte di un canone stabilito dalla competente Autorità di settore, ove prevista, o dagli enti locali. Alla società suddetta gli enti locali possono anche assegnare, [...], la gestione delle reti [...]".
Per quanto riguarda la gestione della rete, quindi, essa può essere separata o integrata con l'erogazione del servizio.
Se integrata, il suo affidamento segue le regole applicabili all'affidamento del servizio.
Se, invece, la gestione della rete rimane separata, l'art. 113, co. 4, dispone che gli enti locali possono avvalersi: a) di soggetti allo scopo costituiti nella forma di società di capitali con la partecipazione totalitaria di capitale pubblico, cui

può essere affidata direttamente la gestione della rete, a condizione che gli enti pubblici titolari del capitale sociale esercitino sulla società un controllo analogo a quello esercitato sui propri servizi e che la società realizzi la parte più importante della propria attività con l'ente o gli enti pubblici che la controllano (modello *in house*) o b) di imprese idonee da individuare mediante procedure ad evidenza pubblica.

Un servizio a rete che ha permesso una parziale duplicazione di quest'ultima è dato dalle **telecomunicazioni**.

Anche in questo caso il processo di liberalizzazione è iniziato negli anni '90, e precisamente nel 1997, quando il mercato è stato aperto a nuovi operatori che si sono aggiunti a Telecom Italia. Fino a quel momento quest'ultima deteneva in Italia il monopolio per la gestione della rete e dei servizi di comunicazione elettronica. La prima licenza riconosciuta a un gestore diverso da Telecom Italia è stata rilasciata all'inizio del 1998 seguita, poi, da molte altre negli anni successivi. Ad ogni nuovo gestore era consentito realizzare una propria rete di comunicazione il cui numero, a livello nazionale o locale, cresceva parallelamente alle licenze. Per permettere ai clienti dei nuovi operatori, di rete fissa e mobile, di comunicare tra loro è stato, tuttavia, necessario procedere all'interconnessione delle reti. Le imprese entranti hanno inizialmente interconnesso la propria rete a quella di Telecom Italia nei punti d'interconnessione definiti dalla Autorità di telecomunicazione per procedere poi attraverso accordi bilaterali tra loro.

Di particolare interesse rimane, infine, il **servizio postale** sottoposto anch'esso a **riserva originaria per le attività di raccolta, trasporto e distribuzione della corrispondenza epistolare**. Originariamente lo svolgimento di tali servizi era in capo al Ministero delle Poste e delle Telecomunicazioni che lo esercitava attraverso una azienda autonoma.

Fino all'epoca più recente, quindi, il mercato postale italiano aveva una **struttura monopolistica solo con riferimento ad alcune tipologie di servizi** (lettere), mentre su altri prodotti non era esclusa una certa concorrenza da parte di imprese private che operavano in concessione.

Come in altri Paesi europei, quindi, il servizio postale era riservato ai fornitori nazionali. Con i ricavi che la riserva garantiva venivano finanziati i costi della fornitura. Altri servizi (es. i corrieri espressi) erano aperti al mercato.

Come si vedrà, **l'esigenza di individuare il servizio universale**, inteso come un servizio postale di base da garantire a tutti gli utenti sull'intero territorio nazionale e a prezzi accessibili, permarrà anche a seguito del **processo di liberalizzazione iniziato nel 1999** con il d.lgs. 22 luglio 1999, n. 261 in attuazione della direttiva 97/67/CE con cui si sono introdotte "regole comuni per lo sviluppo del mercato interno dei servizi postali comunitari e per il miglioramento della qualità del servizio".

In quella occasione il legislatore nazionale ha apportato una prima ristrutturazione del mercato definendo, da un lato, il **servizio postale universale,** garantito da Poste Italiane S.p.A., e, dall'altro, all'interno di questo, i **servizi riservati in via esclusiva** a quest'ultima.

Quanto al servizio universale, si tratta dei servizi di raccolta, trasporto, smistamento e distribuzione degli invii postali fino a 2 kg e dei pacchi postali fino a 20 kg, oltre a quelli relativi agli invii con raccomandata e assicurati (art. 3, d.lgs. n. 261/1999). Nel rispetto delle direttive europee, tra questi vi è una categoria più ristretta di servizi, oggetto di vera e propria riserva, individuati negli invii postali sotto i 50 grammi e con un prezzo inferiore a 1,50 euro. Nella prima fase del processo di liberalizzazione si identificavano, dunque, una serie servizi universali non riservati, ma garantiti almeno dall'ex monopolista, tra cui, per esempio, gli invii di posta raccomandata che, infatti, dal 1999 possono essere svolti anche da operatori privati nel rispetto degli obblighi legislativamente previsti (es. il fornitore del servizio universale garantisce il servizio per tutti i giorni lavorativi, e come minimo per cinque giorni a settimana, salvo circostanze eccezionali valutate dall'autorità di regolamentazione (art. 3 co. 4, d.lgs. n. 261/1999).
A partire dal 2011, con il d.lgs. 31 marzo 2011, n. 58, la liberalizzazione si è estesa anche ai servizi prima riservati. Secondo quanto disposto dalla direttiva 2008/6/CE, infatti, le imprese concorrenti possono accedere al mercato delle spedizioni al di sotto dei 50 grammi di peso e di 1,50 euro di prezzo, prima riservati al fornitore del servizio universale.

Come per gli altri settori, anche per il mercato postale, la liberalizzazione ha richiesto **l'individuazione di una autorità di regolazione**, prima identificata nel Ministero dello Sviluppo economico, poi, a partire dal 2011, rappresentata dall'Agenzia nazionale di regolamentazione del settore postale, soppressa solo dopo pochi mesi quando le funzioni sono state attribuite all'**Autorità per le garanzie nelle comunicazioni** (AGCOM).

6.4.2. *La regolazione proconcorrenziale*

Quello della regolazione proconcorrenziale è un tema che interessa mercati di notevole importanza e dotati di caratteristiche strutturali ben specifiche.

Come visto, si tratta di mercati, un tempo appannaggio di un monopolista di Stato, con struttura spesso a rete, che necessitano di infrastrutture essenziali – di sovente non duplicabili per ragioni fisiche e/o finanziarie –, con alte barriere all'entrata e caratterizzati da elevati costi fissi legati agli investimenti.

Inoltre, spesso l'ex monopolista, proprietario o gestore delle infrastrutture essenziali, può aver mantenuto un vantaggio competitivo legato al controllo di tecnologie la cui conoscenza è essenziale per l'attività dei potenziali concorrenti.

Tutte queste circostanze hanno giustificano, anche in virtù dell'influenza dell'ordinamento europeo, l'adozione di regole che permettano **ai nuovi entranti** di operare in condizioni **di tendenziale parità rispetto all'ex monopolista**.

Per questo, la progressiva liberalizzazione di settori un tempo riservati ha dimostrato la necessità **di individuare soggetti pubblici che pongano regole proconcorrenziali** di dettaglio **da far rispettare agli operatori economici interessati.**

Si tratta di **autorità indipendenti** (v. par. 2.2.2) che sono, quindi, le protagoniste di **atti di regolazione a carattere tecnico** finalizzati a disciplinare i mercati attraverso misure che possono riguardare le tariffe e la struttura dei prezzi, l'organizzazione societaria e contabile delle imprese, i rapporti tra ex monopolista, nuovi entranti e consumatori/utenti, l'imposizione di particolari prestazioni, riconducibili al servizio universale.

Anche in questo caso, l'influenza di modelli, rimedi e soluzioni di matrice europea è stata determinante. È importante anche ricordare la significativa attenzione per gli aspetti procedurali legati all'esercizio della funzione regolatoria proconcorrenziale che è stata oggetto di una serie di discipline finalizzate a garantire la partecipazione di tutti gli stakeholders alla formazione delle regole, secondo meccanismi di *notice and comment* e al fine di assicurare agli operatori economici del settore il diritto di essere sentiti permettendo l'acquisizione di utili informazioni da parte dei regolatori. La funzione regolatoria viene pertanto in rilievo non solo come "prodotto", ma anche come "processo" dotato di una propria autonomia concettuale e di principi ordinanti per molti versi peculiari.

Più nel dettaglio la regolazione proconcorrenziale mira a promuovere la concorrenza "nel mercato" che, come detto, costituisce un'espressione di sintesi rispetto a un complesso eterogeneo di strumenti giuridici affidati alle Autorità di regolazione al fine di eliminare, in un dato mercato, le barriere e gli ostacoli che impediscono le dinamiche concorrenziali.

In questi casi, l'interesse alla concorrenza giustifica interventi di regolazione, così come l'imposizione di obblighi e limiti positivi all'autonomia negoziale delle parti (tra operatori economici e tra questi ultimi e gli utenti).

Con riferimento ai servizi sopra descritti le autorità di regolazione competenti sono: a) l'Autorità per le garanzie nelle Comunicazioni (**AGCOM**), in relazione ai servizi postali e alle telecomunicazioni; b) l'Autorità di regolazione per energia reti e ambiente (**ARERA**), per i mercati dell'energia elettrica, del gas e del sistema idrico che ha sostituito, a partire dal 2017, l'originaria Autorità per l'energia elettrica e il gas (EEEG) (già trasformata, a partire dal 2013, nell'Autorità per l'energia elettrica il gas e il sistema idrico (AEEGSI)); c) l'Autorità di regolazione dei trasporti (**ART**) per il settore dei trasporti.

L'AGCOM e L'AEEG sono state le prime autorità di regolazione istituite a metà degli anni '90 con la **l. 14 novembre 1995, n. 481** con cui si sono intese introdurre "norme per la concorrenza e la regolazione dei servizi di pubblica utilità. Istituzione delle autorità di regolazione dei servizi di pubblica utilità". L'autorità di regolazione dei trasporti è nata invece nel 2012 con la l. 24 marzo 2012, n. 27.

L'art. 1 della l. n. 481/1995 ha fissato le **finalità comuni della regolazione**, ovvero i) la promozione della concorrenza e dell'efficienza nei settori dei servizi pubblici; ii) il raggiungimento di livelli di qualità in condizioni di economicità e redditività; iii) la garanzia di fruibilità e diffusione dei servizi in modo omogeneo sull'intero territorio nazionale con la definizione di un sistema tariffario certo, trasparente e basato su criteri predefiniti. A ciò si aggiunge iv) la tutela degli interessi degli utenti e dei consumatori.

Per il perseguimento di tali obiettivi, l'art. 2, co. 12, dispone che ciascuna autorità: i) formuli osservazioni e proposte da trasmettere al Governo e al Parlamento in merito ai servizi e alle attività da assoggettare a regime di concessione o di autorizzazione e sulle relative forme di mercato; ii) proponga gli schemi per il rinnovo e le variazioni degli atti di concessione, di autorizzazione così come delle convenzioni o dei contratti di programma; iii) verifichi il rispetto dei principi di concorrenza, trasparenza e eguaglianza nell'accesso al mercato e nel rapporto con gli utenti, le esigenze dei quali vanno tenute in considerazione soprattutto se si tratta di categorie deboli e vulnerabili, quali anziani e disabili. Particolare attenzione è data al rispetto dell'ambiente, alla sicurezza degli impianti e alla salute degli addetti.

In merito alle **tariffe** le autorità sono tenute a **stabilire e ad aggiornare la tariffa base** di un determinato servizio **in relazione all'andamento del mercato**, oltre che i parametri e gli altri elementi di riferimento per i dovuti adeguamenti. Alle autorità spetta, inoltre, **precisare le modalità di recupero dei costi** eventualmente **sostenuti nell'interesse generale** in modo **da assicurare la qualità, l'efficienza del servizio e l'adeguata diffusione sul territorio nazionale**.

Per **tariffe** si intendono **i prezzi massimi unitari dei servizi** al netto delle imposte.

Solitamente esse vengono determinate con il metodo del c.d. *price cap* inteso come **limite massimo dell'aumento di prezzo da parte delle imprese regolate** che è vincolato per un periodo pluriennale e calcolato sulla base di alcuni indici tra cui, per esempio, il recupero di qualità del servizio rispetto a standard prefissati; i costi derivanti da eventi imprevedibili ed eccezionali o dovuti all'adozione di interventi volti al controllo e alla gestione della domanda secondo criteri di efficienza.

Non va dimenticato, infatti, che il sistema tariffario dei servizi pubblici deve armonizzare gli obiettivi economici finanziari dei soggetti esercenti il servizio con gli obiettivi generali di carattere sociale, di tutela ambientale e di uso efficiente delle risorse disponibili.

6.4.3. *Il servizio universale*

Una delle nozioni centrali rispetto agli interventi di regolazione connessi ai mercati liberalizzati è quella di "servizio universale".

Anche in questo caso si tratta di un **concetto che il nostro ordinamento ha importato dall'ordinamento europeo** che, a propria volta, si è ispirato agli ordinamenti di matrice anglosassone nei quali l'offerta dei servizi pubblici deve svolgersi, innanzitutto, nel rispetto del principio della universalità in modo tale che siano serviti tutti, senza discriminazioni ingiustificate e a tariffe ragionevoli.

In questo senso, una volta affermato il principio della libera concorrenza e della apertura dei mercati un tempo riservati, è emersa l'esigenza che un **nucleo essenziale di prestazioni siano garantite a tutti, a prescindere dalla ubicazione geografica, dalla posizione sociale e dalla fascia di reddito**.

Nel diritto europeo la categoria del servizio universale è stata espressamente disciplinata per le telecomunicazioni e per il servizio postale, intesa come "**un insieme minimo definito di servizi di determinata qualità disponibile a tutti gli utenti a prescindere dalla loro ubicazione geografica e, tenuto conto delle condizioni specifiche nazionali, ad un prezzo accessibile**" (si veda anche l'art. 1, lett. z), d.p.r. 19 settembre 1997, n. 318 con cui è stato emanato il Regolamento per l'attuazione delle direttive comunitarie in materia di telecomunicazioni).

Si tratta, in realtà, di una **nozione dinamica** il cui contenuto sostanziale evolve con il progresso tecnologico e con lo sviluppo del mercato.

Allo stesso tempo, come visto per il servizio postale, la gestione non deve necessariamente restare in capo a un unico gestore e i **costi legati alla sua fornitura possono essere ripartiti tra più soggetti erogatori**.

Proprio il servizio postale offre spunti interessanti per chiarire le **problematicità** connesse alla **definizione, all'attribuzione e al finanziamento del servizio universale** che, come si è detto, in quel mercato è dato dai servizi di raccolta, trasporto, smistamento e distribuzione degli invii postali fino a 2 kg e dei pacchi postali fino a 20 kg, oltre a quelli relativi agli invii con raccomandata e assicurati.

Trattandosi, fino all'epoca più recente, di **prestazioni più ampie rispetto al servizio riservato al monopolista uscente**, nulla esclude che altri operatori possano fornire il servizio universale non riservato, a patto che rispettino gli specifici oneri imposti dalla legge e dall'autorità di regolazione.

Tali oneri rischiano, però, di rendere l'attività strutturalmente in perdita.

Per questo motivo, **anche in un contesto liberalizzato** gli Stati membri (e tra questi l'Italia) hanno usufruito della **possibilità di designare almeno un fornitore del servizio universale, a tutela delle esigenze dei cittadini** (nel caso di specie Poste Italiane S.p.A.).

Il servizio universale è quindi affidato a Poste Italiane S.p.A. fino al 30 aprile 2026 e soggetto a verifiche quinquennali da parte del Ministero dello sviluppo economico circa il livello di efficienza nella fornitura del servizio stesso.

Il tema centrale è divenuto allora quello del **finanziamento del servizio universale** dal momento che esso è fornito anche in luoghi non remunerativi, a bassa densità di abitanti e, magari, difficilmente raggiungibili. Questa condizione vale soprattutto per il territorio italiano a causa delle condizioni geografiche, della non omogeneità della popolazione e della bassa quantità di invii pro capite rispetto ad altri territori europei.

Per molto tempo, **gli oneri di servizio universale sono stati finanziati principalmente con i ricavi dei servizi riservati (c.d. finanziamento incrociato)**. Gli eventuali costi residui erano coperti da trasferimenti dello Stato o mediante un fondo di compensazione a cui partecipavano altri operatori del settore.

Considerato però che **la liberalizzazione** ha progressivamente **ridotto le prestazioni soggette a riserva,** si è posta l'esigenza di **trovare altri meccanismi di finanziamento** per mantenere constante la qualità del servizio e l'equilibrio economico e finanziario del fornitore.

Inoltre, l'ordinamento europeo ha sempre ritenuto che il metodo del finanziamento incrociato avesse effetti negativi sulle dinamiche concorrenziali in quanto incompatibile con la disciplina in materia di aiuti di Stato (v. cap. 8).

Si è quindi prospettata l'opzione di un **sistema di finanziamento misto derivante da trasferimenti pubblici** (nel pieno rispetto della normativa europea sugli aiuti di Stato in quanto qualificati come compensazione degli obblighi di servizio pubblici) **e dalla partecipazione degli operatori a un fondo di compensazione**.

Al fine di una **adeguata trasparenza del sistema di finanziamento**, le direttive europee hanno però imposto ai fornitori del servizio **particolari ob-**

blighi contabili in modo tale da tenere una contabilità separata per distinguere chiaramente i singoli servizi e i singoli prodotti che fanno parte del servizio universale rispetto a quelli che ne sono esclusi.

Per approfondire

L. Bertonazzi-R. Villata, *Servizi di interesse economico generale*, in *Trattato di diritto amministrativo europeo*[2], a cura di M.P. Chiti-G. Greco, Milano, Giuffrè, 2007, IV, 1791 ss.; E. Bruti Liberati, *La regolazione pro-concorrenziale dei servizi pubblici a rete*, Milano, Giuffrè, 2006; Id., *La regolazione indipendente dei mercati. Tecnica, politica e democrazia*, Torino, Giappichelli, 2019; G. Caia., *Funzione pubblica e servizio pubblico*, in *Diritto amministrativo*, a cura di L. Mazzarolli-G. Pericu-A. Romano-F.A. Roversi Monaco-F.G. Scoca, Bologna, Monduzzi, 2001, I, 923 ss.; Id., *La disciplina dei servizi pubblici, ivi*, 945 ss.; Id., *L'organizzazione dei servizi pubblici, ivi*, 997 ss.; S. Cassese, *Legge di riserva e articolo 43 della Costituzione*, in *Giur. cost.*, 1960, 1344 ss.; Id. (a cura di), *La nuova Costituzione economica*, Roma-Bari, Laterza, 2021; M. Clarich, *Servizio pubblico e servizio universale: evoluzione normativa e profili ricostruttivi,* in *Dir. pubbl.,* 1998, 187 ss.; L. De Lucia, *La regolazione amministrativa dei servizi di pubblica utilità*, Torino, Giappichelli, 2002; F. Donati-E. Bruti Liberati, *La regolazione dei servizi di interesse economico generale*, Torino, Giappichelli, 2010; F. Merusi, *Lo schema della regolazione dei servizi di interesse economico generale*, in *Dir. amm.*, 2010, 313 ss.; G. Napolitano, *Servizi pubblici*, in *Dizionario di diritto pubblico* diretto da S. Cassese, VI, Milano, Giuffrè, 2006, 5517 ss.; Id., *Regole e mercato nei servizi pubblici*, Bologna, Il Mulino, 2005; U. Pototschnig, *I pubblici servizi*, Padova, Cedam, 1964; N. Rangone, *I servizi pubblici*, Bologna, Il Mulino, 1999; Id., *I servizi di interesse generale in Europa*, in *Giorn. dir. amm.*, 1997, 386 ss.; D. Sorace, *Servizi pubblici e servizi (economici) di pubblica utilità*, in *Dir. pubbl.* 1999, 371 ss.; R. Villata, *Pubblici servizi: discussioni e problemi*, Milano, Giuffrè, 2008; F. Trimarchi Banfi, *I servizi pubblici nel diritto comunitario: nozione e principi*, in *Riv. it. dir. pubbl. com.*, 2008, 1063 ss.

Capitolo 7
LA REGOLAZIONE DEI MERCATI FINANZIARI

di *Andrea Magliari*

7.1. *Il mercato dei servizi finanziari e le ragioni della regolazione*

Il **mercato dei servizi finanziari** costituisce da sempre uno dei settori in cui si manifesta con maggiore evidenza la necessità di un intervento regolatore dei pubblici poteri. Si tratta, invero, di un settore particolarmente esposto ai "fallimenti del mercato", in cui comunemente si riscontrano regole ed istituti di diritto speciale, aventi lo scopo di correggere tali fallimenti in vista del perseguimento di finalità di interesse generale. Sebbene l'attività finanziaria sia venuta progressivamente a perdere la connotazione originaria di servizio pubblico oggettivo, configurandosi ormai pacificamente come attività di impresa tutelata dall'art. 41 Cost., essa si trova nondimeno a confrontarsi con numerosi altri interessi, pubblici e privati, costituzionalmente rilevanti e meritevoli di particolare tutela da parte dell'ordinamento giuridico.

La previsione di diverse forme di intervento pubblico sull'attività di intermediazione finanziaria trova, d'altronde, un espresso fondamento costituzionale **nell'art. 47 Cost.** ai sensi del quale "la Repubblica **incoraggia e tutela il risparmio** in tutte le sue forme; **disciplina, coordina e controlla l'esercizio del credito**". L'ordinamento giuridico riconosce, cioè, la funzione sociale del credito e il ruolo essenziale del risparmio come fattori cruciali per lo sviluppo economico, giustificando **l'azione di controllo e vigilanza di autorità pubbliche preposte alla tutela dei suddetti beni di rilevanza costituzionale**.

Per un verso, sul piano macroeconomico, l'eventuale fallimento di un intermediario finanziario comporta conseguenze negative non solo per gli azionisti, i creditori e i lavoratori di quell'impresa, quanto, più in generale, per il sistema economico nel suo complesso, riducendo l'afflusso di risorse finanziarie al tessuto produttivo. Inoltre, come testimoniato dalla recente crisi economico-finanziaria, la frequente interconnessione tra gli intermediari finanziari a livello globale amplifica il rischio del c.d. effetto domino che una singola crisi, specie se di un istituto di maggiori dimensioni, può produrre sull'intero sistema finanziario. Per altro verso, la regolazione del settore si giustifica con l'esigenza di tutelare la "parte debole" del rapporto contrattuale a fronte di una marcata "asimmetria informativa" che connota tipicamente la relazione tra risparmiatore e operatore finanziario. Il risparmiatore/consumatore, infatti, raramente è in grado di valutare la rischiosità di un'operazione finanziaria ovvero la affidabilità e la solvibilità dell'operatore economico cui si rivolge, ad esempio, per depositare i propri risparmi, acquistare titoli azionari o altri strumenti finanziari, oppure per aprire una polizza assicurativa o un fondo pensione.

L'intervento regolatorio assume, dunque, le finalità principali di assicurare, d'un lato, la solidità patrimoniale e finanziaria delle imprese al fine di minimizzare il rischio di fallimento dei singoli operatori e, più in generale, della produzione di crisi sistemiche dell'intero comparto finanziario e, dall'altro, la trasparenza e la correttezza delle relazioni contrattuali, nell'ottica di ribilanciare l'evidenziato divario informativo. In altri termini, e in modo ancora piuttosto generico, si può affermare che oggi la regolazione pubblicistica dei mercati finanziari risponde principalmente agli **obiettivi della trasparenza e della stabilità finanziaria**. Tali finalità, nondimeno, convivono con altri obiettivi di interesse generale, con i quali entrano in bilanciamento, quali la **concorrenzialità e la liberalizzazione dei mercati finanziari**.

Svolta tale premessa, essenziale ai fini della comprensione delle peculiarità che informano il settore economico oggetto del presente capitolo, conviene procedere ora alla esposizione dei principali aspetti che caratterizzano la regolazione pubblicistica dei mercati finanziari. In particolare, dopo aver fornito una breve panoramica dei soggetti che operano sul mercato finanziario e dei tre comparti in cui tradizionalmente quest'ultimo si suddivide, si procederà alla individuazione di alcuni tratti comuni ai diversi ambiti settoriali e di alcuni profili evolutivi che, specie negli ultimi anni, hanno riguardato l'assetto della regolazione del mercato. Si tratteranno, poi, distintamente le discipline relative – rispettivamente – al settore del credito, del mercato mobiliare e del comparto assicurativo. Per ciascun settore saranno esaminate altresì le autorità di regolazione e il loro assetto organizzativo, nel quadro delle più recenti riforme introdotte a seguito della crisi finanziaria del 2008.

7.2. *I tre comparti del mercato finanziario e i soggetti regolati*

Prima di passare all'esame delle modalità di intervento dei pubblici poteri, occorre precisare cosa si intenda per "mercato finanziario" e per "intermediari finanziari". In altri termini, fondamentale risulta definire preliminarmente quali sono i soggetti regolati all'interno del mercato dei servizi finanziari e quali sono le peculiarità che ne giustificano la sottoposizione a un regime speciale di regolazione pubblicistica.

Nella prospettiva della dottrina economica, per **"mercato finanziario"** si intende il luogo in cui si realizzano **una serie di attività di raccolta e di trasferimento di risorse finanziarie**. Tale attività – detta di intermediazione finanziaria – consiste nell'intermediazione tra domanda e offerta di moneta e di strumenti finanziari che si realizza tra un soggetto che dispone di un surplus finanziario e un'unità in deficit finanziario. L'attività finanziaria svolge, così, un ruolo fondamentale all'interno del sistema economico, consentendo in definitiva il finanziamento dell'attività di famiglie e imprese.

Il mercato finanziario viene tradizionalmente considerato come la sommatoria di **tre comparti**: quello bancario, quello dell'intermediazione finanziaria non bancaria (o finanziario in senso stretto), e quello assicurativo. Semplificando molto, può dirsi che a ciascun comparto corrisponda **un diverso tipo di operatore economico** (rispettivamente, l'impresa bancaria, l'intermediario finanziario non bancario e l'impresa assicurativa) e, con le precisazioni che seguiranno, un'autorità di controllo (rispettivamente, Banca d'Italia, CONSOB e IVASS).

Procedendo con ordine, possiamo identificare in primo luogo i soggetti che operano nel **mercato bancario**, vale a dire gli intermediari bancari o enti creditizi ovvero, più semplicemente, "banche". A queste ultime è riservato l'esercizio dell'attività bancaria che consiste nella **raccolta di risparmio tra il pubblico e nell'esercizio del credito**. La raccolta del risparmio avviene attraverso l'acquisizione di fondi con obbligo di restituzione sia sotto forma di depositi bancari, sia attraverso altre forme. Secondo quanto disposto dall'art. 10, d.lgs 1° settembre 1993, n. 385 (Testo Unico Bancario, di seguito: TUB), solamente i soggetti abilitati all'esercizio dell'attività bancaria possono esercitare l'attività di intermediazione tra i soggetti che hanno accumulato risparmio (i risparmiatori, generalmente costituiti da persone fisiche) e coloro che invece hanno bisogno di credito (soprattutto imprese e pubbliche amministrazioni, ma anche persone fisiche). Le banche utilizzano, cioè, il denaro per costruire rapporti di debito e di credito tra più soggetti; diversamente da altre imprese, le quali pure intrattengono rapporti giuridici di debito/credito, per l'impresa bancaria il denaro costituisce l'oggetto, lo strumento e il fine dell'attività imprenditoriale.

In un sistema "bancocentrico" come quello italiano, l'intermediazione bancaria rappresenta il principale canale di **intermediazione finanziaria**. Un ulteriore canale di trasferimento di risorse fra risparmiatori e imprese è costituito peraltro dagli scambi che avvengono sui mercati finanziari in cui i risparmiatori investono le proprie risorse acquistando "titoli" emessi dalle imprese per ottenere la liquidità di cui necessitano per finanziare l'esercizio delle loro attività. I titoli (o "valori mobiliari") sono quote di partecipazione al capitale (titoli di capitale) o titoli di debito (es. titoli di stato, obbligazioni). A partire dal 1996, per effetto della normativa comunitaria, la nozione di valore mobiliare è stata sostituita dalla più ampia categoria degli "strumenti finanziari" che, ai sensi dell'art. 1 del d.lgs. 24 febbraio 1998, n. 58 (Testo Unico della Finanza, di seguito: TUF), comprende: le azioni e gli altri titoli rappresentativi di capitale di rischio; le obbligazioni, i Titoli di Stato e gli altri titoli di debito negoziabili sul mercato dei capitali; le quote di fondi comuni di investimento.

L'incontro tra domanda e offerta – ossia tra settori in surplus e settori in deficit finanziario – è agevolato da un intermediario finanziario specializzato. Si tratta di soggetti abilitati allo svolgimento di servizi e attività di investimento aventi a oggetto strumenti finanziari negoziabili sui mercati regolamentati. Tali soggetti, iscritti nell'apposito albo degli intermediari finanziari tenuto dalla Banca d'Italia, realizzano gli ordini di acquisto e di vendita ricevuti dai clienti attraverso la distribuzione dei prodotti finanziari richiesta dai soggetti emittenti. In Italia, gli intermediari possono essere ricondotti a due tipologie di soggetti: **gli intermediari bancari e gli intermediari finanziari non bancari.** Nella prima, oltre alle banche, rientrano le società di *leasing* e di *factoring*. All'interno della seconda, operano diversi soggetti. Si tratta, nello specifico, dei "soggetti abilitati" di cui all'art. 1, lett. r), TUF, vale a dire le Società di Intermediazione Mobiliare (SIM), le Società di Gestione del Risparmio (SGR), le Società di investimento a capitale variabile (SICAV), gli intermediari assicurativi (imprese di assicurazione vita, imprese di assicurazione danni, fondi pensione), il Bancoposta, e la Tesoreria dello Stato. In particolare, nel comparto mobiliare oggetto di regolazione è l'insieme dei servizi e delle attività di investimento, in forma individuale o collettiva, che comprende le operazioni che si svolgono sul mercato mobiliare, nonché tutte le attività relative allo scambio di prodotti finanziari.

Infine, nel **settore assicurativo** l'attività di raccolta delle risorse finanziarie ha come corrispettivo l'assunzione da parte dell'impresa assicurativa della garanzia contro il verificarsi di un evento infausto futuro e incerto (il rischio). Al verificarsi dell'evento pregiudizievole, l'impresa assicurativa è tenuta alla corresponsione di un determinato importo. In altri termini, per mezzo del contratto assicurativo, si trasferisce a un soggetto terzo (l'impresa assicurativa) un rischio di cui non ci si vuole far carico.

Occorre, tuttavia, precisare che la distinzione tra i tre segmenti appena prospettata – seppur utile a fini espositivi – risulta sempre meno netta, tendendo oggi a sfumare per effetto, d'un lato, dell'emersione di soggetti multifunzionali, spesso multinazionali, operanti in due o più segmenti dell'intermediazione (i c.d. conglomerati finanziari) e, dall'altro, della globalizzazione dei mercati finanziari in cui gli intermediari sempre più spesso entrano a far parte di gruppi societari (ad esempio i gruppi bancari o le società di partecipazione finanziaria) al cui interno operano società bancarie, società finanziarie e società strumentali. Tale tendenza appare di recente ulteriormente rafforzata dall'ampio utilizzo delle tecnologie digitali nel campo dei servizi finanziari (c.d. ***Fintech***): un fenomeno ancora scarsamente regolato, ma che sta gradualmente trasformando il mercato dei servizi finanziari e, con esso, la fisionomia dei soggetti che ivi operano, dischiudendo nuove importanti sfide per il regolatore pubblico.

7.3. *La regolazione dei mercati finanziari: tratti comuni ai tre comparti e profili evolutivi*

Oltre a quanto già evidenziato in relazione alla struttura dell'intermediazione finanziaria, è possibile individuare alcuni tratti comuni alla regolazione pubblicistica dei mercati finanziari. Nonostante permangano alcune rilevanti differenze settoriali, gli sviluppi più recenti evidenziano la graduale convergenza dei principali elementi caratterizzanti gli assetti della regolazione e della vigilanza su tali mercati. In proposito, occorre preliminarmente constatare come i suddetti sviluppi trovino una comune origine principalmente nel diritto dell'UE. A ben vedere, si può sostenere che un **primo elemento comune** ai tre settori consiste proprio nel fatto che le finalità della regolazione, la definizione delle regole sostanziali e degli assetti organizzativi, nonché i poteri di vigilanza e controllo conferiti alle autorità di regolazione risultano oggi ampiamente – se non quasi integralmente – plasmati dal **diritto sovranazionale**. Come si vedrà più diffusamente oltre, d'altronde, l'evoluzione dell'ordinamento del credito appare legata a doppio filo con i processi di liberalizzazione dei mercati e di internazionalizzazione dell'economia. In quest'ottica, oltre all'impatto del diritto dell'Unione, occorre altresì ricordare il ruolo essenziale svolto dagli organismi regolatori globali quali il Comitato di Basilea, lo IOSCO e l'IAIS (su cui v. cap. 2.7). Gli ulteriori elementi che permettono di delineare un modello comune di regolazione dei mercati finanziari sono: la **convergenza delle finalità della regolazione e degli interessi pubblici tutelati**; la presenza di autorità **amministrative indipendenti settoriali** dotate di importanti poteri di regolazione e di vigilanza; l'esistenza di un **sistema di regole speciali** ed estremamente capillari avente ad oggetto l'attività imprenditoriale e l'organizzazione interna dei soggetti regolati.

7.3.1. *Le finalità della regolazione: dalla "vigilanza strutturale" alla "vigilanza prudenziale"*

Innanzitutto, è da sottolineare come le **finalità della regolazione** e gli interessi pubblici rimessi alla cura delle autorità di vigilanza abbiano subito nel tempo importanti mutamenti. Nella vigenza della c.d. legge bancaria del 1936, e fino agli anni '90 dello scorso secolo, il controllo pubblicistico del credito era principalmente volto ad assicurare la solidità degli operatori, la stabilità finanziaria del settore e la sua funzionalizzazione agli obiettivi di politica economica nazionale. **L'attività bancaria**, in particolare, **era concepita come un servizio di pubblica utilità** e **l'intervento pubblico assumeva carattere finalistico**, in quanto volto a conformare la struttura del mercato e a sostenere obiettivi di interesse economico generale. Tale connotazione pubblicistica trovava ulteriore riscontro nel fatto che gran parte degli istituti di credito erano enti pubblici. Inoltre, muovendo dal postulato dell'inconciliabilità tra stabilità finanziaria e apertura alla concorrenza del settore, la legge bancaria del 1936 prevedeva una suddivisione del mercato sotto il profilo funzionale (separazione tra banca e industria), dei servizi resi (separazione della raccolta a breve termine da quella a medio-lungo termine), nonché in base a limitazioni e specializzazioni geografiche. La vigilanza sul credito assumeva, cioè, carattere **strutturale**, in quanto, attraverso la disciplina dell'economia e il ricorso a poteri discrezionali di stampo dirigistico, le autorità creditizie erano in grado di conferire al mercato creditizio una "struttura" che fosse rispondente alle esigenze e alle finalità di politica economica identificate dai poteri pubblici, sulla base di un tipo di intervento riconducibile al modello dell'ingerenza pubblica nell'economia (v. *sub* cap. 1.3).

A partire dalla fine degli anni '80 del secolo scorso si assiste, invece, a un **radicale mutamento di prospettiva**. Per effetto delle regole comunitarie introdotte con le prime direttive di armonizzazione e della più completa maturazione dell'intermediazione non bancaria, si supera la concezione dell'attività finanziaria come servizio pubblico, e si giunge a **considerarla alla stregua di un'attività di impresa**, svolta da soggetti economici operanti all'interno di un mercato che, in conformità con le nuove regole comunitarie, deve essere aperto, libero e concorrenziale. Il nuovo assetto appare volto così a garantire la libera circolazione dei servizi e dei capitali, oltre alla libertà di stabilimento all'interno del mercato unico europeo. Parallelamente, vengono avviati massicci processi di privatizzazione, di liberalizzazione e di deregolamentazione del settore.

In quegli anni si assiste, in definitiva, a una trasformazione del mercato creditizio e, con esso, a una profonda evoluzione delle forme di vigilanza, con la **transizione da un sistema di "vigilanza strutturale" a uno di "vigilanza prudenziale"**. Nel nuovo assetto, la vigilanza cessa di costituire un'attività dirigistica, di guida e indirizzo delle attività economiche svolte dagli intermediari creditizi, per assumere i tratti e le finalità tipici dell'intervento di regolazione del mercato (v. *sub* cap. 1.4). In particolare, le nuove regole sul credito e i poteri di vigilanza divengono funzionali ad assicurare un corretto ed efficiente funzionamento del mercato sotto il profilo della correttezza dei comportamenti e della prudente assunzione dei rischi da parte degli operatori economici. Le regole "prudenziali" introdotte dal diritto comunitario tendono a circoscrivere i poteri pubblici di controllo e indirizzo del credito, e a ridurre il tasso di discrezionalità delle scelte rimesse alle autorità creditizie attraverso la previsione di regimi autorizzatori a carattere precauzionale (sulla distinzione tra autorizzazioni a scopo precauzionale e a scopo economico-conformativo, v. *sub* cap. 3.2.2), parametrati cioè sull'esigenza di verificare il possesso di determinati requisiti oggettivi e soggettivi, previsti dalla legge, con l'obiettivo di prevenire l'insorgere di rischi di mercato.

Oltre alla stabilità finanziaria, l'intervento regolatorio si arricchisce di ulteriori finalità quali la **tutela della correttezza e trasparenza delle informazioni** a beneficio dei risparmiatori, e la **tutela della concorrenzialità e dell'efficienza dei mercati finanziari**, non più ritenute incompatibili con l'esigenza di stabilità del sistema.

La **crisi finanziaria** che ha avuto inizio nel 2008 **ha ulteriormente modificato tale assetto**. Si vedrà più avanti invero come, a livello europeo, siano stati avviati importanti processi di riforma tanto della regolazione sostanziale, quanto dell'architettura istituzionale preposta alla regolazione finanziaria. Per quanto attiene, invece, alle finalità della regolazione, la crisi ha messo in luce le criticità legate alla c.d. *deregulation* dei decenni precedenti, **rimettendo al centro dell'attività di regolazione l'esigenza di perseguire la stabilità finanziaria** attraverso una più incisiva e penetrante attività di vigilanza. È emersa, inoltre, la necessità di affiancare alla tradizionale vigilanza di tipo microprudenziale – volta, cioè, ad assicurare la **sana e prudente gestione** delle singole imprese finanziarie e a proteggere gli utenti dei servizi finanziari – un controllo di tipo **macroprudenziale**, inteso a identificare e prevenire i rischi potenziali per la stabilità finanziaria, derivanti da sviluppi macroeconomici del sistema finanziario nel suo insieme.

7.3.2. *Le autorità di regolazione come autorità amministrative indipendenti*

Un secondo tratto comune è costituito dalla **presenza di uno o più soggetti pubblici preposti alla regolamentazione e alla vigilanza del settore**. Le peculiarità dei mercati finanziari e la necessità di tutelare interessi di rilievo costituzionale hanno portato il legislatore a configurare tali soggetti alla stregua di **autorità amministrative indipendenti**. Come osservato nel cap. 2.2.2, si tratta di autorità dotate di elevata *expertise* tecnico-specialistica, che agiscono in posizione di indipendenza rispetto al potere di direttiva e di controllo del governo, e di terzietà rispetto all'azione di altre istituzioni e agli interessi privati dei soggetti regolati. Si è assistito cioè a un progressivo affrancamento delle autorità settoriali dalla dipendenza e dall'influenza ministeriale e, in parallelo, al loro graduale inserimento all'interno di sistemi amministrativi europei, composti dai regolatori dei diversi Stati membri e coordinati da una autorità sovranazionale indipendente.

Le autorità di regolazione sono, come si vedrà meglio oltre, la **Banca d'Italia**, la **Commissione nazionale per le società e la Borsa (CONSOB)** e l'**Istituto per la vigilanza sulle assicurazioni (IVASS)**. La ripartizione delle competenze di vigilanza tra le tre autorità nel nostro ordinamento segue essenzialmente un modello di "vigilanza per finalità", in cui le attribuzioni delle singole autorità sono definite dagli obiettivi perseguiti (stabilità, trasparenza, concorrenza) e non dalla natura del soggetto vigilato (bancario, finanziario in senso stretto, assicurativo), come avviene nei modelli di "vigilanza per settore".

Così, la vigilanza sulla stabilità finanziaria degli enti creditizi e degli intermediari finanziari compete alla Banca d'Italia, mentre i controlli sulla trasparenza e sulla correttezza dei comportamenti di tali intermediari spettano alla CONSOB. A tale modello di riparto fa eccezione il comparto assicurativo, in cui l'IVASS è competente ad assicurare sia la sana e prudente gestione delle imprese assicurative e la stabilità del mercato assicurativo, sia la loro trasparenza e correttezza nei confronti della clientela. Da ultimo, è utile ricordare come, ai sensi della l. 28 dicembre 2005, n. 262, la funzione di tutela della concorrenza nei mercati finanziari, originariamente attribuita alle autorità settoriali, sia stata trasferita, sempre secondo la logica del riparto per finalità, **all'Autorità garante della concorrenza e del mercato (AGCM)**, in relazione a tutti i comparti del mercato finanziario.

7.3.3. *Le forme e i poteri di vigilanza*

In terzo luogo, si tratta di **mercati altamente e dettagliatamente regolati**. La disciplina settoriale, di carattere prevalentemente tecnico, identifica con precisione i soggetti che possono operare all'interno del mercato, definisce i prodotti che possono essere scambiati e le operazioni negoziali ammesse, attribuisce alle autorità di regolazione poteri di regolamentazione e di vigilanza. La disciplina di riferimento non è limitata alle fonti di diritto nazionale, ma risulta ormai ampiamente ricavabile dal diritto dell'Unione europea (si v. in particolare il regolamento UE n. 575/2013 relativo ai requisiti prudenziali per gli enti creditizi e la direttiva 2013/36/UE sull'accesso all'attività degli enti creditizi e sulla vigilanza prudenziale), oltre che dalle indicazioni provenienti dagli standard-setter globali e, in particolare, dal Comitato di Basilea.

Nell'ambito delle finalità e degli obiettivi stabiliti dalla legislazione settoriale, **le autorità di regolazione dispongono di una discrezionalità di tipo soprattutto tecnico** nell'esercizio dei propri poteri. In particolare, l'accesso al mercato è subordinato al rilascio di una autorizzazione da parte dell'autorità di vigilanza; vi sono regole dettagliate che disciplinano l'esercizio dell'attività da parte degli intermediari e la loro organizzazione interna, come si vedrà meglio a breve. Sono previste poi regole speciali in materia di prevenzione e gestione delle crisi, al fine di evitare che gli effetti dell'insolvenza si propaghino ad altri istituti, ai creditori e ai risparmiatori, nonché, infine, regole a tutela dei depositi in caso di fallimento e conseguente liquidazione di un ente creditizio.

Con riferimento alle modalità di esercizio dei poteri di regolazione e di vigilanza da parte delle autorità amministrative di settore, si usa tradizionalmente identificare tre principali forme di vigilanza: regolamentare, informativa e ispettiva.

a) La **vigilanza regolamentare** consiste nel potere dell'autorità di adottare atti normativi sub-legislativi (regolamenti, atti amministrativi generali, istruzioni generali di vigilanza) volti a disciplinare l'attività e l'organizzazione degli intermediari finanziari. Nel quadro della disciplina legislativa applicabile, e nel rispetto delle fonti del diritto sovraordinate, le autorità settoriali possono adottare atti normativi rivolti a tutti o a una parte dei soggetti regolati contenenti regole precettive finalizzate ad assicurare il corretto funzionamento dei mercati. La Banca d'Italia, ad esempio, ai sensi dell'art. 53 TUB può emanare disposizioni di carattere generale aventi a oggetto l'adeguatezza patrimoniale, il contenimento del rischio, le partecipazioni detenibili o il governo societario degli enti creditizi.

b) La **vigilanza informativa** si esprime nel potere dell'autorità di richiedere informazioni agli intermediari vigilati al fine di controllarne le operazioni.

L'autorità può disporre l'attivazione di flussi informativi fissando, ad esempio, le modalità e la cadenza periodica della trasmissione di dati e informazioni che possono riguardare la struttura aziendale, l'organizzazione interna e l'attività degli intermediari. L'obiettivo è quello di consentire all'autorità di monitorare in modo continuativo gli intermediari e il mercato, oltre che di dare pubblicità, entro certi limiti, a dati e notizie a favore di chi vi abbia interesse (ad esempio, le informazioni della centrale dei rischi, l'iscrizione o la cancellazione da un albo; informazioni a fini statistici). L'analisi di tali dati e informazioni da parte delle autorità settoriali costituisce la base per eventuali interventi di vigilanza. Nel comparto bancario, ad esempio, i soggetti vigilati hanno l'obbligo, sancito dall'art. 51 TUB, di fornire alla Banca d'Italia segnalazioni periodiche, nonché ogni altro dato e documento da questa richiesto.

c) Infine, la **vigilanza ispettiva** consiste nel potere di svolgere autoritativamente, e a prescindere dal consenso del destinatario, ispezioni – anche a sorpresa (c.d. *dawn raids*) – presso i luoghi di esercizio dell'attività finanziaria, richiedendo l'esibizione dei documenti che l'organo ispettivo ritenga necessari ai fini della verifica del rispetto della normativa prudenziale. Le verifiche ispettive consentono all'autorità di integrare il proprio patrimonio conoscitivo, in quanto consentono di esaminare direttamente alcuni aspetti che non risultano immediatamente apprezzabili attraverso la sola vigilanza informativa ovvero di verificare l'esattezza delle informazioni trasmesse. In linea generale, l'attività ispettiva si articola in tre fasi. Nella prima (fase acquisitiva), i gruppi ispettivi svolgono le verifiche e gli accertamenti presso i locali dell'impresa, richiedono l'esibizione di documenti, e incontrano i componenti degli organi societari e gli addetti ai controlli interni. Tale fase si chiude con la redazione di un verbale che dà atto di quanto avvenuto nel corso dell'ispezione. Nella seconda fase (c.d. valutativa) l'autorità, tramite i propri uffici, svolge una valutazione tecnico-discrezionale su quanto acquisito. Infine, l'autorità adotta un provvedimento finale che rende atto degli esiti dell'ispezione e delle valutazioni svolte (fase decisionale). Tali decisioni possono, alternativamente, determinare l'archiviazione del procedimento là dove non siano state riscontrate violazioni oppure l'apertura di un contraddittorio con l'intermediario attraverso la comunicazione delle violazioni ovvero ancora, nei casi più gravi, l'adozione di provvedimenti urgenti volti a inibire la prosecuzione di talune attività o a imporre determinati comportamenti.

Ai fini dell'assolvimento della funzione di vigilanza, le singole autorità dispongono di **un ampio ventaglio di poteri e strumenti di vigilanza**. Si ricorda come l'esercizio di tali poteri segua oggi la logica prudenziale, di contenimento e prevenzione dei rischi alla stabilità finanziaria, e non già una logica strutturale di conformazione del mercato. Si tratta, in altri termini, prevalentemente di interventi di regolazione di tipo condizionale, consistenti in strumenti che definiscono le condizioni di svolgimento di una determinata attività economica sul mercato, senza tuttavia imporre agli operatori economici il perseguimento di specifici obiettivi di interesse generale. In ogni caso, occorre evidenziare come la regolazione pubblicistica accompagni gli intermediari finanziari lungo il corso della loro esistenza: dalla "vita" alla "morte". Così, a seconda del momento in cui è esercitato il controllo, possiamo distinguere tra controlli all'ingresso, controlli sulla gestione, e interventi volti a rimuovere le patologie e a gestire le crisi degli intermediari.

a) I **controlli all'ingresso** si svolgono attraverso procedimenti autorizzatori volti a verificare il possesso di determinati requisiti in capo agli operatori economici. L'accesso al mercato non è libero, bensì condizionato al preventivo rilascio da parte dell'autorità competente di un provvedimento di autorizzazione all'esercizio dell'attività finanziaria. Il rilascio dell'autorizzazione è subordinato alla verifica di requisiti prudenziali oggettivi (ad esempio, per l'esercizio dell'attività creditizia si richiede che il soggetto assuma la forma giuridica di società per azioni o di società cooperativa per azioni a responsabilità limitata, che sia dotato di un capitale sociale minimo prestabilito dalla Banca d'Italia, e che venga presentato un programma concernente l'attività iniziale, unitamente all'atto costitutivo e allo statuto) e soggettivi (ad esempio, che i soggetti che svolgono funzioni di amministrazione, direzione e controllo siano in possesso di requisiti di onorabilità e professionalità). Si tratta, dunque, di un provvedimento amministrativo con cui l'autorità pubblica, accertata la sussistenza di determinati presupposti, rimuove un limite, normativamente previsto, all'esercizio di un diritto, con finalità prevalentemente precauzionale. Un'ulteriore ipotesi di procedimento autorizzatorio ha ad oggetto l'acquisizione di partecipazioni azionarie qualificate in imprese finanziarie. L'acquisto di capitale azionario di un intermediario è libero ma, laddove questo comporti l'acquisizione di una posizione di controllo o di influenza sulle decisioni aziendali, l'ordinamento richiede la previa autorizzazione dell'autorità di vigilanza. Anche in tal caso, l'autorità di vigilanza settoriale verifica i requisiti soggettivi e oggettivi dell'acquirente al fine di evitare il sorgere di potenziali conflitti di interesse e di preservare la sana e prudente gestione del soggetto regolato. Sono previste, inoltre, autorizzazioni alle trasformazioni, alle fusioni o alle scissioni. Nel comparto bancario sono, infine, soggetti a controllo preventivo gli statuti originari degli istituti di credito e le modifiche successive.

b) Gli istituti autorizzati sono, inoltre, sottoposti a costanti e continuativi **controlli sulla gestione**, volti a verificare il mantenimento dei requisiti iniziali e la conformità dell'attività alle prescrizioni normative prudenziali. Tali vincoli attengono, d'un lato, alla struttura dell'intermediario e alla sua situazione economico-finanziaria (ad esempio: requisiti patrimoniali, di solvibilità, di liquidità, di contenimento dei rischi) al fine di assicurarne la sana e prudente gestione e, dall'altro, ai rapporti con la clientela nei cui confronti l'intermediario deve operare con diligenza, correttezza e trasparenza.

c) La violazione di tali obblighi può comportare **l'adozione di misure correttive e/o sanzionatorie** da parte dell'autorità competente. In particolare, oltre alle conseguenze che possono prodursi sul piano civilistico del risarcimento dei danni derivanti dal comportamento scorretto dell'intermediario, sul piano pubblicistico si registrano ampi poteri di intervento. In particolare, l'autorità potrebbe imporre la cessazione del comportamento scorretto, l'adozione di misure correttive volte a rimuovere la situazione di irregolarità ovvero l'applicazione di sanzioni amministrative a carattere pecuniario. Tra le misure *lato sensu* sanzionatorie può rientrare altresì la revoca dell'autorizzazione all'esercizio dell'attività e la conseguente estromissione dal mercato e messa in liquidazione dell'ente.

Inoltre, è dettata una disciplina speciale per la prevenzione e la gestione delle crisi degli intermediari finanziari con lo scopo di evitare il prodursi di situazioni di dissesto e, comunque, di impedire che le eventuali crisi possano propagarsi ad altri intermediari, minacciando così la stabilità finanziaria dei mercati. Come si vedrà meglio oltre, l'esperienza della crisi e le sollecitazioni provenienti dai regolatori globali hanno portato all'introduzione di nuovi strumenti di prevenzione e gestione delle crisi che, al fine di evitare tanto il fallimento dell'istituto, quanto il salvataggio da parte degli Stati, consentono la c.d. risoluzione dell'istituto e il proseguimento delle sue attività senza ricorrere al denaro pubblico.

7.4. *La disciplina del mercato bancario*

7.4.1. *La disciplina sostanziale e le autorità creditizie*

Come abbiamo anticipato, nel mercato bancario oggetto precipuo di regolazione è l'attività bancaria, consistente nella raccolta di risparmio tra il pubblico e nell'erogazione del credito. L'esercizio dell'attività bancaria è riservato alle "banche", le quali costituiscono i principali soggetti regolati. Si è detto, poi, che l'attività bancaria costituisce attività privata organizzata in forma di impresa nell'esercizio del diritto di libera iniziativa economica. Nondimeno, per l'inerenza dell'attività bancaria a particolari interessi pubblicistici, l'esercizio del credito è sottoposto, d'un lato, a una disciplina normativa speciale e, dall'altro, a un sistema di vigilanza e controllo da parte di istituzioni pubbliche.

La disciplina sostanziale dell'attività bancaria è contenuta principalmente nel citato d.lgs n. 385/1993 (TUB), e sue successive modifiche. Le regole ivi contenute sono poi ulteriormente dettagliate dai regolamenti adottati dalla Banca d'Italia nell'esercizio dei poteri normativi cui abbiamo accennato in precedenza. Inoltre, giova nuovamente ricordare come le regole nazionali risultino ampiamente conformate e integrate dalle numerose fonti sovranazionali intervenute in materia. Specie negli ultimi anni, infatti, a seguito della crisi finanziaria, l'Unione europea è intervenuta a dettare una normativa estremamente dettagliata e pervasiva in materia di requisiti prudenziali di vigilanza (si v., in particolare, la direttiva 2013/36/UE sull'accesso all'attività degli enti creditizi e sulla vigilanza prudenziale e il regolamento n. 575/2013/UE relativo ai requisiti prudenziali per gli enti creditizi), al fine di creare un sistema di regole uniforme in tutto lo spazio giuridico europeo (il c.d. *Single rulebook*).

Sul piano delle strutture organizzative preposte alla regolazione del credito, si evidenzia come in Italia la vigilanza sugli intermediari creditizi spetti alle **c.d. autorità creditizie**, individuate, dall'art. 1, lett. a) TUB, nel **Comitato interministeriale per il credito e il risparmio (CICR)**, nel **Ministro dell'economia e delle finanze** e nella **Banca d'Italia**. Le prime due autorità hanno natura politica, mentre la Banca d'Italia segue il modello dell'autorità indipendente. Il **CICR** è un organo collegiale subgovernativo, composto dal Ministro dell'economia e delle finanze, che lo presiede, e dai principali Ministri economici (v. par. 2.1.2). Il Comitato ha tradizionalmente svolto una funzione di raccordo tra la funzione politica e l'attività amministrativa e, in tale veste, è investito della c.d. alta vigilanza in materia di credito e risparmio. Il CICR dispone di poteri di direttiva nei confronti della Banca d'Italia e di decisione di eventuali reclami proposti dagli enti creditizi avverso i provvedimenti di vigilanza di quest'ultima. Occorre, peraltro, osservare come oggi il ruolo e i poteri di tale organo si pongano in evidente contrasto con il diritto dell'Unione e, in particolare, con i requisiti di indipendenza che devono connotare le autorità di vigilanza inserite all'interno del Meccanismo unico di vigilanza.

Il **Ministro dell'economia**, oltre a presiedere il CICR, aveva un ruolo essenziale nella definizione, insieme alla Banca d'Italia, della politica monetaria e del livello di indebitamento. Com'è noto, a partire dal 1981 con il c.d. divorzio tra Tesoro e Banca d'Italia, l'esercizio della funzione monetaria è stato riservato alla Banca d'Italia e, con l'avvio dell'Unione economica e monetaria, la competenza è stata integralmente attratta in capo alla Banca centrale europea (BCE). Nell'ambito della vigilanza bancaria, invece, il Ministro conserva alcuni limitati poteri autorizzativi e sanzionatori, oltre ad alcuni poteri normativi, potendo – ad esempio – determinare con regolamento i requisiti di onorabilità e professionalità dei membri degli organi direttivi.

La gran parte dei poteri normativi e di vigilanza sugli istituti di credito, già a partire dalla legge bancaria del 1936, è attribuita invece alla **Banca d'Italia**. Costituita nel 1893 come istituto di emissione e come banca commerciale in forma privatistica, la Banca d'Italia ha progressivamente acquisito i caratteri di un'istituzione pubblica con funzioni di governo della moneta e di vigilanza sugli enti creditizi. A partire dalla legge bancaria del 1936, infatti, la Banca d'Italia è espressamente definita come istituto di diritto pubblico preposto alla tutela del pubblico credito e all'attività di emissione. Non ne viene, tuttavia, mutata la struttura organizzativa interna che rimane tuttora riconducibile al modello di impresa societaria, le cui quote sono detenute principalmente da istituti di credito privati. Tale assetto non incide, in ogni caso, sulla indipendenza dell'istituzione e dei suoi organi interni. In particolare, i principali organi sono l'Assemblea generale, il Consiglio superiore, il Governatore e il Direttorio. Quest'ultimo è composto dal Governatore, dal direttore generale e da tre vicedirettori generali. Il mandato dei componenti del Direttorio è di sei anni, rinnovabile una sola volta. I membri del Direttorio sono nominati dal Consiglio superiore, mentre il Governatore è nominato con decreto del Presidente della Repubblica, su proposta del Presidente del Consiglio dei ministri, sentito il parere del Consiglio superiore della Banca d'Italia.

La Banca d'Italia ha tradizionalmente svolto **due funzioni principali**: la **funzione monetaria** e la **funzione di vigilanza finanziaria**. Come si vedrà meglio oltre, entrambe le funzioni risultano **oggi ampiamente accentrate a livello sovranazionale e attribuite alla competenza della BCE**.

Con riferimento alla **funzione monetaria**, ci si limita in questa sede a ricordare come, per gli Stati membri la cui moneta è l'euro, la politica monetaria ricada, a partire dall'avvio dell'Unione economica e monetaria, nella competenza esclusiva dell'Unione europea (cfr. *sub* 2.3). Ciò ha comportato un importante trasferimento di sovranità dagli stati all'Unione e il conseguente accentramento della funzione monetaria in capo alla BCE. Al contempo, le banche centrali dei paesi dell'Eurozona – e dunque, per l'Italia, la Banca d'Italia – sono entrate a far parte di un sistema amministrativo complesso (il Sistema europeo delle banche centrali – SEBC), in cui le autorità nazionali agiscono come terminali esecutivi periferici della BCE, secondo gli indirizzi e le istruzioni dettati da quest'ultima.

Per quanto concerne, invece, l'esercizio della **funzione di vigilanza**, la Banca d'Italia ha il compito di assicurare la sana e prudente gestione degli intermediari bancari, garantendo al contempo la stabilità complessiva, l'efficienza e la competitività del sistema finanziario (art. 5 TUB). L'attività di vigilanza non è, tuttavia, limitata agli istituti di credito, ma si è progressivamente estesa agli intermediari finanziari non bancari. Come si chiarirà meglio nel prossimo paragrafo, in base al TUB e al TUF, alla Banca d'Italia sono attribuiti poteri di vigilanza sugli intermediari finanziari, sulle società di intermediazione mobiliare, sulle società di gestione del risparmio. Inoltre, esercita la vigilanza sugli istituti di moneta elettronica (IMEL) e sugli istituti di pagamento.

Si è già in parte anticipato che la Banca d'Italia, oltre ad esercitare ampi poteri regolamentari, è dotata di **penetranti poteri di amministrazione attiva** che si svolgono attraverso l'adozione di provvedimenti individuali rivolti ai singoli intermediari. Possiamo distinguere, anche in tal caso, tra poteri di controllo all'ingresso, sulla gestione e sulle patologie.

Tra i primi, particolare rilevanza assumono i poteri di autorizzare l'ingresso di nuovi operatori nel mercato o l'acquisizione a qualsiasi titolo di partecipazioni bancarie che comportino il controllo o la possibilità di esercitare un'influenza notevole sulla banca. L'autorità di vigilanza dispone, poi, di poteri di intervento sulla gestione e sull'organizzazione degli intermediari creditizi. A tal fine, l'autorità di vigilanza ha il potere, ad esempio, di verificare i requisiti di capitale, verificare la sussistenza dei requisiti di onorabilità e professionalità dei membri degli organi direttivi, autorizzare le fusioni e le scissioni alle quali prendono parte banche, vigilare sugli statuti e relative modifiche.

In caso di irregolarità gestionali e di violazioni della normativa prudenziale, l'autorità può avviare procedure sanzionatorie nei confronti degli intermediari e/o degli esponenti aziendali che possono concludersi con l'irrogazione di sanzioni amministrative pecuniarie o, in ultima istanza, con la revoca dell'autorizzazione all'esercizio dell'attività creditizia. In presenza di aspetti critici, inoltre, l'autorità di vigilanza può adottare misure specifiche rivolte all'intermediario, potendo – ad esempio – ordinare la convocazione degli organi collegiali delle banche e proporre l'assunzione di determinate decisioni, adottare provvedimenti specifici nei confronti di una o più banche o dell'intero sistema bancario comportanti la restrizione di determinate attività, disporre il divieto di effettuare determinate operazioni o di distribuire utili. Dispone, infine, di poteri di gestione delle crisi degli istituti di credito nell'ambito delle procedure concorsuali (ad es. liquidazione coatta amministrativa) o, come si vedrà nel prossimo paragrafo, delle procedure di risoluzione.

7.4.2. *La progressiva europeizzazione della vigilanza bancaria: dalle direttive bancarie all'Unione bancaria europea*

Sia la funzione di governo della moneta, sia la funzione di vigilanza hanno subìto – specie negli ultimi decenni – un marcato processo di europeizzazione. Risulta, pertanto, opportuno tentare di sintetizzare tali processi evolutivi al fine di rendere conto del ruolo fondamentale giocato dal diritto sovranazionale nell'ambito della regolazione pubblicistica dei mercati finanziari. Rispetto alla funzione monetaria, il processo di europeizzazione della vigilanza finanziaria ha seguito un percorso più lento e graduale, che – per comodità espositiva – può essere suddiviso in tre fasi principali.

Si è detto come, a partire dalla legge bancaria del 1936, la vigilanza bancaria avesse un'impronta marcatamente dirigistica e programmatoria. L'entrata nel settore di nuovi operatori era consentita nei limiti del "bisogno economico di mercato" sulla base di una valutazione pubblicistica ampiamente discrezionale di adeguatezza dell'offerta dei servizi ai risparmiatori rispetto alla domanda. Su tale assetto iniziano a incidere, a partire dalla fine degli anni '70 del Novecento, **le prime direttive comunitarie** in materia bancaria. Si tratta di direttive di ravvicinamento delle legislazioni nazionali, volte **a introdurre un sistema di regole armonizzato in materia di accesso al mercato del credito**, con il fine di facilitare la **libera circolazione dei servizi** e di creare un mercato bancario europeo. In particolare, la seconda direttiva comunitaria del 1989 ha introdotto il c.d. **passaporto europeo**, in base al quale l'autorizzazione rilasciata da un'autorità nazionale, per effetto del principio del mutuo riconoscimento, acquista efficacia transnazionale consentendo al soggetto autorizzato in uno degli Stati membri di prestare i propri servizi e di aprire succursali negli altri paesi europei. Restava, invece, ferma la vigilanza dell'autorità nazionale del paese di origine di ciascun istituto (*home country control*), secondo i moduli della amministrazione indiretta (v. *sub* 2.4).

Le direttive europee hanno, inoltre, **un forte impatto sulle regole e sugli strumenti di vigilanza**, dal momento che sanciscono la natura imprenditoriale dell'attività creditizia e la sua sottoposizione alle regole della concorrenza. A livello nazionale, le regole comunitarie trovano recepimento e sistemazione nel Testo Unico Bancario del 1993, con cui si consacra il passaggio a una vigilanza di tipo prudenziale, in cui il potere di autorizzare l'accesso al mercato di nuovi operatori assume finalità precauzionale, e non più di conformazione del mercato.

Se in una prima fase l'intervento comunitario assume rilevanza essenzialmente sul piano della definizione delle regole e dei poteri di vigilanza, **in una fase successiva** l'Unione europea interviene a **modificare anche le strutture organizzative preposte all'esercizio della vigilanza**. Nei primi anni 2000, in coincidenza con l'accelerazione dell'integrazione del mercato dei capitali, l'Unione europea introduce un complesso sistema (il c.d. metodo Lamfalussy) di definizione delle regole in materia di vigilanza e di coordinamento tra le autorità nazionali deputate all'esecuzione di tali regole. A tal fine, sono istituiti alcuni comitati settoriali (sui comitati, v. cap. 2.4.2), con il compito di affiancare le istituzioni europee preposte alla regolazione dei servizi finanziari (specie la Commissione nell'esercizio dei poteri regolamentari), e di facilitare la comunicazione e lo scambio di informazioni e prassi di vigilanza tra le autorità degli Stati membri. Tale riforma segna il passaggio da un sistema di armonizzazione delle regole nazionali a una progressiva messa in comune della regolazione finanziaria a livello europeo.

La crisi economico-finanziaria inaugura una **terza fase di europeizzazione della funzione di regolazione dei mercati finanziari, specie nel settore bancario**. In particolare, nel 2010 l'Unione europea ha dato vita al **Sistema europeo di vigilanza finanziaria (SEVIF)**, composto da tre nuove agenzie europee (sulle agenzie europee, v. cap. 2.4.3), investite di rilevanti poteri normativi e di vigilanza micro-prudenziale in relazione ai tre comparti finanziari. In particolare, il regolamento UE n. 1093/2010 ha istituito **l'Autorità bancaria europea (EBA)**; il regolamento UE n. 1094/2010 ha **istituito l'Autorità europea delle assicurazioni e delle pensioni (EIOPA)** e il regolamento UE n. 1095/2010 ha istituito **l'Autorità europea degli strumenti finanziari (ESMA)**.

Rispetto ai comitati di Lamfalussy, tali agenzie sono dotate di importanti **poteri di regolamentazione, di coordinamento e monitoraggio delle attività svolte dalle autorità nazionali** e, in casi particolari, del potere di adottare **decisioni individuali** e vincolanti indirizzate agli intermediari finanziari. In particolare, in ambito bancario, l'EBA affianca la Commissione europea nell'adozione dei regolamenti delegati e di esecuzione di cui, rispettivamente, agli artt. 290 e 291 TFUE, venendo a svolgere in tal modo un ruolo essenziale ai fini della definizione del *Single Rulebook* europeo. Inoltre, l'EBA coordina le attività delle autorità nazionali di vigilanza e, attraverso l'adozione di atti di *soft law* quali linee guida e raccomandazioni, promuove l'applicazione uniforme delle regole europee su tutto il territorio dell'Unione. Infine, può adottare decisioni vincolanti indirizzate alle autorità nazionali ovvero ai soggetti regolati al ricorrere di ipotesi eccezionali. Sul punto, giova infatti precisare che all'EBA non sono stati trasferiti i poteri di vigilanza sugli operatori finanziari spettanti alle autorità di vigilanza nazionali: il suo intervento è configurato piuttosto in termini eccezionali e sussidiari rispetto all'inazione o alla violazione della normativa europea da parte delle amministrazioni nazionali.

L'evoluzione più significativa della c.d. governance della vigilanza finanziaria si deve, da ultimo, all'**Unione bancaria europea**. L'inasprirsi della crisi economico-finanziaria nei paesi appartenenti all'Eurozona ha infatti determinato, con riferimento al solo comparto bancario, l'avvio di un'ambiziosa riforma dell'architettura della vigilanza, con l'obiettivo precipuo di spezzare il "circuito vizioso" che si era venuto a creare tra l'instabilità finanziaria del comparto bancario e la speculazione sui debiti sovrani degli Stati impegnati nel salvataggio degli istituti in crisi attraverso il definitivo superamento dell'assetto decentrato della vigilanza e della gestione delle crisi degli enti creditizi.

L'Unione bancaria europea si compone di **tre pilastri**: il primo è costituito dal ***Single Supervisory Mechanism* (SSM)** o Meccanismo unico di vigilanza, istituito con regolamento UE del Consiglio n. 1024/2013, che attribuisce alla BCE compiti specifici di vigilanza prudenziale sugli enti creditizi; il secondo pilastro consiste nel ***Single Resolution Mechanism* (SRM)** o Meccanismo unico di risoluzione, istituito con il regolamento UE del Parlamento europeo e del Consiglio n. 806/2014, inteso a fissare norme e procedure uniformi per la c.d. risoluzione degli enti creditizi e di talune imprese di investimento; il terzo pilastro – tuttora incompiuto – è volto all'introduzione di uno **schema comune di garanzia dei depositi**, da attivarsi in caso di dichiarazione di insolvenza e apertura della fase di liquidazione dell'istituto.

Con il **Meccanismo unico di vigilanza** si determina un mutamento radicale nell'architettura della vigilanza bancaria, dal momento che il regolamento UE n. 1024/2013, sulla base dell'art. 127, par. 6 TFUE, ha **trasferito alla BCE l'esercizio di alcuni importanti compiti di vigilanza prudenziale** sugli istituti di credito stabiliti nei paesi partecipanti al SSM (al momento, si tratta dei paesi dell'Eurozona, con la successiva adesione di Croazia e Bulgaria). Per gli Stati membri non aderenti al SSM, invece, la vigilanza bancaria è stata mantenuta in capo alle autorità nazionali competenti, sotto il coordinamento dell'EBA. Come si vedrà nei prossimi paragrafi, rimangono inoltre esclusi dal SSM – e soggetti alla vigilanza delle autorità nazionali – i servizi di investimento, le imprese assicurative, e la vigilanza funzionale alla tutela dei consumatori e alla trasparenza sul mercato.

Il SSM può essere descritto come **un sistema amministrativo settoriale complesso**, composto dalla BCE e dalle autorità nazionali competenti per la vigilanza prudenziale sugli istituti di credito (per l'Italia, la Banca d'Italia), in cui la BCE assume la responsabilità del funzionamento efficace e coerente del Meccanismo. All'interno del SSM, in particolare, la **BCE** esercita l'attività di vigilanza in modo diretto **sugli istituti di credito "significativi"** (per dimensione dell'attività, per importanza per l'economia dell'Unione o di un singolo Stato ovvero per la rilevanza dell'attività transfrontaliera), mentre le **autorità nazionali** continuano ad esercitare la vigilanza **sui soggetti "meno significativi"**, sebbene nel quadro delle istruzioni e degli obiettivi posti dalla BCE. In altri termini, l'esercizio dell'attività di controllo sui soggetti significativi spetta ora in via diretta alla sola BCE, la quale può avvalersi dell'ausilio e dell'assistenza delle amministrazioni nazionali. Diversamente, per i soggetti meno significativi, l'attività di vigilanza è svolta direttamente a livello nazionale, ma sotto la vigilanza indiretta della BCE, la quale può intervenire a conformare e orientare l'attività delle autorità nazionali in vista del mantenimento di un indirizzo unitario e di una prassi di vigilanza coerente e uniforme in tutta l'Eurozona. Così, ad esempio, la valutazione relativa al rispetto dei requisiti di capitale ovvero dei requisiti di onorabilità e professionalità è svolta dalla BCE in relazione a un soggetto significativo, e dalla Banca d'Italia, in armonia con le indicazioni della BCE, per un istituto di credito meno significativo stabilito in Italia.

A tale bipartizione fa **eccezione il potere di autorizzare l'esercizio** dell'attività creditizia, di disporre la **revoca dell'autorizzazione**, e di **autorizzare l'acquisizione di partecipazioni qualificate**. In tali casi, a prescindere dalla significatività dell'istituto, la competenza spetta in via esclusiva alla BCE, la quale tuttavia adotta il provvedimento finale sulla base di un **procedimento misto o composito**, articolato in due fasi, tra loro strettamente interconnesse: **la prima** è svolta a livello nazionale e si conclude con una proposta di decisione che l'autorità dello Stato in cui ha sede l'istituto trasmette alla BCE; **nella seconda fase**, l'autorità sovranazionale assume il provvedimento finale sulla base dell'istruttoria svolta dall'autorità nazionale, senza esserne tuttavia vincolata. Il provvedimento autorizzatorio spetta, dunque, in via esclusiva e per tutti gli istituti di credito alla BCE. Esemplificando, un nuovo operatore che volesse oggi aprire un'impresa bancaria in Italia dovrebbe presentare la relativa istanza alla Banca d'Italia. Quest'ultima, una volta verificata la sussistenza dei presupposti definiti dalla normativa nazionale ed europea, non può rilasciare immediatamente l'autorizzazione, ma è tenuta a formulare una proposta di decisione da sottoporre all'ulteriore vaglio della BCE. Se anche quest'ultima accerta la sussistenza di tutti i presupposti, l'autorizzazione verrà rilasciata dalla BCE e assumerà automaticamente efficacia in tutta l'Unione europea.

Nell'esercizio dei compiti di vigilanza, la BCE – non diversamente dalla Banca d'Italia – dispone di ampi poteri di vigilanza informativa e ispettiva; può inoltre irrogare sanzioni amministrative pecuniarie a carico degli enti creditizi vigilati. La BCE dispone, tuttavia, di limitati poteri regolamentari. Questi ultimi, infatti, al fine di preservare l'unitarietà del quadro regolatorio in tutta l'Unione europea (c.d. *level playing field*), rimangono di competenza della Commissione europea e dell'EBA, in qualità di autorità di regolazione prudenziale competente per tutti gli Stati membri.

Il secondo pilastro – il c.d. **Meccanismo unico di risoluzione** – è entrato in funzione nel gennaio 2016 e costituisce il necessario complemento al pilastro della vigilanza. Coerentemente con quest'ultimo, si applica a tutte le banche la cui vigilanza rientri nel perimetro del SSM e secondo un meccanismo di ripartizione delle competenze tra autorità sovranazionale e autorità nazionali analogo a quello adottato nel SSM.

Per **"risoluzione"** si intende l'attivazione da parte della competente autorità di un procedimento amministrativo inteso ad assicurare la **gestione ordinata di una crisi bancaria** attraverso il ricorso a diversi **strumenti, alternativi tanto al fallimento quanto al salvataggio pubblico, detti – appunto – di risoluzione.** Per l'esercizio delle funzioni di risoluzione a livello sovranazionale è stato istituito un nuovo organismo indipendente, dotato di personalità giuridica, che assume la forma di agenzia europea e la denominazione di ***Single Resolution Board*** **(SRB)** o Comitato unico di risoluzione.

In estrema sintesi, e tentando di semplificare un iter estremamente complesso, **dinnanzi al rischio di insolvenza** di un istituto di credito, l'autorità di vigilanza (la BCE o, per l'Italia, la Banca d'Italia) deve intervenire attraverso **l'adozione di misure preventive** di intervento precoce (*early intervention measures*) aventi l'obiettivo di scongiurare la crisi dell'istituto. Al verificarsi dello **stato di dissesto finanziario**, invece, possono essere astrattamente attivate **tre diverse strategie**. La prima è costituita dal **ricorso alla ricapitalizzazione pubblica** dell'istituto (***bail-out***), facendo ricorso a strumenti pubblici di assistenza finanziaria. In passato ciò è avvenuto con un costo notevole per i bilanci pubblici e determinando l'ulteriore effetto negativo di alimentare la speculazione finanziaria sui debiti sovrani. Il sostegno pubblico, inoltre, solleva alcuni problemi di compatibilità con la disciplina europea in materia di aiuti di stato (cfr. *sub* cap. 8.10), dal momento che l'erogazione di risorse finanziarie pubbliche in favore di un istituto rischia di determinare dinamiche distorsive della concorrenza nel mercato del credito e di alimentare comportamenti poco prudenti da parte degli operatori privati (c.d. *moral hazard*).

All'estremo opposto sta **la via delle procedure fallimentari**, con eventuale messa in stato di liquidazione dell'istituto, revoca della licenza bancaria, e attivazione dello schema di garanzia dei depositi. Tale opzione non risulta, tuttavia, sempre concretamente percorribile, dal momento che il fallimento di un istituto di credito, specie se di maggiori dimensioni, potrebbe innescare un effetto a catena sui mercati, producendo ulteriore instabilità nei mercati e una perdita di fiducia da parte della clientela.

La **terza via**, emersa a seguito degli esiti nefasti dei salvataggi bancari in Europa, consiste nel ricorso a strumenti amministrativi in grado di risanare e **risolvere in modo ordinato un istituto insolvente**, evitandone tanto il fallimento, quanto l'oneroso salvataggio a carico delle casse dello Stato. Questa appare la via intrapresa dalle istituzioni europee a partire da una Comunicazione della Commissione europea del 2013 e dall'adozione della direttiva 2014/59/UE, con cui è stato introdotto un quadro di regole comuni in materia di risanamento e risoluzione degli enti creditizi e delle imprese di investimento nell'Unione europea. Nel dettaglio, **gli strumenti di risoluzione** a disposizione delle autorità di risoluzione sono di **quattro tipi**: **la vendita dell'impresa** a un acquirente privato; la costituzione di una banca ponte (***bridge bank***) gestita dall'autorità pubblica; la separazione delle attività e la cessione di beni e rapporti giuridici a una società veicolo appositamente costituito (***bad bank***) per la gestione delle attività; il salvataggio "interno" (***bail-in***) tramite l'esclusivo e diretto coinvolgimento dei suoi azionisti, obbligazionisti, correntisti. La risoluzione può essere avviata qualora l'istituto versi in stato di dissesto, sia impossibile evitare il fallimento dell'istituto attraverso strumenti di mercato o interventi dell'autorità di vigilanza, e sussista un interesse pubblico ad evitare le conseguenze del fallimento e delle procedure ordinarie di liquidazione. La decisione di risoluzione e l'elaborazione del relativo piano è disposto dall'autorità di risoluzione competente a seconda della significatività dell'istituto, mentre l'attuazione del piano è rimessa in ogni caso alle autorità nazionali. Per gli istituti meno significativi stabiliti in Italia, la competenza spetta alla neo-istituita unità di risoluzione e gestione delle crisi della Banca d'Italia, il cui provvedimento di risoluzione deve essere approvato dal Ministero dell'Economia.

7.5. *Il mercato mobiliare e la vigilanza sulla trasparenza della CONSOB*

Il sistema finanziario italiano si è storicamente caratterizzato per la centralità dell'intermediazione di tipo bancario. Per tale ragione, la regolazione ha avuto principalmente ad oggetto l'attività creditizia e il mercato bancario, e solo in un momento successivo è stata introdotta **una disciplina speciale per il mercato mobiliare**. Il sistema di controlli pubblici sull'intermediazione mobiliare trova, infatti, origine nella l. n. 216/1974, istitutiva della CONSOB; negli anni successivi si assiste poi alla progressiva regolamentazione delle diverse forme di intermediazione finanziaria non bancaria e, sotto la spinta delle direttive comunitarie, alla introduzione di una disciplina di dettaglio relativa a nuovi operatori economici. Ci si riferisce, in particolare, ai fondi comuni di investimento (l. 23 marzo 1983, n. 77), alle società finanziarie (l. 17 maggio 1991, n. 157), alla disciplina organica delle attività di intermediazione mobiliare e all'istituzione delle SIM (l. 2 gennaio 1991, n. 1), alla regolazione delle SICAV (d.lgs. 25 gennaio 1992, n. 84) e dei fondi pensione (d.lgs. 21 aprile 1993, n. 124). La normativa in materia di intermediari nei mercati mobiliari ha trovato, da ultimo, sistemazione ad opera del citato d.lgs. 24 febbraio 1998, n. 58, o Testo Unico della Finanza (TUF) che rappresenta tuttora il principale riferimento normativo per la disciplina del mercato mobiliare.

Parallelamente alla previsione di una disciplina sostanziale del settore, la citata normativa ha gradualmente introdotto **diverse forme e strumenti di controllo pubblicistico sui soggetti operanti sul mercato mobiliare**. In particolare, conviene avviare l'indagine di tali controlli a partire dal modello di ripartizione delle funzioni di vigilanza sull'intermediazione finanziaria accolto nel nostro ordinamento. Come abbiamo visto in precedenza, l'architettura della vigilanza finanziaria in Italia può ascriversi al modello di **vigilanza "per finalità"**, in cui la divisione funzionale tra le diverse autorità amministrative avviene non già in base alla tipologia del soggetto vigilato, bensì in ragione delle finalità di interesse generale perseguite.

Così, **la vigilanza di tipo prudenziale è affidata alla Banca d'Italia, mentre la vigilanza sulla trasparenza e la correttezza dei comportanti sui mercati finanziari è devoluta alla CONSOB**. In altri termini, alla Banca d'Italia è attribuita la funzione di preservare la stabilità del sistema finanziario, attraverso la verifica della sana e prudente gestione delle banche e delle imprese che operano nel settore dell'intermediazione mobiliare; alla CONSOB sono invece attribuiti poteri di controllo sugli attori dei mercati finanziari (intermediari finanziari, società emittenti e società di gestione dei mercati regolamentati), con l'obiettivo di preservare la trasparenza, l'affidabilità dei mercati finanziari e la correttezza delle operazioni contrattuali che ivi si svolgono, a tutela degli investitori e dell'efficienza complessiva del mercato. Occorre, pertanto, affrontare separatamente le due forme di vigilanza, ricordando – al contempo – come, d'un lato, nell'esercizio delle rispettive attribuzioni, le due autorità siano tenute a collaborare strettamente, scambiandosi le informazioni rilevanti e stipulando protocolli d'intesa e, dall'altro, siano contemplate alcune rilevanti eccezioni a tale ripartizione, come – ad esempio – nel caso della tutela della trasparenza delle condizioni contrattuali sui prodotti bancari (ad es. il conto corrente), la cui competenza spetta alla Banca d'Italia.

La **vigilanza sulla stabilità finanziaria degli intermediari** spetta, dunque, alla Banca d'Italia, la quale è tenuta ad assicurarne la sana e prudente gestione. Alla Banca d'Italia sono attribuiti poteri di **controllo sull'accesso al mercato** da parte di nuovi operatori, **controlli sulla gestione** e **controlli sulle patologie**. Analogamente a quanto avviene nel comparto bancario, l'esercizio nei confronti del pubblico dell'attività di intermediazione finanziaria è riservato ai soggetti autorizzati iscritti in un apposito albo tenuto dalla Banca d'Italia. Anche in tal caso, l'autorizzazione ha carattere prudenziale e non costituisce uno strumento di conformazione del mercato. Ai sensi dell'art. 107 TUB, la Banca d'Italia autorizza gli intermediari finanziari ad esercitare la propria attività al ricorrere di una serie di requisiti attinenti alla forma giuridica, alla presenza di un capitale iniziale minimo, al possesso dei requisiti di onorabilità da parte degli esponenti aziendali. La vigilanza prudenziale sulla gestione finanziaria degli intermediari del mercato mobiliare è, inoltre, costruita sul sistema di vigilanza previsto dal TUB per le banche e attiene, in particolare, all'adeguatezza patrimoniale, all'organizzazione e ai controlli interni, al rischio di mercato, secondo discipline parzialmente diverse a seconda della tipologia di intermediario.

La **vigilanza sulla trasparenza e sulla correttezza dei comportamenti** sui mercati finanziari spetta, invece, alla CONSOB. Quest'ultima è stata istituita dalla l. 7 giugno 1974, n. 216 in seguito allo scorporo dal Ministero del Tesoro di alcune funzioni di controllo sulle società quotate in borsa. La legge istitutiva configurava la CONSOB come organo statale posto in una posizione di subordinazione rispetto al Ministero del Tesoro, che manteneva rilevanti poteri in materia di vigilanza sul mercato borsistico e mobiliare in genere. Progressivamente, il legislatore ha provveduto ad estendere la competenza della CONSOB a tutto il mercato mobiliare, e a modificarne radicalmente l'assetto organizzativo. Sotto quest'ultimo profilo, la l. 4 giugno 1985, n. 281 ha attribuito alla CONSOB un'autonoma personalità giuridica di diritto pubblico, sottraendola all'influenza governativa e dotandola di autonomia organizzativa e funzionale. La riforma segna, in altri termini, il passaggio della **CONSOB** da apparato inserito nell'organizzazione ministeriale ad **autorità amministrativa indipendente**.

Quanto alla composizione, la CONSOB è un **organismo collegiale composto da un Presidente e da quattro commissari**, nominati con decreto del Presidente della Repubblica, su proposta del Presidente del Consiglio dei ministri. L'incarico del Presidente e dei commissari dura sette anni, e non è rinnovabile. I membri devono agire in piena indipendenza, e non possono accettare né sollecitare istruzioni o direttive da parte del Governo. Sebbene la CONSOB sia comunemente ricondotta al modello dell'autorità amministrativa indipendente, permane tuttavia un certo legame con l'esecutivo, specie per quanto concerne i meccanismi di nomina dei membri della commissione. Si ritiene, nondimeno, che la partecipazione dell'autorità al SEVIF e il suo inserimento all'interno della rete di autorità indipendenti coordinate dall'Autorità europea degli strumenti finanziari (ESMA) possano contribuire a rafforzarne la posizione di indipendenza e neutralità rispetto al potere politico.

Per quanto concerne, invece, le finalità di vigilanza, si è detto come l'attività della CONSOB risulti principalmente **funzionale alla tutela degli investitori, all'efficienza, alla trasparenza e allo sviluppo del mercato mobiliare italiano**. L'esercizio delle competenze di vigilanza mira, in primo luogo, a garantire che i soggetti vigilati divulghino nei modi e nei tempi opportuni tutte le informazioni necessarie affinché gli investitori e gli analisti possano pervenire ad una compiuta valutazione delle caratteristiche e dei rischi dei singoli investimenti e, in secondo luogo, ad assicurare che gli operatori tengano comportamenti corretti nei confronti dei propri clienti/investitori. L'attività di vigilanza ha principalmente ad oggetto tre aree di intervento: la vigilanza sugli intermediari finanziari, la vigilanza sugli emittenti e la vigilanza sui mercati regolamentati. Nell'ambito di tali competenze, la CONSOB può esercitare poteri regolamentari, autorizzatori, prescrittivi, di raccolta dati e informazioni, ispettivi e sanzionatori.

Per quanto attiene ai **poteri normativi**, la CONSOB regolamenta la prestazione dei servizi di investimento da parte degli intermediari, gli obblighi informativi delle società quotate nei mercati regolamentati e le operazioni di offerta al pubblico di prodotti finanziari. In relazione ai **compiti di vigilanza**, inoltre, si possono individuare una molteplicità di **poteri amministrativi** specifici a seconda delle diverse aree di esercizio della funzione. Così, in particolare, la CONSOB controlla preventivamente e autorizza la pubblicazione dei prospetti informativi che devono essere obbligatoriamente redatti e pubblicati dall'emittente che intenda svolgere attività di sollecitazione del pubblico risparmio. Autorizza la pubblicazione del prospetto di quotazione che deve essere redatto dall'emittente che ha richiesto la quotazione in borsa dei propri strumenti finanziari. Ancora, la CONSOB vigila sul rispetto delle regole di diligenza, correttezza e trasparenza da parte degli intermediari che offrono servizi di investimento e, in caso di comportamenti scorretti, provvede all'irrogazione di sanzioni amministrative pecuniarie.

La CONSOB ha poi un **potere generale di supervisione sulle società di gestione dei mercati regolamentati (Borsa Italiana S.p.A.)**. Più precisamente, Borsa Italiana S.p.A., in collaborazione con la CONSOB e sotto la vigilanza di quest'ultima, vigila sul corretto svolgimento delle negoziazioni sui mercati regolamentati, definisce i requisiti e le procedure di ammissione e di permanenza sul mercato per le società emittenti, definisce i requisiti e le procedure di ammissione per gli intermediari, gestisce l'informativa delle società quotate. Inoltre, svolge attività di controllo sui dati e notizie fornite al mercato dagli emittenti quotati e dai soggetti che fanno appello al pubblico risparmio con l'obiettivo di assicurare un'adeguata e trasparente informativa. Infine, tramite l'Arbitro per le controversie finanziarie (ACF), esercita un'attività di risoluzione stragiudiziale dei contenziosi insorti tra gli investitori e gli intermediari finanziari.

Come si è anticipato, anche i poteri della CONSOB, gli ambiti di intervento e la definizione delle regole sostanziali di svolgimento dell'attività mobiliare, **risultano ormai ampiamente plasmati dal diritto dell'Unione**. Sul fronte delle regole sostanziali, un contributo fondamentale alla costruzione di un mercato finanziario integrato, trasparente e competitivo è stato dato dalla direttiva 2004/39/CE (meglio nota come *Markets in Financial Instruments Directive* o direttiva MiFID), più recentemente sostituita dalla nuova direttiva 2014/65/UE (o MiFID II) e dal regolamento UE n. 600/2014 (MiFIR) in materia di prestazione dei servizi di investimento, tutela degli investitori *retail*, definizione dei servizi di consulenza indipendenti e adeguatezza della comunicazione. Obiettivo della legislazione sovranazionale è, dunque, quello di assicurare una maggiore trasparenza e contendibilità dei mercati finanziari, contenendo d'un lato il *moral hazard* (ossia l'assunzione di comportamenti poco virtuosi ed opportunistici) degli intermediari e colmando dall'altro le asimmetrie informative tra questi ultimi e gli investitori. Tali iniziative si legano, inoltre, al progetto di creare – anche nel settore mobiliare – un mercato unico dei capitali europeo (*Capital Markets Union*), di cui si dirà a breve, in cui i diversi attori del mercato possano operare all'interno di un quadro comune di regole.

Sul fronte della vigilanza e sull'applicazione di tali regole, il settore mobiliare ha seguito un processo evolutivo analogo a quello riscontrato nel settore bancario. **In un primo momento**, l'intervento comunitario si è limitato alla **introduzione di norme di ravvicinamento e armonizzazione**, salvo poi prevedere forme stabili di coordinamento tra le autorità di vigilanza competenti di ciascuno Stato membro in seno ai citati comitati di Lamfalussy. **Più recentemente, l'istituzione dell'ESMA** rappresenta un'importante **evoluzione delle architetture della vigilanza finanziaria europea**. Analogamente alle due autorità "sorelle", l'ESMA partecipa insieme alla Commissione europea alla definizione di regole tecniche, e svolge una funzione di indirizzo e coordinamento delle autorità inserite nel sistema. Diversamente dall'EBA, all'ESMA sono stati devoluti poteri di vigilanza diretta ed esclusiva su determinate attività e/o operatori finanziari. Ciò è avvenuto, in particolare, in relazione alle agenzie di *rating* del credito e ai repertori di dati (*trade repositories*). Inoltre, è stato attribuito all'ESMA il potere di vietare o porre condizioni alla realizzazione di vendite allo scoperto (*short selling*), così come il potere di vietare temporaneamente o limitare la commercializzazione, la distribuzione o la vendita di determinati strumenti finanziari o attività finanziarie all'interno del mercato europeo.

Nell'ambito del progetto di creazione di una Unione dei mercati dei capitali, l'Unione europea sta in questi anni adottando una serie di riforme volte a individuare nuove fonti di finanziamento alle imprese, soprattutto le piccole e medie imprese, alternative ai canali tradizionali, al contempo riducendo il costo della raccolta di capitali e agevolando gli investimenti transfrontalieri al fine di attrarre maggiori investimenti stranieri nell'UE. Nondimeno, nel settore mobiliare, **non si riscontra** – almeno per il momento – **un processo di integrazione amministrativa paragonabile a** quello avvenuto nel settore del credito attraverso **la realizzazione dell'Unione bancaria**. In questi termini, fatte salve le particolari ipotesi appena elencate, la vigilanza sui mercati mobiliari continua a essere svolta dalle autorità nazionali, seppur all'interno di un articolato quadro di cooperazione e coordinamento a livello sovranazionale.

7.6. *L'IVASS e la vigilanza sul comparto assicurativo*

L'autorità di regolazione del comparto assicurativo è costituita, come si è detto, dall'**Istituto per la vigilanza sulle assicurazioni (IVASS)**. Quest'ultimo è stato istituito con la l. 7 agosto 2012, n. 135, subentrando all'Istituto per la vigilanza sulle assicurazioni private e di interesse collettivo (Isvap). Si tratta di un'autorità amministrativa indipendente, investita della **funzione di vigilare sul mercato assicurativo** e di **garantire l'adeguata protezione degli assicurati e degli aventi diritto alle prestazioni assicurative**. A tal fine, l'IVASS persegue la sana e prudente gestione delle imprese di assicurazione e riassicurazione, nonché la loro trasparenza e correttezza nei confronti della clientela. Ulteriore obiettivo di vigilanza dell'Istituto, espressamente subordinato al precedente, è la stabilità finanziaria del mercato assicurativo.

Nella sua configurazione iniziale, l'Istituto si qualificava come ente di diritto pubblico assoggettato alle direttive del Ministero dell'Industria e agli indirizzi del Comitato interministeriale per la programmazione economica (CIPE). A partire dagli anni Novanta dello scorso secolo, tuttavia, esso inizia ad assumere i tratti dell'**autorità amministrativa indipendente** attraverso la progressiva sottrazione dall'influenza governativa e l'assunzione di **poteri di regolazione analoghi a quelli della Banca d'Italia e della CONSOB**.

In estrema sintesi, possiamo osservare come anche l'IVASS disponga di **ampi poteri regolamentari e di vigilanza, nonché di poteri informativi, ispettivi e sanzionatori**. Tali poteri includono controlli all'ingresso, controlli sulla gestione e controlli sulle patologie. In particolare, l'Istituto rilascia l'autorizzazione all'esercizio dell'attività assicurativa; vigila sull'operato degli intermediari assicurativi; verifica la conformità dei loro comportamenti alla normativa di settore, con particolare riguardo al rispetto degli obblighi d'informativa, alla correttezza e alla trasparenza nelle relazioni con il cliente; effettua controlli sullo stato patrimoniale e finanziario, sulla *corporate governance* e sugli assetti proprietari degli intermediari assicurativi; cura la tenuta del registro unico degli intermediari assicurativi e, nell'ottica di protezione del consumatore, promuove la diffusione di buone prassi tra gli operatori; accerta le condotte illecite e applica sanzioni amministrative pecuniarie e/o disciplinari.

L'Istituto contribuisce, inoltre, alla **lotta alle frodi** nel settore r.c. auto, attraverso l'analisi delle informazioni desumibili dalla banca dati sinistri, interloquendo con le imprese in merito alle segnalazioni emerse, collaborando con le forze di polizia e l'Autorità giudiziaria. Gestisce, infine, l'Archivio informatico Integrato Antifrode (AIA), strumento funzionale alla prevenzione e al contrasto delle frodi assicurative.

La vigilanza è **basata su un metodo prospettico, fondato sul rischio**, ed include la **verifica continua** del corretto esercizio dell'attività di assicurazione e dell'osservanza delle disposizioni di vigilanza da parte dei soggetti vigilati. La normativa sostanziale di riferimento è principalmente contenuta nel d.lgs. 7 settembre 2005, n. 209 (Codice delle assicurazioni private).

L'IVASS opera **in stretto collegamento con la Banca d'Italia**. La sua nuova struttura organizzativa prevede, infatti, che la presidenza dell'Istituto spetti al Direttore generale della Banca d'Italia e che l'organo competente ad assumere le decisioni a rilevanza esterna sia il Direttorio integrato, costituito dal Governatore della Banca d'Italia, che lo presiede, dagli altri membri del Direttorio della Banca d'Italia e da due consiglieri dell'IVASS.

Anche il settore assicurativo risulta ampiamente coinvolto dal processo di europeizzazione delle regole e delle strutture di vigilanza. Analogamente a quanto osservato in relazione al mercato mobiliare, l'IVASS esercita le proprie funzioni **in stretto coordinamento con l'Autorità europea delle assicurazioni e delle pensioni (EIOPA)**, senza tuttavia che quest'ultima assuma in via stabile i poteri di vigilanza diretta sugli istituti assicurativi, ma esercitando una funzione di indirizzo e coordinamento dell'attività di vigilanza svolta, in via decentrata, dalle autorità nazionali competenti.

Per approfondire

S. Amorosino, *Mercati finanziari* (vigilanza su), in S. Cassese (diretto da), *Dizionario di diritto pubblico*, Milano, Giuffrè, 2006, vol. IV, 3617; Id., *Manuale di diritto del mercato finanziario*, Milano, Giuffrè, 2014; F. Annunziata, *La disciplina del mercato mobiliare*, Torino, Giappichelli, 2017; I. Borrello, E. Cassese, M. Gnes, G. Vesperini, *Il controllo sui mercati finanziari*, in S. Cassese (a cura di), *La nuova costituzione economica*, Bari-Roma, Laterza, 2021; C. Brescia Morra, *Le forme della vigilanza*, in F. Capriglione (a cura di), *Manuale di Diritto bancario e finanziario*, Padova, Cedam, 2015, 175; Id., *Il diritto delle banche*, Bologna, Il Mulino, III ed., 2020; F. Capriglione, *L'ordinamento finanziario verso la neutralità*, Padova, Cedam, 1994; F. Capriglione (a cura di), *Commentario al Testo Unico delle Leggi in materia bancaria e creditizia*, Padova, Cedam, 2018; E. Cardi, *Mercati e Istituzioni in Italia. Diritto pubblico dell'economia*, Torino, Giappichelli, IV ed., 2018; S. Cassese, *La Commissione nazionale per le Società e la Borsa – Consob*, in *Riv. delle società*, 1994, 412; E. Chiti, G. Vesperini (eds.), *The administrative architecture of financial integration. Institu-*

tional design, legal issues, perspectives, Bologna, Il Mulino, 2015; M.P. Chiti, V. Santoro (a cura di), *L'unione bancaria europea*, Pisa, Pacini, 2016; M. Clarich, *I poteri di vigilanza della Banca centrale europea*, in *Dir. pubbl.*, 2013, 976; Id., *La disciplina del settore bancario in Italia. Dalla Legge bancaria del 1936 all'Unione Europea*, in *Giur. Comm.*, 2019, 32; R. Costi, *L'ordinamento bancario*, Torino, Giappichelli, 2012; R. Costi, *Il mercato mobiliare*, Torino, Giappichelli, 2016; M. De Bellis, *La regolazione dei mercati finanziari*, Milano, Giuffrè, 2012; Id., *Unificazione, differenziazione e tecnificazione nella regolazione europea dei mercati finanziari*, in *Riv. it. dir. pubbl. comunit.*, 2015, 1553; M.S Giannini, *Istituti di credito e servizi di interesse pubblico*, in *Moneta e credito*, 1949, 105; G. Godano, *La legislazione comunitaria in materia bancaria*, Bologna, Il Mulino, 1996; M. Macchia, *Integrazione amministrative e unione bancaria*, Torino, Giappichelli, 2018; A. Magliari, *Vigilanza bancaria e integrazione europea. Profili di diritto amministrativo*, Napoli, Editoriale Scientifica, 2020; F. Merusi, *Art. 47*, in G. Branca (cur.), *Commentario alla Costituzione*, III, Bologna-Roma, 1980, 153; G. Napolitano (a cura di), *Uscire dalla crisi. Politiche pubbliche e trasformazioni istituzionali*, Bologna, Il Mulino, 2012; M. Nigro, *Profili pubblicistici del credito*, Milano, Giuffrè, 1972; A. Predieri, *Il nuovo assetto dei mercati finanziari e creditizi nel quadro della concorrenza comunitaria*, Milano, Giuffrè, 1992; L. Torchia, *Il controllo pubblico della finanza privata*, Padova, Cedam, 1992; Id., *Moneta, banca e finanza fra unificazione europea e crisi economica*, in *Riv. it. dir. pubbl. comunit.*, 2015, 1501 ss.; F. Vella, *L'esercizio del credito*, Milano, Giuffrè, 1990; G. Vesperini, *La Consob e l'informazione del mercato mobiliare*, Padova, Cedam, 1993.

Capitolo 8

MERCATO UNICO EUROPEO, TUTELA DELLA CONCORRENZA E DISCIPLINA DEGLI AIUTI DI STATO

di *Samuel Cornella* e *Silvia Pellizzari*[*]

8.1. *Il mercato unico europeo: inquadramento generale*

Sin dal Trattato di Roma del 1957 con cui si istituiva la Comunità economica europea, il principale obiettivo dell'integrazione economica tra i Paesi aderenti è stata la **creazione di un mercato interno e comune** inteso come

[*] Il par. 8.1. è di Silvia Pellizzari, i restanti paragrafi sono di Samuel Cornella.

"uno spazio senza frontiere interne nel quale è **assicurata la libera circolazione delle merci, delle persone, dei servizi e dei capitali** secondo le disposizioni dei Trattati" (ora art. 26 TFUE).

Alle libertà di circolazione si aggiunge il **diritto di stabilimento**, ovvero il diritto alla apertura di sedi, agenzie, succursali o filiali, oltre che all'accesso e all'esercizio di attività autonome, non salariate e imprenditoriali da parte dei cittadini di uno Stato membro sul territorio di un altro Stato membro (art. 49 TFUE).

Il mercato interno si fonda, infatti, sul presupposto che ai maggiori fattori produttivi debba essere garantita la possibilità di beneficiare di economie unificate tra i vari Paesi e di non incontrare barriere che limitino la libertà di circolare e svolgere attività economiche all'interno del territorio dell'Unione.

Ciò ha comportato l'eliminazione dei dazi doganali all'importazione e all'esportazione per le merci infracomunitarie e, più in generale, l'instaurazione di una **Unione doganale tra gli Stati membri** con tariffa esterna comune (artt. 30, 31 e 31 TFUE).

Allo stesso modo, in base all'art. 63 TFUE, sono in linea di principio **vietate tutte le restrizioni ai movimenti di capitali** tra Stati membri e tra questi e i paesi terzi quali, per esempio, le autorizzazioni per esportazione di valuta o i limiti all'assunzione di partecipazioni azionarie. La libertà di circolazione dei capitali integra quindi le altre tre libertà grazie alla possibilità di investimento nei settori che determinano la crescita economica.

Per quanto riguarda la **libertà di circolazione delle persone e dei lavoratori**, i Trattati prevedono **l'abolizione di qualsiasi discriminazione, fondata sulla nazionalità** per quanto riguarda **l'impiego, la retribuzione e le altre condizioni di lavoro**. Ciò comporta, in particolare, il diritto di rispondere a offerte di lavoro effettive, di spostarsi liberamente a tal fine nel territorio degli Stati membri; di prendere dimora in uno degli Stati membri al fine di svolgervi un'attività di lavoro nel rispetto delle disposizioni applicabili ai lavoratori nazionali; di rimanere, a determinate condizioni, sul territorio di uno Stato membro anche dopo aver occupato un impiego (art. 45 TFUE).

A partire dal 1985 con l'Accordo di Schengen si è prevista, inoltre, la progressiva eliminazione dei controlli alle frontiere per merci e persone a cui ha aderito la totalità dei paesi membri, fatta eccezione per il Regno Unito e l'Irlanda.

La stessa libertà vale anche per coloro che intendano **prestare stabilmente o in modo temporaneo attività economiche non salariate**, quali sono i **servizi**.

Data la loro rilevanza, nei paragrafi che seguono si analizzeranno nel dettaglio la libertà di circolazione delle merci, il diritto di stabilimento e la libertà di prestazione dei servizi.

8.1.1. *L'evoluzione e i principi fondamentali del mercato interno*

Il processo di costruzione del mercato interno tra i paesi membri ha comportato una serie di interventi delicati che hanno inciso sulla sovranità nazionale imponendo il **bilanciamento tra le** esigenze legate alle **libertà di circolazione** e i possibili limiti dati da **ragionevoli e giustificati interessi nazionali**, tra cui, in primo luogo, i motivi di ordine pubblico, di pubblica sicurezza e di sanità pubblica (artt. 36, 52, 62, 65 TFUE).

In altre parole, la realizzazione di un mercato unico ha determinato l'esigenza di implementare strumenti volti a **rimuovere gli ostacoli e le barriere connessi alle differenti legislazioni nazionali** che possono impedire o rallentare la piena integrazione economica nel territorio dell'Unione europea.

Secondo quanto previsto dall'art. 114 TFUE, salvo che i Trattati non dispongano diversamente, per la realizzazione degli obiettivi di cui all'art. 26 TFUE, il Parlamento europeo e il Consiglio adottano le misure relative al **riavvicinamento delle disposizioni legislative, regolamentari e amministrative** degli Stati membri che hanno per oggetto **l'instaurazione ed il funzionamento del mercato interno**.

Ben presto, infatti, ci si è accorti che per una piena convergenza dei mercati non era sufficiente l'eliminazione delle barriere e delle frontiere interne, ma era essenziale l'armonizzazione delle norme e delle legislazioni nazionali che stabiliscono regole, presupposti e standard in modo da farli diventare omogenei in un mercato unitario.

Seguendo la procedura ordinaria disciplinata dall'art. 294 TFUE, per l'instaurazione del mercato interno, il Parlamento e il Consiglio possono adottare atti normativi generali vincolanti e, in particolare, regolamenti e direttive. Attraverso l'adozione di un regolamento l'armonizzazione ha una intensità maggiore dal momento che l'atto è obbligatorio in tutti i suoi elementi ed è direttamente applicabile in ogni Stato membro. Le direttive, invece, permettono un maggior margine di adeguamento da parte degli ordinamenti nazionali in quanto vincolano questi ultimi per quanto riguarda il risultato da raggiungere, mantenendo la competenza degli organi nazionali in merito alla forma e ai mezzi funzionali allo scopo. Un chiaro esempio di questo tipo è dato dalle direttive che negli anni si sono succedute in materia di contratti pubblici di appalto e concessione e che intendono garantire la libera circolazione dei prestatori di servizi che possono partecipare alle gare indette dalle pubbliche amministrazioni nazionali.

Tuttavia, il riavvicinamento delle legislazioni nazionali secondo la procedura legislativa ordinaria può risultare piuttosto lento. Per questo motivo, già a partire dalla seconda metà anni '70 del secolo scorso, **la Corte di giusti-**

zia ha individuato un principio fondamentale, ovvero quello del mutuo riconoscimento.

Secondo questo principio, elaborato a partire dalla nota sentenza *Cassis de Dijon*, **uno Stato membro non può vietare nel suo territorio** la **vendita, la produzione, il commercio** di un prodotto, **lo stabilimento** di una attività economica o lo svolgimento di un **servizio se tali attività sono permesse in altro Stato membro anche in virtù di regole e norme diverse**, a patto che tali norme non contrastino con esigenze imperative di interesse generale, tra cui, in particolare, la salute, la protezione dei consumatori, la tutela ambientale.

Questa impostazione si collega al c.d. *home country control*, ovvero il principio del controllo del paese di origine, secondo cui, in assenza di precise disposizioni di armonizzazione, le autorità nazionali devono innanzitutto accettare e riconoscere come conforme alle proprie regole i prodotti e le attività autorizzate sulla base della legislazione applicabile nello Stato membro di provenienza.

Secondo quanto precisato dalla Commissione europea nella Comunicazione n. 299/1999, l'applicazione del principio del mutuo (o reciproco) riconoscimento "corrisponde appieno alla filosofia del mercato interno, secondo la quale prevalgono in genere le norme dello Stato membro d'origine. L'applicazione di tale principio rientra inoltre nella prospettiva di una applicazione dinamica della sussidiarietà: evitando l'istituzione sistematica di una regolamentazione particolareggiata a livello comunitario, il reciproco riconoscimento garantisce un maggior rispetto delle tradizioni locali, regionali e nazionali e consente di mantenere la diversità dei prodotti e dei servizi immessi sui mercati. Esso costituisce in tal modo un mezzo pragmatico e potente di integrazione economica".

La decisione sul caso *Cassis de Dijon* si riferiva a una questione relativa alla libera circolazione delle merci. Il principio di diritto in essa enunciato ha assunto, però, portata generale ed è divenuto centrale per tutte le libertà di circolazione e per la creazione del mercato interno. La fattispecie riguardava la vendita di un liquore francese (il *Cassis de Dijon*) che un importatore tedesco (la Rewe-Zentral AG) voleva iniziare a commercializzare in Germania. La legislazione tedesca allora vigente vietava la commercializzazione di liquori con gradazione alcolica inferiore al 32%, mentre la bevanda in questione aveva un tasso alcolico tra i 15 e i 20 gradi. La logica della norma esposta dal Governo tedesco in corso di causa era quella di evitare la proliferazione di liquori a bassa gradazione alcolica, in quanto questi potevano favorire, più di altri, l'assuefazione alle bevande alcoliche. Si giustificava quindi la misura restrittiva sulla base dell'esigenza di tutelare i consumatori. Con tutta probabilità, però, il vero motivo era, invece, protezionistico e mirava a favorire i produttori di birra tedeschi.

Ai fini della decisione la Corte di giustizia ha ritenuto che il liquore veniva prodotto conformemente alle norme di un altro Paese membro, la Francia, e che gli ostacoli imposti alla libera circolazione dei beni all'interno del mercato comune potevano essere giustificati solo da esigenze imperative motivate dallo Stato di importazione (nel caso di specie la Germania). Il supposto riferimento alla salute dei consumatori sembrava pretestuoso dato il modesto grado alcolico del *Cassis de Dijon* rispetto ad altri liquori tedeschi in commercio. Per questo motivo la limitazione al commercio venne considerata non giustificata sulla base del Trattato (C-120/78 decisa il 20 febbraio 1979).

Un ultimo aspetto di portata generale da considerare riguarda la **particolare attenzione** che va data ai **comportamenti dei soggetti, pubblici e privati,** che si muovono **all'interno del mercato unico**. Questi, infatti, sono in grado di **alterare e pregiudicare la parità di condizioni tra i fattori produttivi e gli operatori economici** provenienti da diversi paesi, una vota che risulta aperto un determinato settore economico rilevante.

Si pensi alle misure protezionistiche e ai sussidi pubblici concessi da uno Stato alle imprese nazionali o alle condotte anticoncorrenziali delle imprese già presenti in un mercato nazionale rispetto ai nuovi entranti.

Le politiche europee in tema di mercato interno sono, quindi, coessenziali a quelle di **concorrenza** (v. parr. 8.2 e ss.), **vigilanza sugli aiuti di Stato** (v. par. 8.10) e **liberalizzazione** di settori economici prima riservati o soggetti a monopolio (v. par. 6.4).

8.1.2. *La libertà di circolazione delle merci*

Il primo settore in cui, già a partire dagli inizi degli anni '90 del secolo scorso, si è realizzata una libera circolazione tra i paesi allora aderenti alla Comunità europea, è stato quello del trasporto di merci.

La **libertà di circolazione delle merci** (artt. da 28 a 37 TFUE) mira a creare nel territorio dell'Unione europea un mercato unico per i prodotti che hanno origine negli Stati membri e per quelli che provengono da Paesi terzi.

A norma dell'art. 28 TFUE, il primo meccanismo funzionale a tale scopo è stata la **creazione di una Unione doganale** che si estende al complesso degli scambi di beni e comporta: i) **il divieto, fra gli Stati membri, dei dazi doganali all'importazione e all'esportazione** e di qualsiasi altra tassa di effetto equivalente; ii) **l'adozione di una tariffa doganale comune nei loro rapporti con i paesi terzi**.

Si considera una **tassa di effetto equivalente**, indipendentemente dalla sua denominazione e dalla sua natura o forma, ogni imposizione che colpendo specialmente una merce importata da uno Stato membro, e non il corrispondente prodotto nazionale, produca il risultato di alterarne il prezzo e di incidere così sulla libera circolazione delle merci alla stessa stregua di un dazio doganale.

Rispetto alla realizzazione dell'Unione doganale il Trattato richiama l'importanza della **cooperazione doganale**, per cui le istituzioni europee possono adottare misure necessarie per rafforzare la collaborazione delle amministrazioni doganali nazionali tra loro e con la Commissione. La progressiva apertura del mercato data dalla soppressione dei controlli doganali ha, infatti, acuito il rischio di frodi e traffici illeciti di merci e prodotti.

Il secondo strumento diretto a garantire la libertà di circolazione delle merci è dato dal **divieto delle restrizioni quantitative** tra gli Stati membri **e di qualsiasi altra misura ad effetto equivalente** (artt. 34 e 35 TFUE).

Nella sentenza *Dassonville* del luglio 1974 (C-8/74) la Corte di giustizia ha precisato che va qualificata come misura di effetto equivalente a restrizioni quantitative "ogni normativa commerciale degli Stati membri che possa ostacolare direttamente o indirettamente, in atto o in potenza, gli scambi intracomunitari". Il ragionamento della Corte è stato ulteriormente sviluppato nella già citata decisione *Cassis de Dijon* dove si è stabilito il principio per cui ogni prodotto legalmente fabbricato e commercializzato in uno Stato membro, conformemente alla legislazione e ai processi di fabbricazione di quel paese, deve essere ammesso nel mercato di ogni altro Stato membro.

Le misure di effetto equivalente a restrizioni quantitative sono **consentite** (art. 36 TFUE) **se giustificate da un interesse generale**, ovvero la moralità pubblica, l'ordine pubblico, la pubblica sicurezza, la tutela della salute e della vita delle persone e degli animali, la preservazione dei vegetali, la protezione del patrimonio artistico, storico o archeologico nazionale, la tutela della proprietà industriale e commerciale. Trattandosi di eccezioni a un principio generale, tali deroghe devono rispettare il principio di proporzionalità, sono di stretta interpretazione e non devono costituire un mezzo di discriminazione arbitraria, né una restrizione dissimulata al commercio tra gli Stati membri.

Con riferimento alla libertà di circolazione delle merci il **riavvicinamento delle legislazioni** è stato raggiunto soprattutto attraverso l'**armonizzazione delle norme tecniche** che, sostituendosi alle regole nazionali, hanno imposto in tutti gli Stati membri gli stessi standard tecnici per la produzione di specifici prodotti.

Infine, secondo l'art. 37 TFUE, gli Stati membri procedono al **riordino dei monopoli nazionali** che presentano un carattere commerciale, in modo che venga esclusa ogni discriminazione tra cittadini degli Stati membri per quanto riguarda le condizioni relative all'approvvigionamento e agli sbocchi dei prodotti.

8.1.3. *Il diritto di stabilimento e la libertà di prestazione dei servizi*

Come anticipato, il Trattato garantisce ai cittadini comunitari il **diritto di stabilirsi in uno Stato membro diverso da quello di origine** per svolgere **attività economiche non salariate.** Ciò comporta, in particolare, la possibilità di accedere ad attività autonome e imprenditoriali, anche attraverso la costituzione di società, sia per le persone fisiche che per le persone giuridiche.

Anche in questo caso il titolare del diritto di stabilimento **non** può essere oggetto di **un trattamento discriminatorio** e deve vedersi **applicare le stesse condizioni previste nel paese di stabilimento** per i propri cittadini.

L'art. 49 TFUE prevede di fatto due ipotesi: la prima riguarda lo **stabilimento principale** di una attività professionale, imprenditoriale o, comunque, economicamente rilevante in uno Stato diverso da quello di origine; la seconda ipotizza lo **spostamento di una sede secondaria**, ovvero di una agenzia, di una succursale o di una filiale.

Anche per questi motivi, nella sua impostazione generale, la materia del diritto di stabilimento è spesso associata a quella della **libertà di prestazione dei servizi** (artt. da 56 a 62 TFUE) visto che, ai sensi dell'art. 57 TFUE, sono "considerate come servizi le prestazioni fornite normalmente dietro retribuzione, in quanto non siano regolate dalle disposizioni relative alla libera circolazione delle merci, dei capitali e delle persone". Per questo, **i servizi rappresentano una sorta di categoria residuale** comprendente i) attività di carattere industriale; ii) attività di carattere commerciale; iii) attività artigiane e iv) attività di libera professione.

Da questo punto di vista, quindi, **la differenza più marcata tra diritto di stabilimento e libertà di prestazione di un servizio** risiede nel fatto che **l'esercizio della seconda non richiede un insediamento permanente** nel territorio dello Stato che riceve le prestazioni. Si precisa infatti che, senza pregiudizio delle disposizioni relative al diritto di stabilimento, "il prestatore può, per l'esecuzione della sua prestazione, esercitare, a titolo temporaneo, la sua attività nello Stato membro ove la prestazione è fornita, alle stesse condizioni imposte da tale Stato ai propri cittadini".

Da questo punto di vista non si potrebbero dunque mantenere norme contenenti clausole di nazionalità o clausole di residenza o stabilimento per la prestazione di determinati servizi in un territorio nazionale a meno che non vi siano, anche in questo caso, **particolari motivi di interesse pubblico**.

In questo senso vanno lette le disposizioni di cui agli artt. 51 e 52 TFUE che escludono dall'ambito di applicazione tanto del diritto di stabilimento, quanto della libertà di prestazione dei servizi (in base al rinvio contenuto nell'art. 62 TFUE) le attività che in uno Stato "partecipino, sia pure occasionalmente, all'esercizio dei pubblici poteri" e quelle soggette a un regime particolare dovuto a ragioni di ordine pubblico, di pubblica sicurezza e di sanità pubblica.

Per agevolare l'esercizio del diritto di stabilimento e della libertà di circolazione dei servizi, nel 2006 è stata emanata **la direttiva 2006/123/Ce**, anche nota come *direttiva Bolkestein* dal nome del Commissario europeo che se ne fece promotore.

Sulla base di tale atto normativo di armonizzazione gli Stati in cui i servizi sono erogati sono tenuti ad assicurare le norme del Trattato in materia di stabilimento e servizi nel rispetto dei principi di non discriminazione, necessità, proporzionalità e semplificazione amministrativa.

In particolare, gli Stati membri non possono limitare o restringere l'esercizio delle attività dei prestatori di servizi imponendo l'obbligo di essere stabiliti sul territorio o di ottenere autorizzazioni previe, salvo le eccezioni previste dalla direttiva stessa (es. attività connesse all'esercizio di pubblici servizi o funzioni).

8.2. *La tutela della concorrenza: le origini negli USA, nella UE e in Italia*

La nascita del diritto della concorrenza (o *antitrust*) risale alla fine del 1800 negli Stati Uniti come reazione del legislatore americano alla formazione dei **trust** tra le maggiori imprese d'oltreoceano. Il trust consisteva in un'intesa per cui le imprese agivano sulla base di linee strategiche prestabilite, evitando una concorrenza reciproca potenzialmente nociva.

Di conseguenza, i membri dell'accordo mantenevano **prezzi finali elevati**, con pregiudizio dei consumatori, ed erano spesso in grado di adottare politiche di prezzo che costringevano i piccoli produttori concorrenti a uscire dal mercato.

La tendenza degli agenti economici a riunirsi in trust era maturata dopo la guerra civile, quando la produttività delle imprese aveva conosciuto una straordinaria evoluzione grazie al progresso tecnologico del mercato manifatturiero, alla crescita dei servizi di trasporto e alla rapidissima espansione dei settori metallurgico, chimico e dell'energia.

Tale situazione economica aveva spinto le imprese a stipulare accordi e istituire **cartelli** tramite trust per raggiungere economie di scala necessarie in mercati sempre più grandi e in crescita, evitando deleterie guerre dei prezzi.

Alla fine del diciannovesimo secolo, buona parte dell'economia americana era dominata da grandi trust, che controllavano mercati chiave come la raffinazione del petrolio, il gas naturale, lo zucchero e la lavorazione del cotone. Erano inoltre soggette all'influenza dominante dei trust anche rilevanti porzioni del comparto alimentare, la produzione dei distillati e ampie parti del settore tessile.

Tale assetto determinò ben presto una reazione dei singoli legislatori statali, che tentarono in diversi modi di arginare gli effetti dannosi prodotti sui mercati locali dalla potenza dei trust.

Lo sforzo statale si rivelò tuttavia insufficiente, evidenziando la necessità di un intervento del legislatore federale americano, che portò all'adozione dello ***Sherman Act*** nel 1890.

In particolare, la sezione 1, comma primo, dello *Sherman Act* prevede che "ogni contratto o combinazione nella forma di trust o cospirazione finalizzata a restringere gli scambi fra Stati membri o con altre nazioni deve essere dichiarata illegale".

Ai sensi del comma secondo della medesima sezione 1, "ogni persona che monopolizzi o cerchi di monopolizzare o cospiri con altre persone per monopolizzare il commercio o gli scambi fra i diversi Stati o verso altre nazioni deve essere ritenuto colpevole di una grave violazione (*felony*)".

La più significativa esperienza di legislazione antitrust delle origini, anticipata solo dall'esperienza canadese nel 1889, individua quindi negli **accordi anticoncorrenziali** e nei **tentativi di monopolizzazione**, che in Europa verranno successivamente definiti come **abusi di posizione dominante**, i due pilastri fondanti delle moderne legislazioni di tutela della concorrenza.

Sul fronte europeo, già il rapporto *Spaak*, preliminare al Trattato di Roma sulla CEE, aveva individuato nelle regole di concorrenza uno strumento strategico per garantire la libera circolazione di merci e prodotti necessaria alla progressiva costruzione di un mercato unico.

Sulla scorta di tali rilievi, la Germania – dotatasi di una disciplina antimonopolistica dopo la seconda guerra mondiale su imposizione degli USA – aveva sottolineato l'irrinunciabile esigenza di adottare una legislazione antitrust durante i negoziati sul Trattato CEE.

Tale posizione era stata appoggiata dai paesi del Benelux, mentre la Francia si era mostrata contraria alla proposta tedesca, con il governo italiano assestato su un atteggiamento prudente e intermedio.

L'indecisione sul punto fu infine risolta con una soluzione di compromesso, consistente nella condivisa accettazione di formulazioni normative quanto più possibile generali, la cui attuazione veniva demandata a successivi regolamenti attuativi di competenza del Consiglio.

Gli obiettivi discussi nel corso dei negoziati preliminari all'approvazione del Trattato di Roma trovarono un riscontro esplicito nel testo del Trattato stesso.

L'art. 3 prevedeva infatti lo sviluppo di una serie di politiche comuni volte a favorire la libera circolazione delle merci, dei servizi, dei capitali e delle persone, e il raggiungimento di un sistema economico in grado di garantire una **concorrenza libera** e **non distorta** in tutta la Comunità europea.

In particolare, specifiche regole di tutela della concorrenza furono stabilite dagli artt. 85 e 86 (ora artt. 101 e 102 TFUE), che risultavano direttamente applicabili nei confronti delle imprese e vietavano **accordi**, **decisioni di associazioni di imprese** e **pratiche concordate restrittive della concorrenza**, oltre che qualsiasi forma di **abuso di una posizione dominante**.

La scelta di disciplinare le intese anticoncorrenziali e l'abuso di posizione dominante conferma, anche rispetto all'allora Comunità europea, la volontà di sviluppare la legislazione antitrust su due pilastri fondanti: le intese e le condotte unilaterali tese allo sfruttamento anticoncorrenziale di un potere di mercato (abuso di posizione dominante).

Sul fronte italiano l'adozione di una legislazione antitrust è stata tardiva, come dimostra il fatto che, a fine anni '80, gli unici due Stati OCSE privi di una disciplina di tutela della concorrenza erano l'Italia e la Turchia.

Riassumendo un discorso che meriterebbe ben altra trattazione, si può osservare che le principali forze politiche allora prevalenti ritenevano che una legislazione sulla concorrenza avrebbe assegnato un eccessivo ruolo al mercato, incidendo negativamente, per un verso, sulle condizioni dei lavoratori e, per altro verso, sulla cultura di cooperazione e mediazione diffusa nel mondo economico.

In seguito, anche a causa della crisi della finanza pubblica e del conseguente ridursi del ruolo dello Stato in economia, si è pervenuti ad una più lucida consapevolezza che il nostro Paese necessitasse di una legislazione di tutela della concorrenza.

Questa progressiva presa di coscienza è stata in particolar modo indotta dall'influenza del diritto europeo, al punto che "l'arretratezza o la mancanza di normative di regolazione e disciplina dei mercati era divenuta **incompatibile** con la nostra appartenenza alla Comunità europea" (Ghezzi-Olivieri).

L'Italia si dotava quindi di una legislazione antitrust con l'approvazione della l. n. 287/1990, pubblicata in Gazzetta Ufficiale il 13 ottobre 1990 ad un secolo esatto dall'approvazione dello *Sherman Act* statunitense.

Giova qui segnalare che il legislatore italiano non ha elaborato una legislazione originale e autonoma, prendendo invece a riferimento le norme dell'allora Trattato CEE e del Regolamento sul controllo delle concentrazioni allora vigente (n. 4064/1989):

i) gli artt. 2 e 4 della l. n. 287/1990 costituiscono infatti la trasposizione nell'ordinamento interno delle regole sulle intese di cui all'art. 101 TFUE;

ii) l'art. 3 della l. n. 287/1990 contiene un divieto di abuso di posizione dominante del tutto analogo a quanto prevede l'art. 102 TFUE;

iii) gli artt. 5, 6 e 7 della l. n. 287/1990 sulle concentrazioni di impresa attingono in larga parte ai due regolamenti europei succedutisi in materia di concentrazioni: il Regolamento CEE n. 4064/89 e il Regolamento CE n. 139/2004.

8.3. *L'attuazione del diritto della concorrenza: Autorità garante della concorrenza e del mercato e Commissione europea (DG concorrenza)*

L'attuazione del diritto della concorrenza presenta due diverse tipologie di *enforcement*, ovvero l'*enforcement* **pubblico** e quello **privato** (*public and private enforcement*).

L'*enforcement* pubblico viene demandato in Italia all'Autorità garante della concorrenza e del mercato ("**AGCM**") – istituita con la già menzionata legge antitrust n. 287/1990 – che si qualifica come un'autorità amministrativa indipendente, con sede a Roma. L'AGCM è composta dal Presidente e da due membri, nominati d'intesa dai Presidenti della Camera dei deputati e del Senato, con mandato di sette anni e senza possibilità di rinnovo.

Essa opera per tutelare la libertà di iniziativa economica e la concorrenza, previste rispettivamente dall'art. 41 e dall'art. 117, co. 2, lett. e), Cost. Il Segretario Generale, che sovrintende al funzionamento degli uffici ed è il responsabile della struttura, viene nominato dal Ministro dello Sviluppo Economico su proposta del Presidente dell'Autorità.

In particolare, l'Autorità è chiamata a vigilare a livello nazionale sulle intese restrittive della concorrenza, sugli abusi di posizione dominante e sulle operazioni di concentrazione potenzialmente restrittive della concorrenza. Inoltre, in base a quanto previsto dal Regolamento CEE n. 1/2003 del 16 dicembre 2002, è chiamata a cooperare nella rete europea della concorrenza per vigilare sull'applicazione degli artt. 101 e 102 TFUE. Ad essa spettano poi competenze previste da altre disposizioni normative in materia di pratiche commerciali sleali (d.lgs. 6 settembre 2005, n. 206) e di pubblicità ingannevole (d.lgs. 2 agosto 2007, n. 145, attuativo dell'art. 14 della direttiva 2005/29/CE).

I casi di rilevanza europea vengono invece trattati dalla Direzione Generale Concorrenza della **Commissione europea**, retta da un Commissario responsabile, con sede a Bruxelles.

Tali due autorità collaborano all'interno dello ***European Competition Network ("ECN")***, ovvero la rete delle autorità nazionali di tutela della concorrenza, nell'ambito del quale la Direzione generale *competition* della Commissione europea esercita una funzione di coordinamento.

Le due autorità godono di poteri molto significativi nell'esercizio delle proprie funzioni che trovano, rispettivamente, base giuridica nella l. n. 287/1990 per quanto riguarda l'AGCM italiana e nel fondamentale Regolamento CE n. 1/2003 concernente l'applicazione delle regole di concorrenza di cui ai Trattati UE, con riferimento alla Commissione europea.

Esse detengono, in primo luogo, poteri di **indagine** e accertamento anche d'ufficio.

Il più significativo strumento a questo proposito è costituito dalle ***dawn raids***, ovvero ispezioni a sorpresa all'interno delle sedi e degli uffici delle imprese sospettate di violare la concorrenza condotte dai funzionari delle autorità antitrust in collaborazione con personale di polizia.

Con modifica legislativa del 2006, l'AGCM è stata dotata, come già la Commissione europea, anche del potere di adottare **misure cautelari** in corso di procedimento e di utilizzare i cosiddetti **programmi di clemenza** (Rispettivamente, artt. 14-*bis* e 15 della l. n. 287/1990). Attraverso i programmi di clemenza, si incentivano le imprese parti di un cartello segreto a rompere l'equilibrio della cospirazione anticoncorrenziale e a denunciare le altre imprese parti del cartello. In questo caso, la prima impresa a denunciare l'illecito gode di una vera e propria **immunità**, mentre le altre imprese che dovessero "pentirsi" e collaborare godono di **sconti di sanzione** decrescenti in base alla rapidità e all'ordine cronologico con cui iniziano a collaborare.

Le autorità antitrust godono inoltre di un **potere decisorio** attraverso il quale intimano alle imprese di cessare le condotte anticoncorrenziali contestate e di un potere di sanzione. Le **sanzioni** possono essere molto significative e arrivare sino a una soglia pari al **10% del fatturato annuo** di impresa.

Si pensi, a tale proposito, alle considerevoli sanzioni irrogate in alcuni casi di rilevanza europea, divenuti di rilievo anche per l'opinione pubblica, dalla Commissione a danno di Google (2,7 miliardi di euro – 2017), Intel (1,45 miliardi di euro – 2009) e Microsoft (794 milioni di euro – 2004) per abusi di posizione dominante, oppure alla sanzione pari a 235 milioni di euro irrogata dall'AGCM a carico di alcune imprese cui era stata contestata un'intesa illecita nel settore delle gare d'appalto per l'esecuzione dei servizi di pulizia e di manutenzione in favore di numerosissimi uffici pubblici presenti sull'intero territorio italiano (2019).

Tra le decisioni adottabili dalle autorità antitrust europea e nazionale vi sono anche le cosiddette **decisioni con impegni**, che permettono di archiviare un'indagine aperta non con una sanzione pecuniaria, ma accettando precisi impegni da parte delle imprese coinvolte che facciano venire meno il pregiudizio per la concorrenza (rispettivamente, art. 14-*ter* della l. n. 287/1990 e art. 9 Regolamento n. 1/2003).

In via più generale, la Commissione europea e l'AGCM implementano una vera e propria **politica di concorrenza**, potendo decidere in quali settori concentrare il proprio operato e le proprie risorse.

Quanto alle tutele per le imprese sanzionate, avverso i provvedimenti dell'AGCM si può proporre ricorso giurisdizionale dinnanzi al **TAR del Lazio**, sussistendo la giurisdizione esclusiva del giudice amministrativo, mentre contro i provvedimenti della Commissione europea in funzione di autorità antitrust si può proporre ricorso avanti alla **Corte generale dell'Unione europea** e, in seconda istanza, alla Corte di giustizia UE.

I giudici aditi avranno un controllo di legittimità sui provvedimenti emanati dalle autorità di concorrenza e un controllo pieno e di merito sull'entità delle sanzioni irrogate.

Posto che le norme di concorrenza sono applicabili anche ai rapporti fra privati, i privati medesimi potranno adire il giudice civile per ottenere il **risarcimento del danno** derivante dalle condotte in violazione della concorrenza e perché tale giudice **dichiari nulli** gli atti anticoncorrenziali accertati, come previsto dall'art 101 TFUE e dalla l. n. 287/1990.

Il ricorso al giudice ordinario da parte dei privati viene definito ***private enforcement*** ed è complementare rispetto al *public enforcement* demandato all'AGCM e alla Commissione europea.

Tale modalità di attuazione della concorrenza è meno sviluppata in Italia e in Europa rispetto a quanto è avvenuto in altre giurisdizioni, come per esempio quella statunitense.

Serve però ricordare che il legislatore europeo ha cercato di rafforzare il *private enforcement* approvando la direttiva 2014/104/UE, relativa *a determinate norme che regolano le azioni per il risarcimento del danno ai sensi del diritto nazionale per violazioni delle disposizioni del diritto della concorrenza degli Stati membri e dell'Unione europea.*

8.4. *Il rapporto fra il diritto della concorrenza italiano e quello eurounitario*

L'art. 1 della l. n. 287/1990 prevede che "le disposizioni della presente legge in attuazione dell'art. 41 Cost. a tutela e garanzia del diritto di iniziativa economica, si applicano alle **intese**, agli **abusi di posizione dominante** e alle **concentrazioni** di imprese".

Il comma quarto del medesimo articolo, precisa che "l'interpretazione delle norme contenute nel presente titolo è effettuata in base ai **principi dell'ordinamento delle Comunità europee** in materia di disciplina della concorrenza".

Il debito culturale della legislazione sulla concorrenza italiana verso l'omologa disciplina europea, di cui si è dato conto nel par. 1, trova quindi un formale riscontro anche nella l. n. 287/1990, che impone un'interpretazione delle regole interne conforme agli (omologhi) principi e regole europei.

È interessante osservare che, con riferimento alla funzione di attuazione della disciplina antitrust assegnata all'AGCM, l'art. 1 della l. n. 287/1990 dispone che l'"Autorità applica **anche parallelamente** in relazione a uno stesso caso gli articoli 101 e 102 TFUE e gli articoli 2 e 3 della presente legge in materia di intese restrittive della libertà di concorrenza e di abuso di posizione dominante".

Questa disposizione impone di analizzare quale sia il rapporto fra regole di tutela della concorrenza europee e nazionali, indirizzando per sommi capi un punto concettuale che ha sollevato un ampio dibattito in giurisprudenza e dottrina. È innanzitutto necessario osservare che gli artt. 101 e 102 TFUE devono essere applicati ogni qual volta una violazione del diritto della concorrenza determini un **pregiudizio al commercio fra gli Stati membri**.

Al riguardo, la giurisprudenza della Corte di Giustizia europea ha osservato che anche violazioni di semplice rilevanza nazionale riguardanti **tutto il territorio** di uno Stato o sue **porzioni significative** possono dare origine a un pregiudizio al commercio interstatale, giacché esse "ostacolano la compenetrazione economica voluta dai trattati europei ed altresì proteggono i mercati nazionali" (CGUE, C-8/72, *Vereening van Cementhandeleren*; TGUE, T-12/98, *Aeroporti di Parigi*).

Seguendo i principi fissati dal giudice europeo, si è pervenuti ad un assetto per cui, oggi, l'AGCM applica direttamente gli articoli 101 e 102 TFUE ai casi dotati di un significativo rilievo interno.

Ne consegue che la sola applicazione delle norme interne previste nella l. n. 28/71990 avviene ormai per ipotesi progressivamente residuali e riguardanti casi di mero rilievo locale, come per esempio le intese sul listino prezzi del pane nell'area metropolitana di Roma o come nel caso di un'intesa relativa al trasporto di persone disabili nel distretto di Reggio Emilia.

Negli altri casi di maggiore rilievo si applicherà invece la legislazione europea o la legislazione europea in **contemporanea** e **parallelamente** a quella nazionale.

Da ciò si deduce "l'assoluta rilevanza dello studio del diritto **comunitario** della concorrenza, accanto se non prima di quello nazionale" (Ghezzi-Olivieri, 2013).

Anche per questa ragione, la trattazione specifica di cui ai paragrafi seguenti si concentrerà principalmente sulla disciplina europea, ancorché con puntuali richiami alle omologhe disposizioni italiane.

8.5. *La nozione di "impresa" ai fini di applicazione del diritto della concorrenza*

Sin dalle origini, i Trattati ed il diritto europeo derivato non hanno fornito una definizione di "impresa" ai fini applicativi della disciplina sulla concorrenza, giacché risultava difficile individuare una nozione unitaria e di sintesi rispetto a quelle presenti nei diversi sistemi giuridici nazionali.

Tale "vuoto normativo" ha richiesto alla Corte di Giustizia UE di individuare la nozione di impresa sulla base di un **approccio casistico** e funzionale.

La prima nozione d'impresa risale al caso *Mannesmann* (causa 19/61), ove la Corte di Giustizia UE ha ritenuto impresa "il complesso di elementi personali, materiali e immateriali facenti capo ad un soggetto giuridico autonomo e diretto in modo durevole al perseguimento di uno scopo economico". Poste tali premesse, i giudici del Lussemburgo hanno precisato che rientra nella nozione d'impresa "qualsiasi entità che esercita un'attività economica a prescindere dal suo status giuridico e dalla sua modalità di finanziamento".

Questo orientamento interpretativo costituisce il principio di un ben consolidato filone giurisprudenziale per cui gli elementi individuativi della sussistenza di un'impresa in relazione all'applicabilità della normativa in materia di concorrenza sono: **i)** l'esercizio di un'**attività economica** sul mercato da parte di un determinato soggetto, a prescindere dalla sua forma giuridica; **ii) l'indipendenza** del soggetto che svolge tale attività.

Diviene quindi *dirimente* determinare in che **cosa consista l'esercizio di un'attività economica d'impresa**. Al riguardo, la Corte di Giustizia ha precisato a più riprese che integra l'esercizio di un'attività economicamente rilevante "qualsiasi forma di partecipazione agli scambi economici di beni e servizi, anche a prescindere dal perseguimento di uno scopo di lucro".

In applicazione di tali principi, e sull'assunto **dell'irrilevanza della forma giuridica** del soggetto esercente l'attività economica, sono state ritenute imprese soggette all'applicazione delle regole antitrust non solo le società di persone e capitali, ma anche le cooperative commerciali e agricole, i consorzi con attività interna ed esterna e gli enti di natura contrattuale senza personalità giuridica che svolgono attività d'impresa per conto di società controllanti.

Ancora, a determinate condizioni possono rientrare nella nozione europea di impresa addirittura gli enti no profit, le società calcistiche, i comitati e persino le pubbliche amministrazioni organizzate in forma imprenditoriale.

In ultima analisi, la definizione di impresa rilevante ai fini della normativa sulla concorrenza è di tipo **funzionale**, **molto ampia** e risulta finalizzata a garantire la **più estesa** ed **effettiva applicazione** della normativa di concorrenza.

Come anticipato, la giurisprudenza richiama anche l'elemento soggettivo dell'**indipendenza** del soggetto esercente attività economica.

La nozione di indipendenza assume rilievo rispetto ai gruppi di imprese, con particolare riferimento alle ipotesi in cui si pone il problema di verificare se imprese con **personalità giuridica autonoma**, ma legate da **rapporti di partecipazione**, possano considerarsi soggetti distinti e quindi in grado di porre in essere le intese anticoncorrenziali vietate dall'art. 101 TFUE (questo in quanto, per definizione e logica, un'intesa può maturare ***solo*** tra soggetti ***distinti*** e ***autonomi*** sotto il profilo decisionale).

In un primo momento, la Corte di Giustizia ha basato la propria giurisprudenza su un **criterio formale**, attribuendo la qualifica di impresa indipendente e autonoma a ogni controllata di un dato gruppo per il solo fatto che le diverse imprese avessero personalità giuridica autonoma.

Di conseguenza, potevano individuarsi ipotesi di accordi vietati anche tra società del medesimo gruppo, giacché le stesse venivano considerate soggetti distinti e in grado di colludere fra loro.

In seguito, è prevalso un **orientamento funzionalistico**, altrimenti detto dell'**unità economia**, che consente di qualificare un intero gruppo come impresa unica se i suoi componenti *non* sono in grado di determinare autonomamente il proprio comportamento sul mercato.

> Si veda sul punto il caso *Bèguelin*, dove la Corte ha negato che il contratto di esclusiva tra la società madre-controllante ed una sua controllata fosse rilevante ai fini di applicazione della normativa antitrust poiché, sebbene quest'ultima avesse personalità giuridica distinta dalla controllante, non determinava le proprie scelte in modo autonomo applicando puntualmente le direttive della società madre (CGUE, C-22/71, *Bèguelin*).

8.6. *Il concetto di mercato rilevante ai fini di applicazione del diritto della concorrenza*

Definiti i soggetti cui si applica il diritto della concorrenza (le imprese), è necessario definire il contesto, per così dire, ambientale entro cui si applicano tali regole, ovvero il **mercato rilevante**.

La nozione di mercato rilevante costituisce un cruciale **concetto di base** del diritto della concorrenza.

Definire il mercato rilevante serve a comprendere quali siano i concorrenti effettivi delle imprese alle quali venga concretamente applicato il diritto della concorrenza e come i concorrenti medesimi possano esercitare una pressione concorrenziale su tali imprese.

La Commissione europea osserva che "scopo principale della definizione del mercato rilevante è individuare in modo sistematico le **pressioni concorrenziali** alle quali sono sottoposte le imprese interessate" (Comunicazione della Commissione sulla *definizione di mercato rilevante ai fini dell'applicazione del diritto comunitario in materia di concorrenza*).

Il mercato rilevante è inoltre l'ambito entro il quale una o più imprese possono esercitare il proprio **potere di mercato** a fini anticoncorrenziali, come quando si abusi unilateralmente di una posizione dominante per eliminare i propri concorrenti da un dato mercato o per innalzare barriere all'ingresso.

La nozione di mercato rilevante ha una **componente di prodotto** (estensione materiale del mercato) e una **componente geografica** (estensione territoriale del mercato), che coesistono e concorrono a definire compiutamente il mercato rilevante da prendere in considerazione.

Con riferimento al **mercato rilevante del prodotto**, secondo la giurisprudenza, "è necessario vi possa essere sufficiente concorrenza fra i prodotti che ne fanno parte, il che presuppone un sufficiente grado di **intercambiabilità** per lo stesso uso tra tutti i prodotti parte di uno stesso mercato rilevante" (TGUE, T-301/04, *Clearstream Banking AG*).

È quindi possibile affermare che i prodotti ascrivibili ad un medesimo mercato rilevante sono accomunati da un legame di **sostituibilità reciproca**, che dovrà essere concretamente valutato sulla base delle caratteristiche dei diversi prodotti, dei loro prezzi e degli usi ai quali sono destinati.

Quella che appare come una valutazione molto semplice ad una prima analisi, risulta però spesso complicata nella prassi e richiede un approccio analitico attento e tecnicamente avanzato.

Per fare un esempio, in un noto caso europeo le banane e le mele sono state considerate appartenenti a due mercati rilevanti distinti, giacché le prime (banane) **non potevano sostituire pienamente** le seconde (mele) con riferimento a bambini, anziani e ammalati per quanto concerne le modalità di ingerimento, masticazione e digestione (CGUE, C-27/76, *United Brands Company*).
In un caso di rilevanza interna, inoltre, si è concluso che il mercato del latte fresco fosse diverso dal mercato del latte a lunga conservazione, giacché vi sono diverse caratteristiche organolettiche e un diverso grado di deperibilità che determinano, nei consumatori, distinte abitudini di consumo per ciascuno dei due prodotti, riducendo il loro grado di sostituibilità reciproca (AGCM, *Indagine conoscitiva sul settore lattiero caseario*, IC51).

Un utile strumento di analisi, spesso utilizzato dalle autorità antitrust per determinare se due prodotti appartengono al medesimo mercato rilevante, è **l'analisi delle elasticità incrociate**.

Due prodotti apparterrebbero infatti al medesimo mercato quando un debole ma duraturo rialzo del prezzo del prodotto A (dal 5 al 10%) comporta un significativo spostamento della domanda verso il prodotto B (= sostituibilità).

Come detto, l'estrinsecazione geografica del mercato costituisce **la seconda e irrinunciabile componente** della nozione di mercato rilevante.

Il mercato geografico rilevante comprende "l'area nella quale le imprese in causa forniscono o acquistano prodotti e servizi, nella quale le condizioni di concorrenza sono **sufficientemente omogenee** e che può essere tenuta distinta dalle zone geografiche contigue, perché in queste ultime le condizioni di concorrenza sono sensibilmente diverse" (Comunicazione della Commissione sulla *definizione di mercato rilevante ai fini dell'applicazione del diritto comunitario in materia di concorrenza*).

> Nel caso *United Brands*, la Corte di Giustizia UE ha osservato che le possibilità di concorrenza rispetto a un caso di posizione dominante "vanno esaminate in funzione delle caratteristiche del prodotto di cui trattasi e in relazione ad una zona geografica ben definita, nella quale il prodotto è in commercio e in cui le condizioni di concorrenza sono abbastanza omogenee da consentire di valutare l'effetto della potenza economica dell'impresa in questione" (CGUE, C-27/76, *United Brands Company*).

Come nel caso del mercato del prodotto, l'estensione geografica del mercato deve essere determinata in funzione di una pluralità di fattori legati alla natura dei prodotti interessati, alle abitudini dei consumatori e, ancora, alle diverse legislazioni nazionali.

> Per fare un esempio, e rinviando a trattazioni specifiche per maggiori dettagli, possiamo osservare che generalmente i prodotti con un valore basso se rapportato al loro peso e volume (c.d. "*prodotti poveri*") risentono maggiormente delle **spese di trasporto**, con conseguente limitazione e riduzione del mercato rilevante geografico. Un tipico prodotto rispetto al quale le autorità antitrust individuano un mercato rilevante limitato e generalmente locale è il calcestruzzo proprio in ragione dell'incidenza dei costi di trasporto.
> Sotto diverso profilo, anche i prodotti altamente deperibili e di difficile conservazione vedranno ridotto il loro territorio di vendita e l'estensione geografica del corrispondente mercato rilevante in ragione delle loro caratteristiche intrinseche.

In conclusione giova qui annotare che il mercato rilevante, nei casi di intese anticoncorrenziali, viene individuato con un'operazione che potremmo, a fini esemplificatori, definire ***a posteriori*** poiché, una volta accertato l'illecito, se ne determinerà il mercato rilevante geografico e del prodotto sulla base delle indagini e degli accertamenti istruttori condotti dall'Autorità antitrust.

Per contro, nei casi di abuso di posizione dominante, la definizione del mercato rilevante deve essere effettuata dall'interprete ***in via preventiva*** e al fine stesso di accertare l'illecito, giacché per contestare *l'abuso* di una posizione dominante è logicamente irrinunciabile determinare preliminarmente *se via sia in effetti una posizione dominante* – solitamente individuabile tramite l'analisi delle quote di mercato – su un dato mercato rilevante geografico e del prodotto.

8.7. *Le intese restrittive della concorrenza: la forma dell'intesa*

Il primo e fondamentale pilastro di ogni moderna legislazione antitrust è il divieto di intese anticoncorrenziali, soprattutto quando queste assumano la forma di **cartelli segreti**.

Se vi possono essere divergenze nei diversi sistemi giuridici per quanto riguarda l'approccio agli abusi di posizione dominante o al controllo delle concentrazioni, vi è invece ampia convergenza sul **trattamento severo** da riservare alle intese restrittive della concorrenza.

L'art. 101 TFUE dispone che:

> "sono incompatibili con il mercato interno e vietati tutti gli **accordi** tra imprese, tutte le **decisioni di associazioni** di imprese e tutte le **pratiche concordate** che possano pregiudicare il commercio tra Stati membri e che **abbiano per oggetto o per effetto** di impedire, restringere o falsare il gioco della concorrenza all'interno del mercato interno ed in particolare quelli consistenti nel: **a)** fissare direttamente o indirettamente i prezzi d'acquisto o di vendita ovvero altre condizioni di transazione; **b)** limitare o controllare la produzione, gli sbocchi, lo sviluppo tecnico o gli investimenti; **c)** ripartire i mercati o le fonti di approvvigionamento; **d)** applicare, nei rapporti commerciali con gli altri contraenti, condizioni dissimili per prestazioni equivalenti, così da determinare per questi ultimi uno svantaggio nella concorrenza; **e)** subordinare la conclusione di contratti all'accettazione da parte degli altri contraenti di prestazioni supplementari, che, per loro natura o secondo gli usi commerciali, non abbiano alcun nesso con l'oggetto dei contratti stessi. Gli accordi o decisioni, vietati in virtù del presente articolo, sono nulli di pieno diritto".

Secondo il disposto testuale dell'art. 101 TFUE, che in Italia trova un puntuale riscontro negli artt. 2 e 4 della l. n. 287/1990, un'intesa restrittiva della concorrenza può assumere tre diverse forme: **forma di accordo, forma di pratica concordata e forma di decisione di associazione di imprese**.

Di seguito, cercheremo di individuare, in estrema sintesi, le caratteristiche essenziali di ognuna delle forme previste dall'art. 101 TFUE.

Per stabilire la sussistenza di un **accordo**, la giurisprudenza ritiene sufficiente che "le imprese interessate abbiano manifestato in qualsiasi forma, anche tacita, una convergente volontà di operare sul mercato con determinate modalità, limitando reciprocamente le loro politiche commerciali" (TGUE, T-18/03, *CD-Contact*).

È quindi sufficiente che le imprese parti dell'accordo abbiano espresso congiuntamente la **volontà** di comportarsi in un determinato modo, limitando la propria libertà di azione sul mercato.

Ci si trova di fronte ad un accordo ogni qual volta vi sia un **vincolo** legale, morale o economico che determini una comunione di intenti a prescindere dalla sua forma (il contratto è un tipico accordo, ma le forme di accordo possono essere innumerevoli).

Se la nozione di accordo è abbastanza definita nei suoi contorni, la nozione di **pratica concordata** risulta più sfuggente. Ricorre infatti una pratica concordata laddove l'accordo in senso tecnico manca, ma emerge un più complesso tessuto convenzionale, la pratica concordata appunto, che pur non spingendosi sino ad un vero e proprio accordo ammonta a una **consapevole collaborazione anticoncorrenziale**.

"È bene, comunque, tenere presente che accordi e pratiche concertate sono pur sempre due facce della stessa medaglia: l'intesa. Il fatto che in talune decisioni si parli di accordi, e in altre di pratiche concordate, sta significare che, nel caso delle prime, sono state raccolte prove definitive di impegni da parte delle imprese, mentre nell'altro caso non c'è prova di un impegno dichiarato, ma solo di un **comportamento coordinato**, spiegabile esclusivamente come attuazione di un'intesa sottostante [...]" (Frignani-Pardolesi, 2006).

Infine, un'intesa anticoncorrenziale può assumere la forma di una **decisione di associazione di imprese**, intendendosi con ciò qualunque espressione di volontà collettiva, anche informale, manifestata da imprese riunite in una struttura associativa che abbia come compito quello di indirizzare o influenzare la condotta delle proprie associate.

L'inclusione di tale tipologia di decisioni nel disposto di cui all'art. 101 TFUE e all'art. 2 della l. n. 287/1990 risiede nella constatazione che un coordinamento anticompetitivo fra imprese indipendenti può essere raggiunto anche per mezzo dello strumento associativo.

Ne consegue che le associazioni di imprese che violino, con decisioni rivolte alle proprie associate, il divieto di intese restrittive della concorrenza potranno essere sanzionate congiuntamente alle medesime imprese associate.

8.7.1. *La restrizione della concorrenza: oggetto ed effetto*

Ai sensi dell'art. 101 TFUE e dell'art. 2 della l. n. 287/1990 il divieto di intese anticoncorrenziali si applica soltanto laddove l'intesa abbia **per oggetto** o **per effetto** di restringere, falsare o impedire il gioco della concorrenza.

Nella prassi si è pertanto osservato che l'interprete dovrà avviare una sorta di verifica a due stadi, verificando *innanzitutto* se **l'oggetto** dell'intesa sia idoneo a restringere la concorrenza e solo *successivamente* (ed eventualmente) la presenza di un concreto **effetto** restrittivo.

Per oggetto dell'accordo si intendono non solo le sue clausole formali ma, più in generale, il suo scopo ultimo e il suo significato funzionale nel contesto giuridico ed economico di riferimento.

La giurisprudenza ha osservato che le violazioni per **oggetto** possono essere considerate per loro stessa natura come **ontologicamente dannose** per la concorrenza.

Secondo la prassi, possono considerarsi violazioni (gravi) per oggetto le seguenti fattispecie:

i) le intese orizzontali di fissazione dei prezzi (la cui forma più evoluta e strutturata è il **cartello**);

ii) gli accordi di ripartizione dei mercati;

iii) le intese volte alla limitazione e al contingentamento della produzione e degli scambi;

iv) le pratiche di *bid rigging*, consistenti nel coordinamento fra più imprese relativamente alla partecipazione coordinata a gare di appalto;

v) gli scambi fra concorrenti di informazioni sensibili e strategiche;

vi) gli accordi verticali che impongano divieti assoluti alle esportazioni;

vii) le intese verticali volte alla fissazione di prezzi o prezzi minimi.

Laddove ci si trovi di fronte ad una violazione per oggetto, è importante rimarcare che la Commissione come autorità antitrust europea e l'AGCM come autorità nazionale possono **presumere** che tale accordo sia restrittivo.

A questo proposito la giurisprudenza ha osservato che, ai fini dell'accertamento della violazione, **non** vi è l'esigenza di tenere conto degli effetti concreti di un accordo, una volta che appaia chiaro che essa ha per oggetto di impedire, restringere o falsare la concorrenza.

In coerenza con i principi generali in materia di efficienza ed economia procedimentale dell'azione amministrativa, si è quindi concluso che talune restrizioni per oggetto "hanno una potenzialità talmente alta di produrre effetti negativi sulla concorrenza che è inutile, ai fini applicativi dell'art. 101 TFUE, dimostrare l'esistenza di effetti specifici sul mercato" (Commissione europea, *Linee direttrici sull'applicazione dell'articolo 101, paragrafo 3, TFUE*).

Se invece, per contro, non emerga in modo chiaro che una determinata intesa ha per oggetto la restrizione della concorrenza sarà necessario analizzare in dettaglio i suoi effetti concreti.

Ne segue che, dinnanzi ad una pratica che non mostri immediatamente il proprio oggetto anticoncorrenziale, "occorrerebbe **prendere in esame i suoi effetti** e, per poterla vietare, dovrebbero sussistere tutti gli elementi che comprovino che il gioco della concorrenza è stato impedito, ristretto o falsato in modo sensibile" (Ghezzi-Olivieri).

Tale valutazione impone di aggiungere, all'analisi formale di un dato accordo, una più ampia e non sempre facile valutazione di dettaglio del contesto economico e giuridico in cui lo stesso si colloca.

8.7.2. *Le restrizioni nominativamente previste*

L'art. 101 TFUE e l'omologo art. 2 della l. n. 287/1990 elencano una serie di fattispecie che possono essere considerate intese restrittive della concorrenza e segnatamente: **i)** fissare direttamente o indirettamente i prezzi d'acquisto o di vendita ovvero altre condizioni di transazione; **ii)** limitare o controllare la produzione, gli sbocchi, lo sviluppo tecnico o gli investimenti; **iii)** ripartire i mercati o le fonti di approvvigionamento; **iv)** applicare, nei rapporti commerciali con gli altri contraenti, condizioni dissimili per prestazioni equivalenti, così da determinare per questi ultimi uno svantaggio nella concorrenza; **v)** subordinare la conclusione di contratti all'accettazione da parte degli altri contraenti di prestazioni supplementari che, per loro natura o secondo gli usi commerciali, non abbiano alcun nesso con l'oggetto dei contratti stessi.

L'elenco di cui sopra **non è tassativo** e deve quindi considerarsi quale **elencazione esemplificativa** e non esaustiva, come dimostra il fatto che in tale norma non si menziona la pratica di *bid rigging*, che abbiamo visto al paragrafo precedente essere ritenuta addirittura una violazione per oggetto (e, per giunta, una delle più gravi e riprovevoli).

Ulteriormente, si deve qui rimarcare come le diverse fattispecie elencate dall'art. 101 TFUE e dall'art. 2 della l. n. 287/1990 possano anche **concorrere fra loro** a costituire una violazione anticoncorrenziale complessa e prolungata nel tempo, come può accadere nell'ambito di un **cartello** fra una pluralità di imprese che perpetrino nel tempo violazioni consistenti: **i)** nella fissazione dei prezzi…; **ii)** … raggiunta (anche) attraverso limitazioni della produzione finalizzate al rialzo dei prezzi al consumatore...; **iii)** ...e tramite una compartimentazione strategica di determinati mercati geografici tra i membri del cartello.

i) *Fissazione dei prezzi*

La libera fissazione dei prezzi costituisce la base per una competizione concorrenziale fra imprese, anche se non è naturalmente l'unico fattore da tenere in conto.

La giurisprudenza e la teoria economica ritengono, in termini generali, che la concorrenza di prezzo permetta un'**allocazione ottimale delle risorse**, garantendo al consumatore finale un'ampia selezione quantitativa e qualitativa di beni e servizi.

Le intese implicanti una limitazione della libertà delle parti di stabilire in modo autonomo i propri prezzi devono pertanto ritenersi vietate, dacché la fissazione concordata dei prezzi rappresenta **un grave violazione** "che per sua stessa natura [...] ha per oggetto di alterare il grado di concorrenza sul mercato".

La nozione di fissazione dei prezzi accolta nella prassi europea e nazionale è piuttosto ampia e include non solo i prezzi in senso stretto, ma anche intese inerenti sovrapprezzi, promozioni, sconti, ribassi, commissioni, premi, incentivi e spese.

ii) *Limitazioni della produzione*

Come insegna la teoria economica, limitare la produzione di determinati beni e servizi può non solo inibire uno dei principali fattori di competizione fra imprese, ma anche avere l'effetto di **guidare i prezzi** finali verso l'alto con risultati assimilabili a quelli riconducibili a una pratica anticoncorrenziale di fissazione del prezzo (*price fixing*).

Gli accordi limitativi della produzione possono riguardare direttamente le quote di produzione di ciascuno dei membri di un cartello, le quote di mercato o vendita e i volumi da distribuire su determinati ambiti geografici.

Lo stesso trattamento viene riservato alle ipotesi di sospensione a turno, concordata fra diversi concorrenti, della produzione di specifici beni, con lo scopo di evitare che eccessi produttivi facciano abbassare i prezzi.

È necessario precisare che gli accordi limitativi della produzione possono avere anche una componente ***qualitativa*** e, in questa prospettiva, potrebbero risultare tali gli accordi di standardizzazione stipulati fra diversi concorrenti (caso possibile per prodotti ad ampio contenuto tecnologico).

iii) *Compartimentazione dei mercati*

La portata dannosa delle pratiche di compartimentazione dei mercati è ben desumibile dal fatto che tali accordi mirano a **isolare determinate porzioni** di un dato mercato del prodotto, in modo da garantire a ciascun partecipante all'intesa anticompetitiva una sorta di **monopolio** nella zona assegnata.

Se, per esempio, l'accordo di compartimentazione dovesse riguardare, all'interno di un grande cartello di rilevanza europea, il territorio di diversi Stati membri dell'UE è evidente che tale tipologia di intesa impedirebbe il **consolidamento** del **mercato unico**, ponendosi non solo in violazione dell'art. 101 TFUE, ma anche in pieno contrasto con gli obiettivi di base dell'UE (*costruzione di un mercato unico europeo*).

Sul punto, la Commissione ha per esempio sanzionato l'accordo fra due compagnie aeree che si erano suddivise determinate rotte internazionali, stabilendo un patto di reciproca non concorrenza per quanto concerne le rotte interne.

Ulteriormente, gli accordi di compartimentazione riducono il benessere dei consumatori finali (c.d. *consumer welfare*), che non saranno in grado di scegliere fra un'adeguata gamma qualitativa e di prezzo dei prodotti proprio in ragione degli effetti distorsivi indotti dall'accordo di compartimentazione.

iv) *Applicazione di condizioni dissimili per prestazioni equivalenti*

Applicare condizioni discriminatorie verso determinati soggetti è, per solito, una condotta unilaterale punita ai sensi dell'art. 102 TFUE riguardante l'abuso di posizione dominante.

Può tuttavia avvenire che l'applicazione di condizioni dissimili per prestazioni equivalenti sia il frutto di una pratica concordata e adottata congiuntamente da una pluralità di soggetti con scopo anti-competitivo. La forma più grave di tale violazione è il **boicottaggio**, attraverso il quale una pluralità di soggetti concordano di non acquistare prodotti da determinati fornitori.

v) *Imposizione agli altri contraenti di prestazioni supplementari*

Tale pratica, che può ben essere perpetrata anche in via unilaterale come abuso di posizione dominante, può astrattamente configurarsi quando due o più imprese concordino di subordinare la vendita di taluni prodotti necessari, o comunque altamente utili, per le proprie controparti a un acquisto aggiuntivo e supplementare di altri beni e servizi che non sarebbero di per sé necessari per gli acquirenti.

In forza dell'intesa anticoncorrenziale, le imprese parti dell'accordo si impegnano ad abbinare "forzatamente" alla prestazione o al bene di base altre prestazioni e beni supplementari (limitando vieppiù le alternative delle proprie controparti e la possibilità di sottrarsi alla pratica anticoncorrenziale, tanto maggiore è la copertura del mercato garantita dall'intesa).

8.7.3. *Le intese orizzontali*

Nel diritto della concorrenza si distingue fra **intese orizzontali**, che riguardano intese tra soggetti posti al medesimo livello della catena di produzione e **intese verticali,** riguardanti imprese poste a diversi livelli della filiera.

Le intese orizzontali sono ritenute **maggiormente lesive** della concorrenza rispetto a quelle verticali, giacché intercorrono fra concorrenti diretti e avrebbero quindi un maggiore effetto distorsivo delle dinamiche concorrenziali.

Per contro, un'intesa intercorrente fra un produttore e un distributore, interessando soggetti posti ad un gradino differente della catena del valore, avrebbe un minore riverbero sulla concorrenza e sulle condizioni finali applicate al consumatore.

Nel presente paragrafo si darà conto delle principali ipotesi di intese orizzontali rientranti pacificamente nell'ambito di applicazione dell'art. 101 TFUE e dell'art. 2 della l. n. 287/1990, pur non essendo esplicitamente menzionate dalla disposizione del Trattato.

i) *Scambio di informazioni strategiche*

Lo scambio di **informazioni strategiche** può essere considerato sia come una pratica facilitante all'interno di un più ampio e complesso cartello fra concorrenti, che come un illecito concorrenziale dotato di **rilevanza autonoma**.

Lo scambio di informazioni ha di solito portata critica quando riguarda le future condotte di mercato e le strategie di diversi concorrenti.

Al fine di valutare la portata anticoncorrenziale o meno dello scambio di determinati dati e informazioni è importante valutare: la natura e tipologia dei dati scambiati, l'estensione del mercato interessato dallo scambio, l'aggregazione o disaggregazione dei dati scambiati, l'attualità o storicità dei dati, la frequenza dello scambio, la natura pubblica o privata dei dati.

Non è qui possibile esaminare le diverse ipotesi nel dettaglio, ma si ritiene utile fornire le seguenti indicazioni di massima:

a) tanto maggiore risulta la **natura strategica dei dati** scambiati – per esempio prezzi e quantità da immettere sul mercato – tanto maggiore è la possibilità che lo scambio possa essere ritenuto distorsivo della concorrenza;

b) tanto maggiore è la **copertura del mercato** rilevante geografico e del prodotto oggetto dei dati, tanto maggiore è la possibilità che lo scambio possa essere ritenuto distorsivo della concorrenza;

c) tanto maggiore è il grado di **disaggregazione e dettaglio dei dati** (da cui deriva la loro capacità di aumentare la trasparenza delle condotte di mercato dei partecipanti allo scambio), tanto maggiore è la possibilità che lo scambio possa essere ritenuto distorsivo della concorrenza;

d) tanto è maggiore l'attualità o addirittura la **portata prospettica ed esplicativa del futuro** riconducibile ai dati, tanto maggiore è la possibilità che lo scambio possa essere ritenuto distorsivo della concorrenza;

e) tanto maggiore è la **frequenza dello scambio dei dati**, tanto maggiore è la possibilità che lo scambio possa essere ritenuto distorsivo della concorrenza in quanto idoneo a guidare le condotte delle imprese coinvolte;

f) tanto maggiore è la natura riservata e la difficoltà di reperimento dei dati, tanto maggiore è la possibilità che lo scambio possa essere ritenuto distorsivo della concorrenza (lo scambio di dati pubblici è quindi meno problematico dello scambio di dati privati).

È infine opportuno annotare che gli scambi di informazioni possono risultare particolarmente dannosi in un contesto di mercato concentrato, come nell'ipotesi di un mercato a struttura oligopolistica (Comunicazione della Commissione – *Linee direttrici sull'applicabilità dell'articolo 101 del trattato sul funzionamento dell'Unione europea agli accordi di cooperazione orizzontale*).

ii) *Gli accordi di ricerca e sviluppo*

Tali accordi non hanno di solito scopo anti-competitivo e, anzi, la loro finalità è quella di ampliare l'offerta di beni al consumatore attraverso nuovi prodotti o miglioramenti produttivi.

Vi sono però delle ipotesi in cui gli accordi in materia di ricerca e sviluppo possono avere effetti anticoncorrenziali.

Ciò può avvenire nel caso in cui le parti coinvolte abbiano un significativo **potere nei mercati interessati** dall'accordo e qualora la concorrenza nel campo dell'innovazione in tali ambiti risulti fortemente ridotta.

Peraltro, è opportuno notare che tali accordi godono di una specifica esenzione nel caso in cui, congiuntamente alle altre condizioni richieste a fini esentativi, la quota di mercato detenuta congiuntamente dalle imprese partecipanti all'accordo **non superi il 25%**.

Nel caso in cui si superi invece tale soglia, non sarà possibile presumere la natura non concorrenziale dell'accordo, ma sarà necessario **valutare nel concreto** la situazione, considerando che tanto più forte e consolidata è la posizione delle parti sul mercato di riferimento, tanto più l'accordo potrà ricadere in ipotesi di divieto (Comunicazione della Commissione – *Linee direttrici sull'applicabilità dell'articolo 101 del trattato sul funzionamento dell'Unione europea agli accordi di cooperazione orizzontale*).

Infine, è opportuno ricordare che difficilmente accordi di ricerca "puri" potranno sortire effetti anti-competitivi, mentre vi saranno maggiori *chances* di pervenire a esiti anticoncorrenziali laddove la cooperazione in materia di ricerca e sviluppo si estenda allo sfruttamento dei risultati finali (*produzione, commercializzazione, marketing e licenze*).

iii) *Gli accordi di produzione in comune*

Tali accordi prevedono che alcune fasi della produzione siano effettuate da una parte per conto dell'altra o per mezzo **di un'impresa comune** correndosi, in alcune ipotesi, il rischio di agevolare pratiche di fissazione della capacità produttiva, come si ricorderà vietate dall'art. 101 TFUE.

In altre ipotesi ancora, l'accordo di produzione comune può divenire un **fattore facilitante** di pratiche collusive a valle della catena di produzione.

Il fatto di conoscere, tramite l'accordo di produzione comune, la **struttura dei costi di uno o più concorrenti**, così come le quantità di prodotto di cui questi dispongono (scorte) o possono produrre, potrebbe infatti agevolare esiti restrittivi della concorrenza a valle.

Tuttavia, nelle ipotesi in cui le imprese coinvolte nell'accordo detengano una quota di mercato congiunta inferiore al 20%, sarà difficile che l'accordo produttivo possa generare effetti anti-competitivi (Comunicazione della Commissione – *Linee direttrici sull'applicabilità dell'articolo 101 del trattato sul funzionamento dell'Unione europea agli accordi di cooperazione orizzontale*).

iv) *Gli accordi di acquisto in comune*

Tali accordi, tipico esempio di cooperazione orizzontale, hanno solitamente ad oggetto l'obiettivo di **rafforzare il potere contrattuale**, rispetto ai fornitori, di due o più imprese operative sullo stesso mercato e tra loro concorrenti nella produzione di un medesimo bene o servizio.

Gli accordi di acquisto comune potrebbero aumentare l'efficienza produttiva di tali imprese, riducendo i loro costi e, per questa via, possibilmente anche il prezzo finale applicato al consumatore, risultando in ultima analisi benefici.

Tuttavia, l'acquisto congiunto potrebbe anche ridurre la concorrenza in termini di varietà rese disponibili sul mercato e, data l'uniformazione dei costi variabili tra le diverse imprese concorrenti, favorire effetti collusivi a valle in danno del consumatore.

Al fine di trovare un adeguato compromesso fra quelli che possono essere gli effetti positivi e negativi di tali accordi, le linee guida della Commissione europea prevedono che non vi sia una portata anticoncorrenziale degli stessi nel

caso in cui le imprese partecipanti all'accordo detengano una quota **inferiore al 15%** nel mercato degli acquisti e delle vendite (Comunicazione della Commissione – *Linee direttrici sull'applicabilità dell'articolo 101 del trattato sul funzionamento dell'Unione europea agli accordi di cooperazione orizzontale*).
Si pensi, per esempio, a due imprese produttrici di arance che acquistino il 15% della quota di imballaggi leggeri per frutta venduti su un dato mercato e al contempo detengano il 15% della quota di mercato relativa alle arance venduta all'ingrosso ai *players* della grande distribuzione organizzata.

8.7.4. *Le intese verticali*

Gli accordi verticali sono stipulati tra imprese che si collocano a livelli differenti della filiera produttiva, tanto di beni quanto di servizi, intermedi o finali.

Si pensi, ad esempio, a un contratto di **distribuzione** tra produttore e distributore, a un accordo tra distributore e rivenditore al dettaglio o, ancora, ad un ulteriore accordo tra un fornitore di materia prima e un produttore del prodotto lavorato e finito.

Tali accordi godono generalmente di un trattamento **più favorevole** rispetto agli accordi orizzontali giacché, a differenza di questi ultimi, non coinvolgono concorrenti diretti e possono generare guadagni di efficienza in virtù delle sinergie potenzialmente sviluppabili dalle imprese partecipanti all'intesa, che potrebbero addirittura determinare effetti **pro-competitivi**.

Il Regolamento UE n. 330/10, prendendo atto della minore portata lesiva e dei loro possibili effetti positivi, prevede **un'esenzione specifica** per tali accordi, che saranno stipulabili senza violare le regole di concorrenza allorquando nessuna delle parti dell'accordo abbia una quota di mercato **superiore al 30%**.

Ai sensi dell'art. 3 del Regolamento n. 330/2010, tuttavia, l'esenzione **non si applica** agli accordi che contengono le seguenti restrizioni, che fanno quindi venir meno il beneficio dell'esenzione medesima in ragione del loro alto disvalore concorrenziale:
i) la restrizione della facoltà dell'acquirente di **determinare il proprio prezzo di vendita**, fatta salva la possibilità per il fornitore di imporre un prezzo massimo di vendita o di raccomandare un prezzo di vendita, a condizione che questi non equivalgano ad un prezzo fisso o ad un prezzo minimo di vendita.
ii) la **restrizione relativa al territorio** in cui, o ai clienti ai quali, l'acquirente che è parte contraente dell'accordo, fatta salva una restrizione relativa al suo luogo di stabilimento, può vendere i beni o i servizi oggetto del contratto.
iii) la **restrizione delle vendite attive** nel territorio esclusivo o alla clientela esclusiva riservati al fornitore o da questo attribuiti ad un altro acquirente, laddove tale restrizione non limiti le vendite da parte dei clienti dell'acquirente.

iv) la **restrizione delle vendite agli utenti finali** da parte di un acquirente operante al livello del commercio all'ingrosso.
v) la restrizione delle vendite da parte dei membri di un **sistema di distribuzione selettiva** a distributori non autorizzati nel territorio che il fornitore ha riservato a tale sistema.
vi) la restrizione della facoltà dell'acquirente di **vendere componenti**, forniti ai fini dell'incorporazione, a clienti che userebbero tali componenti per fabbricare beni simili a quelli prodotti dai fornitori.
vii) la restrizione delle vendite attive o passive agli utenti finali da parte dei membri di un sistema di distribuzione selettiva operanti nel commercio al dettaglio, fatta salva la possibilità di proibire ad un membro di tale sistema di svolgere la propria attività in un luogo di stabilimento non autorizzato.
viii) la restrizione delle **forniture incrociate** tra distributori all'interno di un sistema di distribuzione selettiva, ivi inclusi i distributori operanti a differenti livelli commerciali.
ix) la restrizione, pattuita tra un fornitore di componenti e un acquirente che incorpora tali componenti, della facoltà del fornitore di vendere tali componenti come pezzi di ricambio a utenti finali, a riparatori o ad altri prestatori di servizi non incaricati dall'acquirente della riparazione o della manutenzione dei propri prodotti.

Saranno inoltre proibite anche le seguenti clausole e previsioni all'interno dell'accordo verticale.

i) un **obbligo di non concorrenza**, diretto o indiretto, la cui durata sia indeterminata o superiore a cinque anni;
ii) un **obbligo** diretto o indiretto che imponga all'acquirente, una volta giunto a scadenza l'accordo, di **non produrre, acquistare, vendere** o rivendere determinati beni o servizi;
iii) un **obbligo** diretto o indiretto che imponga ai membri di un sistema di distribuzione selettiva di **non vendere marche di particolari fornitori concorrenti**.

8.7.5. *Possibili esenzioni per le intese: il par. 3, art. 101, TFUE e l'art. 4 della l. n. 287/1990*

Ai sensi del par. 3, art. 101, TFUE e dell'art. 4 della l. n. 287/1990, la disciplina sulle intese di cui abbiamo dato conto sino ad ora può essere dichiarata **inapplicabile** a qualsiasi accordo o categoria di accordi fra imprese, a qualsiasi decisione o categoria di decisioni di associazioni di imprese e a qualsiasi pratica concordata o categoria di pratiche concordate che:

i) contribuiscano a **migliorare la produzione** o la distribuzione dei prodotti o a promuovere il **progresso tecnico o economico**, pur riservando agli utilizzatori una congrua parte dell'utile che ne deriva, ed evitando di:

ii) imporre alle imprese interessate restrizioni che **non siano indispensabili** per raggiungere tali obiettivi;

iii) dare a tali imprese la **possibilità di eliminare la concorrenza** per una parte sostanziale dei prodotti di cui trattasi.

Per semplificare un discorso che meriterebbe ben altra trattazione, potremmo ipotizzare due imprese che stipulino **un'intesa anticoncorrenziale** in attuazione di uno degli illeciti che si sono descritti nei paragrafi precedenti.

Una volta vistasi contestata la pratica anticoncorrenziale, tali imprese potrebbero **invocare la non applicabilità** delle regole di concorrenza da parte dell'autorità di concorrenza italiana o europea argomentando la sussistenza delle condizioni di cui ai punti i), ii) e iii) appena richiamati.

Serve tuttavia precisare che dimostrare e corroborare in sede di difesa la sussistenza di tali condizioni è un esercizio estremamente **complesso e difficile** da condurre sotto il profilo probatorio.

Risulteranno quindi rari i casi in cui le imprese cui si contesti un illecito anticoncorrenziale riescano a "discolparsi" sulla base del paragrafo terzo dell'art. 101 TFUE (dinanzi alla Commissione europea) o richiamando l'art. 4 della l. n. 287/1990 (dinnanzi all'AGCM).

8.8. *Abuso di posizione dominante: definizione generale*

L'art. 102 TFUE dispone che:

> "è incompatibile con il mercato interno e vietato, nella misura in cui possa essere pregiudizievole al commercio tra Stati membri, lo sfruttamento abusivo da parte di una o più imprese di una posizione dominante sul mercato interno o su una parte sostanziale di questo. Tali pratiche abusive possono consistere in particolare: a) nell'imporre direttamente od indirettamente prezzi d'acquisto, di vendita od altre condizioni di transazione non eque; b) nel limitare la produzione, gli sbocchi o lo sviluppo tecnico, a danno dei consumatori; c) nell'applicare nei rapporti commerciali con gli altri contraenti condizioni dissimili per prestazioni equivalenti, determinando così per questi ultimi uno svantaggio per la concorrenza; d) nel subordinare la conclusione di contratti all'accettazione da parte degli altri contraenti di prestazioni supplementari, che, per loro natura o secondo gli usi commerciali, non abbiano alcun nesso con l'oggetto dei contratti stessi".

L'art. 102 TFUE, che sul fronte nazionale trova una disposizione omologa nell'art. 3 della l. n. 287/1990, vieta l'abuso di una posizione dominante su un dato mercato rilevante, proibendo una serie di condotte in larga parte coincidenti con quelle di cui all'art. 101 TFUE sulle intese.

La differenza risiede nel fatto che l'abuso di posizione dominante consiste in una **condotta unilaterale** perpetrata da un'impresa dotata di un particolare potere di mercato e non in un'intesa che richiede invece, per definizione, una pluralità più o meno ampia di parti.

È necessario precisare che a essere vietato **non è il raggiungimento** della posizione dominante di per sé, ma il suo abuso in danno di consumatori e concorrenti.

Ai fini di accertare un illecito in violazione dell'art. 102 TFUE è quindi necessario, *in primo luogo*, verificare **se sussista** effettivamente una posizione dominante e, in *secondo luogo*, se di tale posizione si sia abusato.

Secondo un'ormai notoria formulazione maturata in giurisprudenza, la posizione dominante consisterebbe in "una posizione di **potenza economica** grazie alla quale l'impresa che la detiene è in grado di **ostacolare la presenza di una concorrenza effettiva** sul mercato in questione e ha la possibilità di tenere comportamenti alquanto indipendenti nei confronti dei concorrenti, dei suoi clienti e, in definitiva, dei consumatori" (CGUE, C-85/76, *Hoffmann-La Roche*).

Negli anni fondanti la casistica in materia di abuso di posizione dominante, la giurisprudenza europea ha affermato che sull'impresa in posizione dominante graverebbe addirittura una "responsabilità speciale" e che "questa è obbligata, in ragione del suo potere di mercato, a comportarsi in maniera tale da non impedire la sussistenza di una concorrenza effettiva nel mercato di riferimento".

In tal modo, l'abuso assumeva il significato di condotta costituente violazione di questo dovere di comportarsi secondo criteri di "speciale responsabilità" (Libertini).

Definendo meglio gli approdi della giurisprudenza, la Commissione europea ha affermato che un'impresa può essere considerata in posizione dominante allorquando "sia in grado di **influenzare i parametri della concorrenza a proprio vantaggio** e a scapito dei consumatori, e non si trovi a fronteggiare una pressione concorrenziale efficace. Tale situazione si verifica, in particolar modo, nel caso in cui l'impresa sia in grado di **aumentare i prezzi** al di sopra del livello concorrenziale in maniera redditizia per un **periodo di tempo significativo** e quando possa permettersi di non investire nell'innovazione dei propri prodotti" (Comunicazione della Commissione – *Orientamenti sulle priorità della Commissione nell'applicazione dell'articolo 82 del trattato CE al comportamento abusivo delle imprese dominanti volto all'esclusione dei concorrenti*).

8.8.1. *Il sussistere della posizione dominante*

La valutazione circa la sussistenza di una posizione dominante deve essere effettuata avendo a riferimento uno specifico mercato rilevante.

In questa prospettiva la nozione di **posizione dominante** e **mercato rilevante** sono correlate in modo **inscindibile**, giacché prima di valutare se vi sia una posizione dominante è necessario isolare uno specifico mercato del prodotto e geografico, rispetto al quale valutare se la dominanza sussiste effettivamente. Tale valutazione viene solitamente effettuata facendo ricorso alle **quote di mercato,** espresse in termini di **fatturato** della o delle imprese sotto analisi.

Secondo la Commissione, **quote di mercato** estremamente elevate costituiscono di per sé la prova dell'esistenza di una posizione dominante, salva la presenza di circostanze eccezionali.

La Commissione ritiene che quote **oltre il 50%** siano indicative di una posizione dominante.

Una certa attenzione in termini di approfondimento per verificare se sussiste in concreto una posizione dominante meritano invece i casi in cui la quota di mercato sia ricompresa tra il **40 e il 50%**.

Per contro, la Commissione ritiene "**improbabile** che l'impresa goda di una posizione dominante se la sua quota di mercato **è inferiore al 40 %** sul mercato rilevante".

> Come clausola prudenziale e di chiusura, si osserva che "possono esistere tuttavia casi specifici al di sotto di tale soglia (il 40% nda) in cui i concorrenti non sono in grado di limitare in modo effettivo il comportamento di un'impresa dominante, ad esempio quando devono affrontare gravi limitazioni di capacità. Anche casi di questo genere meritano l'attenzione della Commissione". (Comunicazione della Commissione — *Orientamenti sulle priorità della Commissione nell'applicazione dell'articolo 82 del trattato CE al comportamento abusivo delle imprese dominanti volto all'esclusione dei concorrenti*).

È chiaro che la continuità di quote elevate, e quindi la loro **stabilità nel tempo**, sarà tale da rafforzare il convincimento circa la sussistenza di una posizione dominate.

Sotto diverso profilo, la valutazione in merito alla sussistenza della posizione dominante non potrà prescindere dalla considerazione del potere economico dei concorrenti dell'impresa della quale si valuta la posizione dominante (**pressione concorrenziale esterna**).

È inoltre necessario tenere in considerazione altri fattori di contesto come: **i)** il ruolo della concorrenza potenziale, ovvero la possibilità che nuovi soggetti entrino in un dato mercato mettendo in pericolo la posizione di forza dell'impresa dominante; **ii)** la sussistenza di barriere economiche o giuridiche all'ingresso in un dato mercato, che favoriscano il sussistere e protrarsi della posizione dominante; **iii)** la presenza, in capo all'impresa dominante, di particolari risorse tecniche o finanziarie, come nel caso di un operatore economico verticalmente integrato e dotato di notevole potenza operativa e finanziaria comparato a concorrenti privi di un'analoga e articolata struttura.

8.8.2. *Le principali condotte di abuso*

Tradizionalmente, nell'ambito dell'abuso di posizione dominante, si distingue fra **pratiche di sfruttamento** e **pratiche escludenti**.

Le pratiche di **sfruttamento** comprendono le condotte con cui l'impresa in posizione dominante realizza profitti in eccesso rispetto a quelli conseguibili in un quadro pienamente competitivo, sfruttando il proprio potere di mercato a danno dei propri clienti, come accade in ipotesi di imposizione di prezzi finali eccessivamente elevati.

Le pratiche **escludenti** sono invece finalizzate ad attuare condotte volte a ostacolare l'attività dei propri concorrenti al fine di escluderli dal mercato.

Con riferimento alle pratiche di sfruttamento la casistica è piuttosto limitata, dacché le autorità di tutela della concorrenza **faticano a dimostrare** che una pratica sia effettivamente abusiva e non invece il frutto di una normale condotta commerciale dell'impresa in posizione dominante.

La prassi si è invece concentrata sugli abusi escludenti rispetto ai quali la Commissione europea ha anche pubblicato delle apposite linee guida finalizzate ad aiutare l'interprete nella valutazione di determinate condotte (Comunicazione della Commissione – *Orientamenti sulle priorità della Commissione nell'applicazione dell'art. 82 del trattato CE al comportamento abusivo delle imprese dominanti volto all'esclusione dei concorrenti*).

Tali abusi sono più agevoli da provare in quanto non sarà necessario dimostrare in concreto che i concorrenti siano stati esclusi dal mercato, ma che agli stessi è stato impedito di competere in modo effettivo e vigoroso a causa della condotta abusiva dell'impresa dominante.

È interessante segnalare che le linee guida della Commissione sulle pratiche escludenti denotano una forte attenzione della Commissione alla valutazione degli effetti concreti delle condotte con un approccio fortemente orientato a **un'attenta analisi economica** delle diverse fattispecie.

Di seguito, proveremo a dar conto delle principali condotte rientranti nell'ambito applicativo dell'art. 102 TFUE.

i) *Imposizione di prezzi e condizioni gravose*

L'imposizione di prezzi gravosi, eccessivi e arbitrari rappresenta una delle tipiche situazioni in cui l'impresa in posizione dominante può sfruttare il proprio potere di mercato, innalzando i prezzi sino a conseguire, potenzialmente, quella che viene definita la **rendita del monopolista**.

Tale condotta non viene spesso perseguita dalle autorità antitrust perché rischia di trasformare tale autorità in autorità di regolazione dei prezzi (che però esistono già e hanno competenze specifiche come, per esempio, L'Autorità di Regolazione per Energia Reti e Ambiente – ARERA).

Le politiche dei prezzi finali sono spesso poco considerate, ai fini antitrust, anche in altri sistemi giuridici. Uno dei rari casi condotti dall'AGCM in tal senso ha censurato l'istituzione di una tariffa forfettaria il cui valore prescindeva dalla quantità dei servizi resi e dei beni ceduti.

ii) *I prezzi predatori*

I **prezzi predatori** sono una fattispecie, per così dire, opposta e speculare ai prezzi eccessivi.

Si censurano infatti i prezzi predatori nella misura in cui l'impresa in posizione dominante arriva ad **abbassare i prezzi** addirittura **al di sotto del proprio costo marginale**.

Il prezzo finale è quindi inferiore al costo di produzione del prodotto o servizio posti sul mercato.

Quella che sembrerebbe una condotta a una prima analisi favorevole per il consumatore finale potrebbe, tuttavia, essere finalizzata a sfruttare il maggiore poter di mercato e la struttura produttiva più evoluta dell'impresa dominante per costringere i concorrenti ad **uscire dal mercato** a causa dei prezzi troppo bassi e, di fatto, **insostenibili nel medio periodo** per imprese meno strutturate rispetto a quella dominante.

Una volta esclusi i propri concorrenti dal mercato, l'impresa potrà rialzare i prezzi e perseguire "comode" rendite in ragione della **scarsa pressione concorrenziale residua** (e qui si concretizza il conseguimento, predatorio, del vantaggio perseguito con l'abbassamento dei prezzi).

> La giurisprudenza ha osservato che "qualora un'impresa pratichi prezzi inferiori alla media dei propri costi variabili essa sopporta una perdita e, pertanto, si può concludere che **l'unico interesse perseguito** dall'impresa è quello di **eliminare i propri concorrenti**, in modo da poter poi rialzare i prezzi approfittando della successiva situazione di monopolio" (CGUE, C-62/86, *Akzo*).

iii) *Il* margin squeeze *(compressione dei margini)*

La **compressione dei margini** può verificarsi in mercati **verticalmente integrati,** nel caso in cui l'impresa in posizione dominante sul mercato a monte pratichi condizioni non replicabili da parte dei concorrenti attivi sul mercato a valle.

Si ipotizzi a tale proposito un'impresa che detenga un input o un'infrastruttura strategica sui mercati a monte e adotti una pratica tariffaria per l'utilizzo dell'infrastruttura strategica tale da **comprimere i margini dei propri concorrenti attivi sui mercati a valle**.

Questi ultimi saranno destinati a subire perdite nel mercato a valle, che rischiano di essere sostenibili solo per periodi molto limitati di tempo.

Il tipico esempio pratico a tale riguardo concerne l'operatore telefonico proprietario dell'unica **rete fissa idonea ad offrire servizi a banda larga** in favore degli utenti finali a prezzi inferiori a quelli che lo stesso operatore in posizione dominante impone ai concorrenti per utilizzare la propria rete (CGUE, C-280/08, *Telia Sonera*; CGUE, C.52/09, *Deutsche Telekom*).

Si ipotizzi che l'impresa A imponga alle imprese B e C un prezzo di 10 per accedere alla propria rete a banda larga (*mercato a monte*), e al contempo venda a 9,8 il servizio agli utenti finali (*mercato a valle*), costringendo le imprese B e C a sostenere, giocoforza, perdite non sostenibili nel lungo periodo.

iv) *Rifiuto di contrarre e dottrina dell'*essential facility

L'impresa in posizione dominante può perpetrare un comportamento abusivo anche qualora si **rifiuti, senza giustificato motivo**, di fornire un proprio prodotto a un concorrente se tale prodotto è necessario per competere in un mercato a valle.

La condotta si ritiene integrata anche nel caso in cui l'impresa in posizione dominante, pur non opponendo un pieno rifiuto, imponga **condizioni inaccettabili**.

Il tipico esempio è quello di un'impresa verticalmente integrata e attiva contemporaneamente nel campo della produzione di una materia prima e di un prodotto finito lavorato, che si rifiuti di permettere l'accesso alla materia prima ai propri concorrenti operativi sul mercato a valle del prodotto finito.

Proprio con riferimento a casi di rifiuto a contrarre, la giurisprudenza ha elaborato la dottrina della ***essential facility***. Sulla base di tale teoria, l'impresa che detenga un'infrastruttura essenziale per competere nei mercati a valle deve consentire, ai concorrenti che ne facciano richiesta, di utilizzarla a **condizioni eque e non discriminatorie**.

L'applicazione della teoria è subordinata alle seguenti condizioni: **i)** l'accesso alla infrastruttura deve essere **indispensabile** per operare nei mercati a valle; **ii)** l'infrastruttura non è duplicabile dai concorrenti; **iii)** il rifiuto **non ha giustificazioni** economiche o tecniche.

La teoria in parola è nata in origine con riferimenti a infrastrutture fisiche come porti, aeroporti, reti energetiche, reti di telecomunicazione e reti ferroviarie. Pur partendo da infrastrutture essenziali e strategiche di carattere fisico, la "dottrina" della *essential facility* si è progressivamente allargata anche a infrastrutture immateriali consistenti in **brevetti** e diritti di **proprietà intellettuale**.

Il tema è molto delicato e deve **contemperare diversi interessi** in gioco: la proprietà intellettuale e i brevetti servono infatti ad incoraggiare il progresso e la ricerca di nuove invenzioni e applicazioni. Svuotare di contenuto tali diritti potrebbe quindi pregiudicare gli investimenti in innovazione.
Ciò nonostante, la giurisprudenza è arrivata a ritenere abuso di posizione dominante la **non concessione in licenza di un brevetto** nel caso in cui tale rifiuto: **i)** si riferisca a un prodotto o servizio (coperto da brevetto) necessario per competere in modo effettivo; **ii)** il rifiuto pregiudichi la realizzazione di altri nuovi prodotti per cui vi sia una domanda potenziale; **iii)** il diniego di licenza non sia giustificato; **iv)** il rifiuto precluda ogni concorrenza anche potenziale sul mercato a valle.
Due casi tipici sono il rifiuto a concedere la licenza di accesso a un sistema operativo ad un concorrente che voglia produrre *software* e applicazioni che il sistema operativo dovrebbe supportare o il caso di un **brevetto farmaceutico** la cui mancata concessione in licenza riduca la concorrenza nei mercati a valle, pregiudicando l'innovazione legata allo sviluppo di nuovi prodotti (Ghezzi-Olivieri, 2013).

v) *Le pratiche leganti*

Tra tali pratiche abusive rientra una vasta gamma di condotte volte a creare o sviluppare tra l'impresa in posizione dominante e le sue controparti, consumatori, fornitori e distributori, una situazione di **dipendenza** rispetto alla quale questi ultimi potranno difficilmente emanciparsi.

Due esempi già riscontrati dalla prassi riguardano la pratica legante perpetrata da una nota multinazionale attiva nel campo dell'informatica e dei sistemi operativi che "legava" al proprio sistema operativo il *software* per la navigazione *Internet* e il riproduttore di contenuti multimediali, così da **sfruttare la leva** della posizione dominante acquisita nel primo prodotto (**il sistema operativo**) ai prodotti collegati (**software di navigazione e riproduttore di file multimediali**) (Decisione della Commissione 6 marzo 2013, *Microsoft Tying*).
Un'altra tipica pratica legante è costituita dal ***bundling***, tramite cui l'impresa in posizione dominante su uno o più prodotti di una stessa gamma cerchi di sfruttare tale situazione attraverso politiche di prezzo che rendano (più) conveniente acquistare un'intera gamma di prodotti piuttosto che il singolo prodotto di punta. A tale riguardo, si distingue fra *bundling* puro (in cui i pro-

dotti sono venduti in combinato a proporzioni fisse) e *bundling* misto in cui i prodotti, pur disponibili separatamente, sono venduti in forma aggregata a un prezzo minore del prezzo complessivo dei singoli beni.

vi) *Gli sconti fidelizzanti*

La pratica in parola ha riguardato alcune **peculiari ipotesi di sconto** concesse dall'impresa in posizione dominante ai propri distributori o fornitori.

In linea di massima, gli sconti concessi potrebbero essere benefici per i fornitori e distributori e, come tali, essere accolti di buon grado.

In alcuni casi, tuttavia, gli sconti applicati dall'impresa in posizione dominante possono essere **congegnati con una finalità escludente** e ciò avviene, in particolare, quando gli sconti siano progressivi in funzione del grado di fedeltà dei clienti.

In altri termini, l'impresa in posizione dominante scoraggia i clienti a sviluppare rapporti con i concorrenti dell'impresa dominante medesima, pregiudicando questi ultimi o rendendo difficoltoso il loro accesso al mercato.

Nel più noto caso riguardante gli sconti fidelizzanti, un noto produttore di pneumatici aveva attuato un **sistema di premi** (sconti) in favore dei propri rivenditori, che risultavano commisurati alla quantità di pneumatici venduti da ogni rivenditore (CGUE, C-322/81, *Michelin*).
Le particolari modalità con cui era stato organizzato il sistema di sconti – il cui ammontare ultimo rimaneva ignoto sino a fine anno per aumentare la portata legante della pratica – hanno indotto la Commissione europea a ritenere abusiva la pratica in quanto "**forzatamente fidelizzante**".
Possono rientrare nell'ambito degli sconti fidelizzanti ritenuti illeciti anche gli sconti fedeltà applicati soltanto a quei clienti che si obbligano a rifornirsi in via esclusiva dall'impresa in posizione dominante e/o, in ogni caso, non al di sotto di una data percentuale degli acquisti compiuti.
In un'ipotesi di tal fatta, si è argomentato, gli sconti divengono lo strumento per limitare la libertà contrattuale dei clienti fidelizzati, con evidente pregiudizio a carico dei concorrenti dell'impresa in posizione dominante. In aggiunta, un pregiudizio deriverebbe anche ai consumatori data la ridotta e limitata scelta di beni disponibili sul mercato "indotta" dallo sconto (si veda anche CGUE, C-413/14, *Intel*).

8.9. *Le concentrazioni fra imprese: introduzione*

Nel diritto antitrust si parla di concentrazioni quando un'impresa cresce sul mercato non attraverso uno sviluppo interno, ma **attingendo** ad **economie di terzi** e realizzando un processo di consolidamento aziendale. Tale processo può essere concretizzato per mezzo di una pluralità di strumenti giuridici, che verranno analizzati di seguito.

Serve osservare che le concentrazioni **non sono vietate** dal diritto della concorrenza, ma devono essere sottoposte a un esame preventivo da parte delle autorità antitrust per verificare se le stesse possano produrre effetti tali da "eliminare o ridurre in modo sostanziale la concorrenza".

Come è stato autorevolmente osservato, il diritto della concorrenza ha quindi una sorta di **duplice attitudine** nel valutare le concentrazioni fra imprese.

Da un lato, si riconosce infatti che le stesse possono aumentare la competitività dell'industria europea e nazionale (a seconda delle dimensioni dell'operazione), determinando importanti miglioramenti sotto il profilo dell'efficienza produttiva e della qualità dei prodotti, a beneficio dei consumatori.

Per altro verso, tuttavia, si deve considerare che una concentrazione fra imprese potrebbe determinare **effetti analoghi** a quelli di un'intesa anticoncorrenziale o creare, come conseguenza diretta dell'operazione, una posizione dominante su un dato mercato geografico e del prodotto.

Ecco allora che il legislatore è chiamato ad effettuare, a monte, "un bilanciamento di interessi tra le ragioni di un'efficiente crescita economica realizzata per vie esterne, da una parte, e le esternalità negative che da tale processo possono derivare in termini di rafforzamento del potere di mercato, dall'altra". È allora evidente che "il problema diventa quello di stabilire fino a che punto le esigenze del primo tipo (ossia favorire la crescita delle imprese anche per linee esterne) debbano prevalere sulle seconde (evitare la creazione o il rafforzamento di posizioni dominanti) e quale sia il limite oltre il quale non ci si possa spingere nel sacrificio della concorrenza" (Ghezzi-Olivieri, 2013).

8.9.1. *Forme giuridiche ed economiche delle concentrazioni*

La nozione di "concentrazione" è di **natura economica** e funzionale, il che significa che tale concetto non si concentra sul *come* avviene la concentrazione stessa, ma sugli *effetti* che questa produce per i mercati interessati dall'operazione.

La disciplina europea (Regolamento CE n. 139/2004) e quella nazionale (artt. 6 e 16-19, l. n. 287/1990) in materia menzionano, tra i negozi giuridici che possono concretizzare una concentrazione: **i)** la **fusione**; **ii) l'acquisizione del controllo** su un'impresa o su parti di essa; **iii)** la costituzione di **un'impresa comune**.

Tra queste fattispecie rientrano per esempio i casi in cui un'impresa leader di mercato proceda ad una fusione per incorporazione, inglobando uno dei propri tre principali concorrenti nella lavorazione industriale di un metallo.
Può inoltre rientrare nelle ipotesi di concentrazione il caso in cui 2 imprese A e B, attive nella produzione di specifici dispositivi informatici ad alto contenuto tecnologico, diano vita all'impresa C per produrre congiuntamente prodotti più avanzati.
Ancora, si può avere una concentrazione quando l'impresa X, attiva nel campo delle telecomunicazioni, acquisti un decisivo (a fini decisori e strategici) pacchetto azionario nella più piccola ma dinamica impresa Y, che sta crescendo velocemente sul mercato di alcuni specifici servizi telefonici.

In tutti i casi sopra menzionati, l'impresa risultante dalla concentrazione ottiene la **disponibilità diretta** e tendenzialmente incondizionata di **fattori produttivi** che facevano prima riferimento a imprese distinte e fra loro in concorrenza.

In dottrina, si osserva che l'elenco di strumenti giuridici riportato in precedenza non è tassativo ed esaustivo, anche se emerge con chiarezza che ognuno degli strumenti di cui si è dato conto consente all'acquirente di ottenere la disponibilità di fattori della produzione in grado di produrre reddito determinando, come conseguenza, una **riduzione del numero** o della **forza** dei **concorrenti** che operano sui mercati di volta in volta interessati dall'operazione di concentrazione.

È necessario precisare che, per rientrare in una fattispecie di concentrazione, l'operazione deve avvenire tra due **soggetti indipendenti** coinvolti nella concentrazione e allo stesso tempo avere **effetti duraturi** nel tempo.

Sotto il profilo economico, la concentrazione può essere **orizzontale** (e quindi avvenire fra imprese concorrenti dirette, con ovvio maggiore rischio per la concorrenza), **verticale** (fra soggetti che operano a livelli diversi della catena produttiva, con minore rischio per la concorrenza) o **conglomerale**, il che accade qualora l'operazione riguardi imprese operanti in mercati diversi, anche se talora collegati in senso verticale e/o orizzontale.

8.9.2. *Dimensioni dell'operazione e diritto applicabile (nazionale o europeo)*

Come abbiamo visto in precedenza, la disciplina europea e nazionale sulle intese e sull'abuso di posizione dominante possono essere applicate anche in via contemporanea e parallela dalle autorità nazionali di tutela della concorrenza, mentre la Commissione europea applica in via diretta la disciplina di concorrenza derivante dai Trattati europei e dai corrispondenti regolamenti attuativi

Ciò si verifica perché non è sempre agevole capire *ex ante* quanti e quali mercati siano interessati da una condotta anticoncorrenziale consistente in un'intesa anticoncorrenziale o in un abuso di posizione dominante.

La questione si pone invece in termini molto più chiari e predefiniti con riferimento alle concentrazioni fra imprese, giacché il criterio distintivo utilizzato si basa sulle **dimensioni economiche** dell'operazione di concentrazione, da esprimere in termini di fatturato.

Pertanto, le concentrazioni possono dividersi in due categorie, a seconda che la loro dimensione sia **europea** (o comunitaria) oppure **nazionale**.

Le concentrazioni di rilievo europeo sono assoggettate al controllo esclusivo della Commissione europea e all'applicazione del Regolamento CE n. 139/2004, mentre quelle nazionali verranno vagliate dall'AGCM in applicazione della legge antitrust nazionale n. 287/1990.

Al proposito, possiamo osservare che:

i) operazioni di concentrazione di **rilievo minore** non saranno sottoposte ad alcun vaglio preventivo, in quanto si presume che le stesse non incidano in modo rilevante sulle dinamiche concorrenziali;

ii) le soglie di fatturato che rendono obbligatoria la comunicazione di una concentrazione di rilievo nazionale all'AGCM, aggiornate al 2019, ammontano a **504 milioni di euro** per il fatturato realizzato nel territorio italiano dall'insieme delle imprese interessate e a **31 milioni di euro** per il fatturato totale realizzato individualmente a livello nazionale da almeno due delle imprese interessate (art 16, l. n. 287/1990).

Una concentrazione ha invece dimensione comunitaria se:

i) il fatturato totale realizzato a livello mondiale dall'insieme delle imprese interessate è superiore a **5 miliardi** di euro e il fatturato totale realizzato singolarmente nell'UE da almeno due delle imprese interessate è superiore a **250 milioni** di euro, a meno che ciascuna di tali imprese realizzi più di due terzi del proprio fatturato totale nell'UE all'interno di un unico paese dell'UE.

Anche se le soglie di cui al punto precedente non sono raggiunte, si tratta ugualmente di una concentrazione di dimensione comunitaria nel caso in cui:

i) il fatturato totale realizzato a livello mondiale dall'insieme delle imprese interessate è superiore a **2,5 miliardi** di euro;

ii) in ciascuno di almeno tre paesi dell'UE, il fatturato totale realizzato da tutte le imprese interessate è superiore a **100 milioni** di euro;

iii) in ciascuno di almeno tre paesi dell'UE, il fatturato totale realizzato singolarmente da almeno due delle imprese interessate è superiore a **25 milioni** di euro;

iv) il fatturato totale realizzato singolarmente nell'UE da almeno due delle imprese interessate è superiore a **100 milioni** di euro, a meno che ciascuna delle imprese di cui sopra realizzi più di due terzi del proprio fatturato totale nell'UE all'interno di un unico paese dell'UE (art. 1, Regolamento CE n. 139/2004).

8.9.3. *I poteri delle autorità antitrust in materia di concentrazioni*

Una concentrazione di dimensione comunitaria **non può essere realizzata** prima di essere **notificata** alla Commissione europea, né prima di essere stata dichiarata compatibile con il mercato comune da una decisione adottata dalla Commissione europea medesima.

Se la Commissione rileva che la concentrazione notificata non suscita seri dubbi per quanto riguarda la sua compatibilità con il mercato comune, decide di non opporvisi e la **dichiara compatibile** con il mercato comune (**autorizzazione in fase 1**).

Se, per contro, emerge che la concentrazione notificata suscita seri dubbi per quanto riguarda la sua compatibilità con il mercato comune, la Commissione decide di avviare un apposito **procedimento di valutazione** dell'operazione (**esame approfondito in fase 2**).

All'esito del procedimento di valutazione supplementare, la Commissione potrà:

i) dichiarare l'operazione **compatibile** con il mercato interno;

ii) dichiarare l'operazione compatibile con il mercato interno, ma condizionando il proprio assenso a **condizioni** e **obblighi**;

iii) qualora la concorrenza non possa essere salvaguardata nemmeno tramite apposite condizioni e obblighi, **dichiarare** la **concentrazione incompatibile** con il mercato interno.

Se la Commissione accerta che una concentrazione in assenza di notifica è già stata realizzata e che tale concentrazione deve essere dichiarata incompatibile con il mercato comune, oppure è stata realizzata contravvenendo ad una condizione imposta dalla Commissione stessa, può:

i) ordinare alle imprese interessate di **dissolvere** la concentrazione, in particolare mediante lo scioglimento dell'entità nata dalla fusione o la cessione di tutte le azioni o le parti del patrimonio acquisite, in modo da **ripristinare** la situazione preesistente;

ii) prendere **qualsiasi altra misura** atta a ripristinare per quanto possibile la situazione precedente, se questa non possa essere ripristinata dissolvendo la concentrazione;

iii) la Commissione può ordinare qualsiasi altra misura opportuna per assicurare che le imprese smembrino la concentrazione o prendano altri provvedimenti di ripristino della situazione precedente.

Il procedimento riguardante le concentrazioni nazionali ha caratteristiche similari rispetto a quello descritto per la fase europea, con l'ovvio distinguo per cui le operazioni di rilevanza nazionale saranno di **minore valore** economico.

Anche il procedimento nazionale, in altre parole, si divide in due fasi: una **fase 1** in cui l'autorizzazione può essere rilasciata agevolmente nel caso in cui l'operazione non desti particolari problemi sotto il profilo concorrenziale (ipotesi che si verifica nella grande maggioranza dei casi), oppure con una **fase 2**, che si verifica molto più raramente sotto il profilo statistico, e che richiede l'apertura di un'istruttoria volta ad analizzare le conseguenze dell'operazione per la concorrenza.

Non è qui possibile ripercorrere tutti i profili di differenza tra la procedura europea e quella nazionale, ma si segnala che, se l'operazione di concentrazione è già stata realizzata, l'AGCM può prescrivere le misure necessarie a ripristinare condizioni di concorrenza effettiva, eliminando gli effetti distorsivi.

Allo stesso tempo, nel caso si realizzi un'operazione di concentrazione in violazione di un divieto o di specifiche condizioni posti dall'AGCM, l'Autorità **infligge sanzioni** amministrative pecuniarie non inferiori all'uno per cento e non superiori al dieci per cento del fatturato delle attività di impresa oggetto della concentrazione.

L'AGCM avrebbe quindi poteri meno incisivi rispetto alla Commissione europea, tanto che "tuttora si discute in dottrina se alla concentrazione realizzata in violazione del divieto posto dall'AGCM siano applicabili anche altre e più efficaci sanzioni, che vanno **dall'invalidità degli atti** e negozi posti in essere per realizzare la concentrazione alla revoca dell'autorizzazione, sulla falsariga di quanto espressamente previsto dal regolamento comunitario" (Ghezzi-Olivieri, 2013).

8.9.4. *La valutazione della concentrazione nel merito*

Una volta ricevuta la notifica dell'operazione di concentrazione, che avviene attraverso apposito formulario, l'autorità antitrust europea o nazionale dovrà valutare gli **effetti** della concentrazione e la sua **compatibilità** con il mercato.

Come già detto, se ad una prima valutazione non emergono profili problematici sotto il profilo concorrenziale, l'autorità antitrust autorizza l'operazione senza aprire alcuna istruttoria formale per approfondire quali siano gli effetti dell'operazione sulla concorrenza (autorizzazione in fase 1, ipotesi che avviene nella maggior parte dei casi).

Laddove, per contro, l'autorità antitrust ravvisi la necessità di procedere ad un'istruttoria più approfondita, quest'ultima aprirà un'istruttoria per **valutare a fondo** i profili di criticità dell'operazione sotto il profilo della concorrenza post operazione sul/i mercato/i interessato/i (fase 2).

Nello specifico, l'AGCM dovrà verificare se l'operazione notificata sia a rischio di comportare la **costituzione** o il **rafforzamento** di una **posizione dominante** tale da eliminare o ridurre in modo sostanziale la concorrenza (art. 6, l. n. 287/1990).

Il test previsto dalla legge italiana al riguardo risulta del tutto simile a quello previsto dal primo e originario Regolamento CE n. 4064/89 sulle concentrazioni fra imprese di rilevanza comunitaria.

A fini valutativi, si applicherà il c.d. "test della dominanza", volto a verificare se l'operazione di concentrazione sia tale da determinare la **creazione** o il **rafforzamento** di una **posizione dominante** sui mercati interessati dall'operazione, da valutarsi in termini di quote del mercato rilevante geografico e del prodotto.

È interessante segnalare che la definizione di mercato rilevante può in alcuni casi discostarsi, nel campo delle concentrazioni, da quella elaborata per la valutazione di un abuso di posizione dominante, giacché il giudizio relativo alle operazioni di concentrazione **guarda al futuro** in chiave prospettica, mentre le valutazioni su un abuso di posizione dominante sono svolte *ex post*, guardando al passato.

Senza qui entrare in rilievi eccessivamente tecnici, si può osservare che la valutazione prospettica dovrà tenere conto anche di una possibile e futura concorrenza di altri *players* non ancora presenti sul mercato (**concorrenza potenziale**) e, a tal fine, sarà importante valutare se il mercato interessato dall'operazione presenti **barriere all'ingresso**.

I principali fattori da prendere in considerazione sono in particolare:

i) la posizione sul mercato delle imprese interessate;
ii) il potere economico e finanziario delle stesse;
iii) le possibilità di scelta per altri produttori e fornitori, nonché il loro accesso alle fonti di approvvigionamento e agli sbocchi;

iv) eventuali barriere all'ingresso che ostacolino l'entrata di nuovi concorrenti sul mercato interessato dall'operazione;
v) l'andamento di domanda e offerta dei prodotti interessati.

Ciò specificato con riferimento alla legislazione italiana vigente e all'originario Regolamento sulle concentrazioni n. 4064/1989, è necessario osservare che, con il vigente **Regolamento n. 139/2004** sulle concentrazioni di dimensione europea (che ha sostituito il Regolamento n. 4064/1989), il legislatore europeo ha introdotto un **nuovo test** relativo alla concentrazione di dimensione comunitaria.

Tale test sostituisce il precedente test di dominanza e prevede che "le concentrazioni che **ostacolino** in modo **significativo** una **concorrenza effettiva** nel mercato comune o in una parte sostanziale di esso, in particolare a causa della creazione o del rafforzamento di una posizione dominante, sono dichiarate incompatibili con il mercato" (art. 2, Regolamento n. 139/2004).

Secondo la dottrina più autorevole, il nuovo test avvicina il sistema europeo a quello americano, nella misura in cui la creazione o il rafforzamento di una posizione dominante restano i due principali ostacoli alla concorrenza che l'autorità antitrust dovrà valutare (come prevede la legge italiana), anche se questi non saranno i soli fattori da valutare e le autorità antitrust possono oggi considerare anche gli effetti deleteri per la concorrenza creati dalle concentrazioni in **mercati oligopolistici** (e quindi in mercati concentrati, ancorché magari privi di un'impresa in posizione dominate).

> Un utile indicatore spesso utilizzato dalle autorità antitrust per valutare la possibile creazione di una posizione dominante a seguito di una concentrazione fra imprese – o in ogni caso le ricadute dell'operazione sulla struttura competitiva di un dato mercato – è **l'indice *Herfindahl-Hirschman***, che mira a verificare il grado di concentrazione riscontrabile in un dato mercato rilevante. L'indice è costituito dalla somma dei quadrati delle quote di mercato detenute da ciascuna impresa presente sul mercato espresse in percentuale.
> Il valore è sempre positivo e, in caso di monopolio, è pari a 10.000 come risultato di 100 (quota di mercato totale) elevato al quadrato. Un valore compreso fra 1.000 e 1.800 indica che il mercato è poco concentrato, mentre risultati che eccedono un coefficiente di 1.800 individuano mercati progressivamente più concentrati.
> Un ulteriore e utile indicatore è anche il differenziale (cd **delta**) fra il valore dell'indice ***Herfindahl-Hirschman*** *prima* e *dopo* una determinata concentrazione fra imprese, dovendosi considerare che, tanto maggiore sarà il "delta", tanto più attenta dovrà essere la valutazione dell'autorità antitrust.

8.10. *La disciplina sugli aiuti di Stato: cenni introduttivi*

Ai sensi dell'art. 107 TFUE, "salvo deroghe contemplate dai trattati, sono **incompatibili con il mercato interno**, nella misura in cui incidano sugli scambi tra Stati membri, gli aiuti concessi dagli Stati, ovvero mediante risorse statali, sotto qualsiasi forma che, favorendo talune imprese o talune produzioni, falsino o minaccino di falsare la concorrenza".

In dottrina si osserva quindi che, in forza delle regole europee, gli aiuti di Stato alle imprese sono in linea di principio incompatibili con il mercato comune, poiché rischiano di falsare il libero ed efficiente **dispiegarsi della concorrenza** fra imprese.

Tale principio di incompatibilità non è però assoluto ed inderogabile giacché, ai sensi del comma secondo art. 107 TFUE, **sono comunque compatibili** con il Trattato:

i) gli aiuti a **carattere sociale** concessi ai singoli consumatori, a condizione che siano accordati senza discriminazioni determinate dall'origine dei prodotti;

ii) gli aiuti destinati a ovviare ai danni arrecati dalle **calamità naturali** oppure da altri eventi eccezionali;

iii) gli aiuti concessi all'economia di determinate regioni della Repubblica federale di **Germania** che risentono della divisione della Germania, nella misura necessaria a compensare gli svantaggi economici provocati da tale divisione.

Se gli aiuti appena menzionati sono considerati compatibili con il mercato interno **in via diretta** e sulla base della stessa lettera dell'art. 107 TFUE, altri aiuti **possono invece considerarsi** compatibili con il mercato interno sulla base di appositi Regolamenti e tra questi rientrano:

i) gli aiuti destinati a favorire lo sviluppo economico delle regioni ove il tenore di vita sia **anormalmente basso**, oppure si abbia una grave forma di sottoccupazione;

ii) gli aiuti destinati a promuovere la realizzazione di un importante **progetto di comune interesse europeo** oppure a porre rimedio a un grave turbamento dell'economia di uno Stato membro;

iii) gli aiuti destinati ad agevolare lo sviluppo di talune attività o di **talune regioni economiche**, sempre che non alterino le condizioni degli scambi in misura contraria al comune interesse;

iv) gli aiuti destinati a promuovere la **cultura** e la **conservazione** del **patrimonio**, quando non alterino le condizioni degli scambi e della concorrenza nell'Unione in misura contraria all'interesse comune;

v) le altre categorie di aiuti, determinate con decisione del Consiglio, su proposta della Commissione.

8.10.1. *Caratteristiche di un aiuto di Stato e sue molteplici forme*

Secondo la prassi applicativa della Commissione e la giurisprudenza della Corte di Giustizia, costituisce aiuto di Stato ogni misura che: i) comporta il **trasferimento di risorse statali**; ii) genera un **vantaggio economico** per il beneficiario; iii) risulti **selettiva** e; iv) comporti un **pregiudizio** delle dinamiche di mercato interno.

Queste quattro caratteristiche sono **cumulative** e devono quindi ricorrere tutte assieme perché vi sia un aiuto di Stato, secondo quello che è stato definitivo il **test VIST** (**V**antaggio, **I**mpedimento al commercio intracomunitario, **S**elettività e **T**rasferimento di risorse statali).

Ciò significa che la mancanza di anche una sola delle condizioni menzionate impedisce di considerare una data misura come un aiuto di Stato *ex* art. 107 TFUE.

Entrando più nel dettaglio, il riferimento alle risorse ***statali*** deve intendersi **in senso ampio** e comprende le Regioni, gli enti locali e gli enti pubblici nelle loro diverse forme. Saranno considerati aiuti di Stato, quindi, anche quelli concessi dalle Regioni o dai Comuni a una o più imprese.

L'aiuto rileva come statale anche qualora sia elargito attraverso un intermediario terzo quale, per esempio, una banca privata incaricata della gestione di fondi pubblici destinati a determinate imprese.

Come detto, l'aiuto deve garantire all'impresa beneficiaria un **vantaggio economico**, che la stessa non avrebbe ottenuto nel corso della sua normale attività e che la favorisca in via diretta o ne riduca gli oneri (si pensi ad esempio a un contributo o a un'esenzione fiscale).

L'aiuto deve inoltre essere **selettivo** e pertanto incidere sull'equilibrio esistente tra un'impresa specifica o una determinata categoria di imprese e la generalità degli altri attori economici, falsando così il gioco della concorrenza. A tale proposito, né l'ampio numero di società ammesse ad un dato aiuto, né la diversità e la dimensione delle parti interessate dalla misura medesima possono fornire a priori motivi per considerare che un'iniziativa statale sia una "misura generale", non rientrante nella nozione di aiuto, se sussistono comunque elementi di selettività, ad esempio su base regionale o del settore economico beneficati dall'aiuto (la mancanza della selettività della misura differenzia un aiuto di Stato dalle cosiddette "**misure generali**").

Infine, la menzionata quarta e ultima condizione cumulativa, prevede che un aiuto di Stato determini un "**pregiudizio al commercio intracomunitario**".

La soddisfazione di tale condizione è relativamente agevole, poiché la giurisprudenza e la prassi della Commissione ritengono che gli effetti sul commercio siano effettivamente dimostrabili nel caso in cui un determinato mercato sia aperto alla concorrenza tra Stati, anche qualora il concreto beneficiario della misura non svolga un'attività transfrontaliera. Pertanto, tale condizione viene esclusa solo per attività molto locali e in casi limitati.

Alla luce dei principi esposti, la nozione di aiuto di Stato assume una **portata amplissima** e trasversale ed è idonea ad includere le **molteplici** ipotesi di vantaggio selettivo distorsivo della concorrenza di cui possa beneficiare una data impresa.

Sono quindi aiuti di Stato *ex* art. 107 TFUE **non solo i sussidi** concessi in via diretta a una data impresa nella forma di un contributo, ma anche per esempio le esenzioni o riduzioni di oneri finanziari che gravano sui bilanci della generalità degli operatori economici.

Ne consegue che saranno considerati aiuti di Stato gli **sconti/esenzioni fiscali** selettivi riservati a determinate imprese e non ad altre, i **prestiti** di provenienza statale a condizioni particolarmente vantaggiose, le **garanzie su crediti** a condizioni di favore o le partecipazioni statali nel capitale di un dato operatore economico non in linea con una logica di mercato.

Parimenti, l'art. 107 TFUE potrà applicarsi all'acquisto di un'azienda o all'affitto di un terreno di proprietà pubblica, da parte di una data impresa o gruppo di imprese, a un prezzo inferiore rispetto a quello di mercato o, ancora, alla situazione opposta in cui una società venda o conceda in locazione beni allo Stato, ottenendo un prezzo superiore a quello di mercato.

Alla stessa stregua e per le medesime ragioni, potrà essere ricondotto all'art. 107 TFUE anche l'accesso privilegiato e selettivo a determinate infrastrutture pubbliche, giacché in tutti i casi richiamati vi è un vantaggio selettivo, ancorché non consistente in un sussidio diretto.

8.10.2. *Gli obblighi di notifica e di* standstill

Il par. 3 dell'art. 108 TFUE prevede testualmente che "alla Commissione **sono comunicati**, in tempo utile perché presenti le sue osservazioni, i progetti diretti a istituire o modificare aiuti. [...]. Lo Stato membro interessato non può dare esecuzione alle misure progettate prima che tale procedura abbia condotto a una decisione finale".

In esecuzione di tale previsione del Trattato, il Regolamento procedurale in materia di aiuti di Stato (Regolamento UE n. 1589/2015) prevede con maggiore dovizia di dettaglio che qualsiasi progetto di concessione di un nuovo aiuto da parte di uno Stato ad una o più imprese **debba essere notificato** tempestivamente alla Commissione europea, con indicazione di tutte le informazioni necessarie a consentire un'analisi della misura di aiuto.

È importante sottolineare che, come già menzionato dall'art. 108 TFUE, gli aiuti soggetti a notifica non possono essere attuati prima che la Commissione abbia adottato una decisione di autorizzazione dell'aiuto (cosiddetta **clausola di sospensione** o **obbligo di** ***standstill***).

La Commissione procede all'esame dell'aiuto notificato dallo Stato non appena la notifica le è pervenuta.

A questo punto, possono in prima approssimazione verificarsi le seguenti ipotesi:

i) la Commissione constata che la misura notificata **non costituisce aiuto di Stato** e lo dichiara mediante una decisione, cosicché lo Stato potrà procedere alla concessione della misura;

ii) la Commissione constata che non sussistono dubbi in ordine alla compatibilità con il mercato interno della misura di aiuto notificata e la dichiara compatibile con il mercato interno ("**decisione di non sollevare obiezioni**"), cosicché lo Stato potrà procedere alla concessione della misura;

iii) la Commissione constata che sussistono dubbi in ordine alla compatibilità con il mercato interno della misura notificata e decide di avviare un procedimento per approfondire tali elementi ("**decisione di avviare il procedimento d'indagine formale**").

Se la Commissione decide di aprire un procedimento di indagine formale, lo Stato risulta ancora impossibilitato a concedere la misura di aiuto. Nell'ambito del procedimento di indagine, la Commissione potrà formulare precise richieste di informazioni allo Stato interessato.

All'esito del procedimento di indagine formale, la Commissione potrà:

i) eventualmente constatare che, dopo che lo Stato membro interessato vi abbia apportato modifiche, la misura notificata **non costituisce più un aiuto**;

ii) eventualmente constatare che, dopo che lo Stato membro interessato vi abbia apportato modifiche, i dubbi relativi alla compatibilità della misura di aiuto notificata con il mercato interno non sussistono più, e che pertanto l'aiuto è compatibile con il mercato interno ("**decisione positiva**");

iii) eventualmente subordinare una decisione positiva a condizioni che consentano di considerare l'aiuto compatibile con il mercato interno e ad obblighi che consentano di controllare il rispetto della decisione stessa ("**decisione condizionale**");

iv) la Commissione potrà infine constatare che l'aiuto notificato non è compatibile con il mercato interno, concludendo che all'aiuto in questione non può essere data esecuzione ("**decisione negativa**").

8.10.3. *Gli aiuti* de minimis

La Commissione ritiene che gli aiuti di esigua entità (aiuti "*de minimis*") non abbiano un considerevole effetto sulla concorrenza e sugli scambi tra Stati membri, cosicché tali misure di entità minore non rientrano nel campo di applicazione dell'art. 107 TFUE, risultando esentate dall'obbligo di notifica preventiva alla Commissione e liberamente concedibili.

Pertanto, in ossequio al brocardo latino *de minimis non curat pretor*, non è necessario notificare le misure di entità alla Commissione, che concerterà le proprie risorse sull'analisi di casi più rilevanti.

In particolare, è considerato *de minimis* l'aiuto di importo inferiore al massimale complessivo di **200.000 euro** concesso ad una determinata impresa nel corso di **tre esercizi finanziari**, che rispetti le condizioni di cui al Regolamento *de minimis* n. 1407/2013.

Con riferimento alle **garanzie sui crediti**, se la garanzia di derivazione statale non eccede l'80% del prestito sotteso e ha un importo garantito di 1.500.000 EUR e una durata di cinque anni o un importo garantito di 750.000 EUR e una durata di dieci anni, allora la garanzia pubblica si considera in linea con il Regolamento *de minimis* e può quindi essere concessa liberamente.

Qualora le misure assumano forma diversa da una mera sovvenzione o da una garanzia, è necessario calcolare il cosiddetto "**equivalente sovvenzione lordo**" e capire quale sia la reale portata dell'aiuto per determinare se lo stesso rientri nella soglia *de minimis* (il che può rivelarsi necessario per conferimenti di capitale, prestiti agevolati e misure di sovvenzione del rischio). A questo proposito, il Regolamento n. 1407/2013 prevede un'articolata disciplina di tali misure all'art. 4.

È importante segnalare che gli importi *de minimis* di cui si è dato conto, e in particolare la soglia dei 200.000 euro sui tre esercizi finanziari per le sovvenzioni, risultano **dimezzati** (intensità di aiuto al 50%) con riferimento al settore dei **trasporti** su gomma, che si ritiene contraddistinto da una sovraccapacità giustificativa di un minore *favor* per gli aiuti pubblici.

È inoltre importante annotare che il Regolamento *de minimis* ordinario non si applica ai settori dell'**agricoltura** e della **pesca**, cui è riservata una disciplina specifica e più restrittiva degli aiuti statali, giustificata dal fatto che tali settori beneficiano anche e soprattutto degli aiuti riconducibili alla politica agricola comunitaria e alla politica comune della pesca. In tali settori, il massimale *de minimis* è quindi pari a **20.000** o **25.000 euro** – a seconda delle scelte generali di politica agricola compiute dai diversi Stati membri – secondo quanto dispone il Regolamento UE n. 316/2019.

Infine, giova ricordare che per il settore dei servizi di interesse economico generale ("SIEG") vige, ai sensi del Regolamento n. 360/2012, un massimale *de minimis* più che raddoppiato e pari a 500.000 euro su tre esercizi finanziari.

Ciò avviene in ragione della rilevanza strategica e pubblicistica rivestita dai SIEG (v. cap. 6), che godono di una disciplina derogatoria e premiale anche per quanto riguarda la disciplina generale in materia di aiuti di Stato,

In tale settore le autorità statali potranno infatti compensare l'adempimento di un obbligo di servizio pubblico (OSP) da parte dell'impresa esercente un SIEG in modo anche rilevante, sfuggendo all'applicazione della disciplina sugli appalti se vengono rispettate le condizioni fissate dalla Corte di Giustizia UE nella nota sentenza Altmark (CGUE, C-280/00, *Altmark*).

In giurisprudenza e nella prassi della Commissione europea si sono tradizionalmente **fronteggiati due diversi orientamenti** circa la qualificabilità come aiuti di Stato o meno della compensazione degli obblighi di servizio pubblico – "OSP". Per un **primo orientamento interpretativo**, le compensazioni di OSP sono da considerarsi sempre e comunque aiuti di Stato, in quanto rispecchierebbero per definizione tutte le condizioni che individuano un aiuto. Un **secondo ed opposto orientamento** argomentava invece che le compensazioni di OSP **non** sarebbero da considerarsi come aiuti di Stato, in quanto **difetterebbe un vantaggio selettivo** a carico del beneficiario (mera compensazione del sovra-costo dovuto all'adempimento dell'OSP = saldo zero).
La questione è di notevole **rilievo sia teorico che pratico** (necessità o meno dell'obbligo di notifica alla Commissione). Il contrasto emerso è stato infine definito con una sorta di **compromesso virtuoso** nella sentenza della Corte di Giustizia UE *Altmark* (2003), che costituisce uno dei precedenti più rilevanti della Corte di del Lussemburgo. Ai sensi della sentenza *Altmark*, le compensazioni degli obblighi di servizio pubblico non costituiscono aiuti di Stato ai sensi dell'art. 107 TFUE a condizione che siano soddisfatti cumulativamente quattro criteri.

i) in primo luogo, l'impresa beneficiaria deve essere effettivamente **incaricata dell'adempimento di un OSP**;

ii) in secondo luogo, i **parametri**, sulla base dei quali è calcolata la compensazione, devono essere **previamente definiti** in modo obiettivo e trasparente;

iii) in terzo luogo, la compensazione non può eccedere quanto necessario **per coprire interamente** i **costi derivanti dall'adempimento degli obblighi di servizio pubblico**, tenendo conto dei relativi introiti nonché di un **margine di utile ragionevole** (*C-R+Mur*);

iv) in quarto luogo, la scelta dell'impresa da incaricare dell'esecuzione di **obblighi di servizio pubblico** deve essere effettuata mediante una **procedura di appalto pubblico**, che consenta di selezionare il candidato in grado di fornire tali servizi al costo minore per la collettività.

In alternativa, le autorità statali potranno beneficiare di ampie quote di esenzione (rispetto alla rigida disciplina sugli aiuti) per la compensazione di obblighi di servizio pubblico che rispettino le condizioni di cui alla Decisione di settore n. 21/2011 (e, tra le altre, la presenza di un appropriato atto di incarico che individui chiaramente e in via preventiva gli OSP, e la presenza nel medesimo atti di incarico di meccanismi che garantiscano compensazioni **non eccedenti** la copertura dei costi di servizio, oltre a un margine di utile ragionevole)

8.10.4. *Il regolamento generale di esenzione*

Un altro fattore attenuante delle rigide regole in materia di aiuti di Stato è il Regolamento UE n. 651/2014, anche noto come **Regolamento generale di esenzione**, che prevede la possibilità di concedere determinate misure di aiuto senza una notifica preventiva alla Commissione, a patto che vengano rispettate precise condizioni.

Il Regolamento viene quindi definito *generale* e di *esenzione* in quanto raggruppa in un unico referente normativo (prima ve ne erano diversi) tutte le esenzioni rispetto all'obbligo di notifica dell'aiuto alla Commissione, a patto che siano rispettate specifiche condizioni:

Le misure esentabili sono in particolare:

i) aiuti a finalità regionale;
ii) aiuti alle PMI;
iii) aiuti per l'accesso delle PMI ai finanziamenti;
iv) aiuti a favore di ricerca, sviluppo e innovazione;
v) aiuti alla formazione;
vi) aiuti a favore dei lavoratori svantaggiati e dei lavoratori con disabilità;
vii) aiuti per la tutela dell'ambiente;
viii) aiuti destinati a ovviare ai danni arrecati da determinate calamità naturali;
ix) aiuti per le infrastrutture a banda larga;
x) aiuti a carattere sociale per il trasporti a favore dei residenti in regioni remote;
xi) aiuti per le infrastrutture sportive e le infrastrutture ricreative multifunzionali;
xii) aiuti per le infrastrutture locali.

Per essere esentate dall'obbligo di notifica, le misure di aiuto devono essere **trasparenti**, produrre il cd. **effetto di incentivazione** e rispettare determinati **importi massimali** e specifiche **intensità massime** di aiuto.

Segnatamente, un aiuto risulta trasparente quando è possibile calcolare con precisione l'equivalente sovvenzione lordo *ex ante* senza che sia necessario effettuare una valutazione dei rischi ("aiuti trasparenti").

Si ritiene che gli aiuti abbiano un effetto di incentivazione se, **prima dell'avvio dei lavori** relativi al progetto o all'attività, il beneficiario ha presentato domanda scritta di aiuto allo Stato membro interessato. Si vuole, in altre parole, che l'aiuto incentivi e supporti investimenti che altrimenti non sarebbero stati effettuati, e non investimenti destinati ad essere comunque effettuati a prescindere dal supporto pubblico. In particolare, per gli aiuti alle **grandi imprese** si ritiene sussistere l'effetto di incentivazione se lo Stato membro ha verificato, prima di concedere l'aiuto, che la documentazione preparata dal beneficiario attesta che l'aiuto consentirà un aumento significativo, per effetto dell'aiuto, della portata del progetto/dell'attività e un **aumento significativo**, dell'importo totale speso dal beneficiario per il progetto/l'attività.

Infine, serve segnalare che il Regolamento generale di esenzione prevede, per ognuna delle misure elencate in precedenza, **importi massimi** di aiuto e **intensità massime** di aiuto non superabili, dovendosi intendere nel primo caso degli *importi massimali* che non possono essere superati e, nel secondo caso, *percentuali massime e inderogabili di copertura di specifici costi ammissibili* individuati e disciplinati dal regolamento generale di esenzione.

> Per fare un esempio concreto tratto dallo stesso Regolamento generale di esenzione, gli aiuti a favore delle PMI per servizi di consulenza non possono superare (1) un **importo massimo pari a 2 milioni di euro** per impresa e per progetto e (2) **un'intensità di aiuto pari al 50%**, mentre (3) i **costi ammissibili** corrispondono ai costi dei servizi di consulenza prestati da consulenti esterni.
> Ne consegue che non potranno, in ogni caso, essere concessi più di 2 milioni di euro per i servizi di consulenza e, data l'intensità massima del 50% dei costi ammissibili, se l'impresa investe 3 milioni per i servizi di consulenza non potrà ricevere in esenzione più di 1,5 milioni, mentre per ricevere l'importo massimo di 2 milioni di euro sarà necessario avere investimenti e costi ammissibili per 4 milioni di euro.

È interessante segnalare come, secondo la migliore dottrina, l'emanazione di un Regolamento generale di esenzione segnerebbe una sorta di **salto di qualità** della legislazione europea in materia di aiuti di Stato che, partendo dall'approccio originario di legislazione per divieti (proibizione di aiuti distorsivi), è divenuta progressivamente una legislazione che seleziona e apprezza le misure ritenute esentabili per le loro caratteristiche positive. In questo modo, la legislazione europea sugli aiuti di Stato incentiverebbe determinati aiuti statali, vietandone invece altri, concretizzando per questa via degli "accenni di politica industriale" suggeriti agli Stati (Tizzano, 2017).

8.10.5. *Il quadro temporaneo ed emergenziale post COVID 19*

A seguito dell'emergenza sanitaria, sociale ed economica determinata dalla pandemia globale da COVID 19, la Commissione europea ha reso più flessibili e meno stringenti le regole in materia di aiuti di Stato al fine di permettere un adeguato supporto pubblico in favore delle imprese europee pregiudicate dal contesto pandemico.

Tale flessibilità è stata concessa sul presupposto che il diffondersi della pandemia e le conseguenti misure restrittive applicate per ragioni sanitarie alla vita quotidiana delle persone hanno completamente **sovvertito la struttura della domanda e dell'offerta** in diversi mercati – si pensi ai ristoranti, agli alberghi, ai cinema, al trasporto pubblico solo per menzionarne alcuni – limitando **l'afflusso di liquidità** alle imprese.

In data 19 marzo 2020 è stata pertanto approvata una prima versione del **quadro temporaneo** delle regole in materia di aiuti di Stato, poi assoggettata a diverse modifiche e integrazioni dalla Commissione europea seguendo l'evolvere del decorso pandemico.

Al momento in cui si aggiorna il presente paragrafo, la vigenza del quadro temporaneo sugli aiuti di Stato è prevista sino al **31.12.2021**, allorquando la disciplina emergenziale dovrebbe scadere lasciando, salvo eventuali rinnovi, nuovamente spazio alle regole ordinarie illustrate nei paragrafi precedenti.

In estrema sintesi, il quadro temporaneo prevede possano essere concessi aiuti pubblici alle imprese secondo forme e modalità diverse – contributi diretti, prestiti agevolati, riduzioni e esenzioni fiscali, etc. – alle imprese che abbiano riscontrato **oggettive difficoltà in termini di riduzione del proprio giro d'affari** a seguito della pandemia.

Gli aiuti possono essere concessi nei seguenti limiti massimali di valore che, serve osservare, risultano particolarmente elevati rispetto a quelli previsti dalla disciplina ordinaria e non conoscono precedenti storici nella legislazione europea sugli aiuti di Stato a sottolineare l'intensità dell'emergenza pandemica:

i) 225.000 € per le imprese operanti nella produzione primaria di prodotti agricoli;

ii) 270.000 € per le imprese operanti nel settore della pesca e dell'acquacoltura;

iii) 1,8 milioni € per le imprese degli altri comparti economici.

iv) per le imprese con perdite di fatturato pari ad almeno il 30% nel periodo ammissibile (2020 e 2021) rispetto allo stesso periodo del 2019, la contribuzione pubblica potrà inoltre arrivare a supportare una quota parte dei costi fissi d'impresa non coperti dalle entrate sino a un importo di 10 milioni di €.

Gli aiuti concessi in base al quadro temporaneo possono essere cumulati con gli aiuti concessi a titolo di "de minimis" nelle forme e nei modi illustrati in precedenza.

Per approfondire

Riguardo a mercato unico e libertà di circolazione:
A. Arena-F. Bestagno-G. Rossolino, *Mercato unico e libertà di circolazione nell'Unione europea*, Torino, Giappichelli, 2016; G. Bertezzolo-D. de Pretis, *Circolazione delle merci*, in M.P. Chiti-G. Greco (dir.), *Trattato di diritto amministrativo europeo*, Parte speciale, Tomo I, II ed., Milano, Giuffrè, 2007; L. Daniele, *Diritto del mercato unico europeo e dello spazio di libertà, sicurezza e giustizia,* III ed., Milano, Giuffrè, 2016; R. Mastroianni, *La libera prestazione di servizi*, in G. Strozzi (a cura di), *Diritto dell'Unione europea.* Parte speciale, II ed., Torino, Giappichelli, 2005; L. Sbolci, *La libera circolazione delle merci,* in G. Strozzi (a cura di), *Diritto dell'Unione europea.* Parte speciale, II ed., Torino, Giappichelli, 2005.

Riguardo a tutela della concorrenza e disciplina degli aiuti di Stato:
G. Amato, *Il gusto della libertà. L'Italia e l'antitrust*, Roma-Bari, Laterza, 2000; K. Bacon, *European Union Law of State Aid*, Oxford, Oxford University Press, 2013; G. Bernini, *Un secolo di filosofia antitrust*, Bologna, Clueb, 1991; S. Cornella-S. Pellizzari, *La concorrenza. Itinerari di una giuridificazione tra diritto pubblico e diritto privato*, in L. Ferrara-B. Marchetti, *A 150 anni dall'unificazione amministrativa italiana: La giuridificazione*, Firenze, Firenze University Press, 2015; P. Fattori-M. Todino, *La disciplina della concorrenza in Italia*, Il Mulino, 2010; A. Frignani-R. Pardolesi, *La concorrenza*, Torino, Giappichelli, 2006; F. Ghezzi-G. Olivieri, *Diritto antitrust*, Torino, Giappichelli, 2013; A. Jones-B. Suffrin, *EU Competition Law*, Oxford, 2010; M. Libertini, *Diritto della concorrenza dell'Unione europea*, Milano, Giuffrè, 2014; A. Tizzano, *Manuale di Diritto dell'Unione Europea*, Torino, Giappichelli, 2017.

NOTIZIE SUGLI AUTORI

Marco Bombardelli è professore ordinario di Diritto amministrativo presso la Facoltà di Giurisprudenza dell'Università di Trento. Insegna Diritto amministrativo e Diritto della regolazione, presso il Dipartimento di Economia e Management dello stesso Ateneo.

Eugenio Caliceti è dottore di ricerca in studi giuridici comparati ed europei.

Samuel Cornella è dottore di ricerca in Studi giuridici comparati e europei e ha conseguito un master LL. M. in Competition Law and Economics presso la Brussels School of Competition.

Andrea Magliari è ricercatore a tempo determinato (tipo A) di Diritto amministrativo presso la Scuola IMT Alti Studi Lucca dove insegna Diritto dei beni culturali. Insegna inoltre *Introduction to Law and Regulation* presso l'Università di Trento.

Leonardo Parona è assegnista di ricerca in diritto amministrativo presso l'Università Luigi Bocconi di Milano.

Silvia Pellizzari è professoressa associata di Diritto amministrativo presso la Facoltà di Giurisprudenza dell'Università di Trento. Insegna diritto amministrativo dell'Unione europea e diritto amministrativo dei servizi sociali presso lo stesso Ateneo.

Finito di stampare nel mese di settembre 2021
nella Stampatre s.r.l. di Torino
Via Bologna, 220